費用便益分析入門

ハーバーガー経済学・財政学の神髄

アーノルド・C. ハーバーガー

関口 浩 [訳]

法政大学出版局

アーノルド・カール・ハーバーガー教授　近影
（撮影：孫娘アンナ・ハーバーガー嬢）

日本の読者の皆さんへ

　財政学では財政の租税面の経済学について取り扱った文献は数多く存在している。残念ながら，財政の支出面については同じことがいえないのである。こうした食い違いがなぜ生じるかという理由には，多くの政府が比較的ほどよい数の租税を課税しており，そのうち付加価値税，財産税，そして個人所得税および法人所得税が大部分の租税収入を占めているという，一般化できる事実があることがその一つとしてあげられる。

　これと同じようなことが支出面ではみられず，ほとんど一般化ができないのである。目を見張るような主要道路事業が存在するものの，経済学的には無駄の多い事業もある。同じことはすべての範疇の事業についていえるし，単一の政府機関内の個々の仕事についてもいえる。特定支出を評価することによってしか，われわれは無駄な支出額を削減し，政府の経済的効率性を高めることを期待できないのである。

　本書の各章の論文は2008（平成20）年秋も深まるころから冬を迎える季節に，アメリカ合衆国国際開発局の役人たちに講義した費用便益分析の講座の教材として用意したものであった。同講座はかなり短期であり，受講者をすぐに専門家にするというわけにはいかなかった。しかし，彼らに基本的な費用便益分析の方法論をよく理解してもらい，またアメリカ合衆国国際開発局が資金調達する多くのさまざまな事業の立案や実行を監督する能力を身につけてもらうのに十分に詳細に述べたのであった。

　私はこの翻訳が日本の読者の皆さんにも同じ趣意をもたらせることを願っている。公共支出を賢く管理する問題はすべての国に及ぶ。そして公共支出の選択を改善する方法をとてもよく理解することはわれわれの生活をよりよくするために常に役に立ちうるのである。これこそが私が本書を執筆した目的である。

そして本書が日本の新たな読者の皆さんに届くとき，この目的がよりいっそう果たされることを願っている。

　最後に本翻訳を，私の本意を理解してやり遂げてくれた関口浩教授に深甚なる謝意を表したく思う。

2017（平成29）年3月31日

アーノルド・C. ハーバーガー

開講にあたり

費用便益分析の歴史(history of cost-benefit analysis)は2つの異なった流れに分けることができる。①厚生経済学の理論的文脈にのせることと,②費用便益分析という商標(レッテル)を最も適切に貼りつけられるのがおそらく事業評価であるような実践的文脈にのせることである。本書では,これらの手法を選択するにあたり,意識的に実践的側面に焦点を当てる。しかしこうすることによって,経済理論に背を向けようとするわけではない。それどころか,経済理論の本質的役割を強調するものである。理論の究極の有効性は,現実を理解し,そして解釈するのに大いに役立てることであるという考え方にも同じように熱意を抱いているのである。したがって,純粋な理論家たちはある考え方「そのもの自体に価値を認めて」かなり正確に追求しているが,それは時に応じてかなり役に立つ考え方である。そのため,本書がこうした確固たるそして基本的な理論的命題(判断を言葉で表したもの)に基づいていることを望んでいる。そして,そうした理論的命題は世界中の事業評価者たちによって,現実問題に直ちに適用できるようなものでもある。

私が費用便益分析および応用厚生経済学に興味を持ち始めたのはシカゴ大学の大学院生時代(1946〔昭和21〕～1949〔昭和24〕年)であった。こうした関心は**アメリカ合衆国国際開発局**(the United States Agency for International Development; USAID〔米国国際開発庁所属〕)そしてその前身の国際協力局(ICA; International Cooperation Administration)後援のラテンアメリカでの研究(1955〔昭和30〕年開始),そしてインドの内閣段階の計画委員会と共同でマサチューセッツ工科大学国際研究センターにより1961(昭和36)～1962(昭和37)年に始められたインドでの研究で育まれたのである。こうした経験から,1965(昭和40)年に始まったシカゴ大学での大学院講座「事業評価」

の下地を形作る専門論文が生み出された。これら論文の多くは私の著作である『事業評価（Project Evaluation）』に収められており，1972（昭和 47）年に初版が刊行され，現在はシカゴ大学出版局からミッドウェイ・リプリントとして手にすることができる。

　本書はこの『事業評価』の基礎編といえ，もともと，アメリカ合衆国国際開発局後援の短期講座に基づいて形成された。この講座の第 1 回は 2008（平成 20）年 12 月に始められ，それ以来数回実施されてきたが，まさに本質的に 1 週間で完結しなければならなかった。こうした講座では，1 年間かけて，あるいは 2, 3 か月かけて続けられる講座でなされる内容と同じ内容であるわけにはいかない。受講者が実際の世の中において事業の経済的評価をするために必要とされる知識や技術を本格的に身につけるためには講座には相応の時間が必要であり，そのための主要な研究実施計画（プログラム）をたてることが求められるであろう。そして理想的には講座は数か月あるいはそれ以上にわたる手堅い，専従の業務に拡張されるべきであり，受講者が現実世界の模擬事例ですべての問題を取り扱えるような講義時間，膨大な書物，数多くの実践からなる講義が望まれる。

　しかし本書は費用便益分析の大枠を短期間で摑んでもらうことにもっともその基盤を置いている。したがって，費用便益分析に関する細かな知識や技術を提供する代わりに，①費用便益分析には何が含まれているかを理解することをまず伝えたい。続いて②費用便益分析が基づいている分析上の基盤は何であるのか。③直面しなければならない主要な課題は何であるのか。④算定しなければならないもしくは見積もらなければならない主要媒介変数は何であるのか。そして最後に，⑤分析による結果への信頼度を何が決定するかということを伝えることから始めたいのである。

　本書の最初の 5 章は読者が費用便益分析の骨組みを確認し，その本質に焦点をあてなければならないことを明らかにするために，上述の考え方に基づいて筆が進められている。ここでは USAID での講義が反映されているのである。そして第 6 章から第 8 章は，西洋経済学会のバンクーバー大会での私の基調講演がもとになっている。それは費用便益分析学会会長としての私の任期が終わろうとしていた同学会大会での私の最終意見ともいうべきもので補足されたものである。その後，2009-10（平成 21-22）年度秋学期，また 2013-14（平成

ハーバーガー教授によるUCLA「院・財政学系統：ECON251B-1 費用便益分析」講義風景
(2009年11月23日撮影)

25-26) 年度冬学期に，カリフォルニア大学ロサンゼルス校 (University of California, Los Angeles; UCLA) の大学院講義「ECON251B-1 公的事業およびパブリック・プロジェクト
び公的実施計画の費用便益分析」および「ECON286B-1 発展事業の費用便益
分析」で，USAID 版を改訂しながら講義をし，本書はできあがった。そして，
この UCLA での講義は受講希望学生の便宜を図り，学部生にも門戸を開放し
たのである。

　UCLA の講義科目名の一部にもなっている公的事業，公的実施計画，そして発展事業を実施する目的は，われわれの生活水準の改善や子孫の生活水準の改善にあると私は信じている。その改善の測定は，便益や便益の見積もりを通じて貨幣価値で提供される。もしこうした政府事業が普通の民間投資による生活水準の改善よりも便益をもたらさないのであれば，民間部門から政府がわざわざ資源を引き出す正当性はほとんどない，あるいはまったくないといえるだろう。読者には，こうした公的事業，公的実施計画，そして発展事業といった政府事業を実施する目的を念頭に置かれながら，本書を繙いていただきたいのである。

平成 28 (西暦 2016) 年 3 月

　　　　　　　　　　　　　　　　　　　　　アーノルド・C. ハーバーガー

目 次

日本の読者の皆さんへ　iii

開講にあたり　v

『ハーバーガー費用便益分析入門』の手引き　（関口　浩）　xiv

第Ⅰ部
費用便益分析入門

第1章　事業分析表，外国為替そして資本 …… 4

第1節　費用便益分析の基本用語 …… 4
(1) 費用便益分析と財政学　(2) 事業の定義　(3) 事業分析表　(4) ニュメレール（価値尺度財）　(5) 割引率　(6) 経済的機会費用　(7) 純現在価値と機会費用率　(8) 内部収益率

第2節　「経済的」費用便益分析 …… 15
(1) 民間企業の便益と公的事業の便益の違い　(2) 経済学的分析（経済学上）と財務分析（会計学上）の違い

第3節　経済的機会費用 …… 18
(1) 影の価格　(2) 外国為替の経済的機会費用と置き換え輸入・新規刺激輸出　(3) 外国為替の経済的機会費用と外国為替割増金　(4) 事業が購入した外国為替支出の検討と外国為替割増金　(5) 外国為替収入の源泉と借入による外国為替　(6) 国際的に取引される財やサービスの経済的機会費用

第4節　資本の経済的機会費用 …… 27
(1) 資本の経済的生産性　(2) 事業資金の源泉　(3) 資本の経済的機会費用と置き換え投資・新規刺激貯蓄

第5節　国外からの資金調達について …… 33
(1) 国外からの資金　(2) 外国資金の限界費用　(3) 資本の経済的機会費用の実際　(4) 資金の代替可能性

第2章　労働市場問題 ································ 38

第1節　基礎知識 ···································· 38
(1) 直接費用と外部便益　(2) 資源の代替的使用　(3) 置き換え労働需要・新規刺激労働供給

第2節　労働の経済的機会費用の測定——標準的な場合 ········· 40
(1) 市場賃金と差別の均等化　(2) 労働の経済的機会費用と租税　(3) 仕向地租税・源泉地租税と労働の経済的機会費用

第3節　事業労働の「供給源」について ···················· 44
(1) 究極的な事業労働の供給源　(2) 事業の存在の有無による経済的均衡の比較　(3) メキシコでの研究成果　(4) 租税の取り扱いと労働の経済的機会費用

第4節　二重労働市場——保護部門対非保護部門 ············· 49
(1) 二重労働市場　(2) インドでの経験　(3) 二重労働市場での労働の経済的機会費用　(4) 準自発的失業の存在

第5節　出稼ぎ労働者供給失業 ························· 54
(1) 出稼ぎ労働者供給失業の特徴　(2) 失業率の役割　(3) 新規に創造される仕事の経済的機会費用

第6節　循環的失業 ································· 60
(1) 景気変動と事業評価の現実的問題　(2) 失業吸収をする事業　(3) 失業者の減少と財政節約

第3章　社会的関心事への言及 ·························· 65

第1節　基礎知識 ···································· 65
(1) 応用厚生経済学の3つの公準　(2) 分配ウエイト　(3) 効率性基準と貨幣価値　(4) 非経済的便益・非経済的費用と影の価格　(5) 便益・費用の数量化の際の注意

第2節　分配ウエイトについて ························· 70
(1) 幸福の考え方　(2) 最適所得税　(3) 分配ウエイトと事業実施の有無　(4) 分配ウエイトと余剰

第3節　基本的要求の外部性 ··························· 78

(1) 分配ウエイトと基本的要求　　(2) 分配ウエイトと基本的要求の外部性の違い
　　　　(3) 補助のあり方——現金か現物か　　(4) 現物給付と温情主義

　　第4節　基本的要求の外部性の場合の費用便益分析 …………………………… 82
　　　　(1) 事業と経済的機会費用　　(2) 基本的要求の外部便益の測定　　(3) 教育事業
　　　　の外部便益の測定——学力　　(4) 教育事業の外部便益の測定——出席率等
　　　　(5) その他の基本的要求の外部性の指標

第4章　主要道路事業への適用 …………………………… 88

　　第1節　基礎知識 …………………………… 88
　　　　(1) 主要道路事業の事業便益　　(2) 新交通導入による便益と費用　　(3) 主要道
　　　　路事業の直接費用と時間費用　　(4) 通勤者の時間費用　　(5) 発展途上国での時
　　　　間価値

　　第2節　交通渋滞の外部性 …………………………… 95
　　　　(1) 交通の流れと結びついた外部性　　(2) 時間の外部性　　(3) 道路整備事業と
　　　　直接便益・外部損失

　　第3節　臨界交通量と段階的建設について …………………………… 99
　　　　(1) 臨界交通量と道路整備段階の向上　　(2) 段階的道路建設と区間建設

第5章　灌漑事業への適用 …………………………… 102

　　第1節　基礎知識 …………………………… 102
　　　　(1) 灌漑事業の便益　　(2) 残余価値方式（農地予算方式）　　(3) インドでの事業
　　　　分析と経済レント

　　第2節　灌漑用水の価値の直接推計 …………………………… 110
　　　　(1) アルゼンチンでの灌漑事業評価の経験　　(2) 灌漑事業と水利権　　(3) 感度
　　　　試験（感度分析）　　(4) ポンプ灌漑の見積便益と見積費用

　　第3節　費用便益分析と現実世界での事業評価の小括 …………………………… 118

第6章　電力事業分析の基礎 …………………………… 121

　　第1節　基礎知識 …………………………… 121

⑴ 便益の算定——公共部門と民間部門の差異　　⑵ 最小代替費用の原則
　　　⑶ 別の方法による電力供給を想定しない場合の費用便益分析　　⑷ 発電事業存
　　　在の背景　　⑸ 発電事業が実施されない場合の発電予測

　第2節　最も簡単な場合——同種の火力発電 ……………………………………………… 126

　第3節　流れ込み式（自流式）水力発電事業 …………………………………………… 129
　　　⑴ 流れ込み式（自流式）水力発電事業とは　　⑵ 流れ込み式（自流式）水力発
　　　電の便益と費用　　⑶ タービン容量と処理される川の流量の関係　　⑷ タービ
　　　ン取り付け費用とタービン容量の最適化

　第4節　貯水池式水力発電事業 …………………………………………………………… 132
　　　⑴ 流れ込み式水力発電事業の生み出す価値　　⑵ 貯水池式水力発電の便益・費
　　　用　　⑶ 電力需要と維持費の関係

　第5節　季節的水力発電堰（ダム）………………………………………………………… 137
　　　⑴ 季節的水力発電堰とは　　⑵ 電力需要と各水力発電・火力発電の関係
　　　⑶ 最大電力需要と季節的水力発電の利用背景　　⑷ 雨期の発電　　⑸ 電力需要
　　　増と火力発電容量の追加・最大電力時課徴金

　第6節　現代電力経済学の教え …………………………………………………………… 143
　　　⑴ 時間帯価格の採用　　⑵ 発電事業の便益の測定値

第7章　電力事業の費用便益分析への追加 ……………………………………………… 145

　第1節　異種の火力発電の容量——特徴が最もよく表れる接近法 ……… 145
　　　⑴ 現実的な異種の火力発電での検討　　⑵ 最大電力需要，発電能力の維持，そ
　　　して維持費の節約　　⑶ 新発電所置き換えに伴う便益と費用節約総額との関係

　第2節　最大電力エネルギーをもたらす経済的費用 …………………………………… 151
　　　⑴ 電力需要不変の場合の電力供給　　⑵ 電力需要増大の場合——最大電力時課
　　　徴金と最大電力時価格　　⑶ 新規発電所導入の時点と維持費節約　　⑷ 最大電
　　　力時価格とそのエネルギー価値

　第3節　発電所の型（タイプ）により異なる火力発電容量 ……………………………… 157
　　　⑴ 火力発電の資本費用と維持費　　⑵ 発電方法選択のための臨界時間数
　　　⑶ 現代電力価格形成の基本原理　　⑷ 限界費用価格形成原理と発電組織の最適
　　　化　　⑸ 発電組織の非最適性と新たな容量追加による費用最小化

　第4節　太陽光発電と風力発電へのいくつかの覚書 …………………………………… 168

　　　　(1) 太陽光発電および風力発電とその待機発電　　(2) 予備容量と「分離可能成分」
　　　　の原則
　第5節　費用便益分析による効率的限界費用および便益の探究 ……… 172
　　　　(1) 電力発電組織の効率的限界費用　　(2) 新発電所の便益　　(3) 減価償却控除
　　　　と収益率（資本の機会費用）

第8章　応用厚生経済学の実際
　　　　——費用便益分析の「原理および基準」の枠組みについての覚書—— 175

　第1節　本章の位置づけ …………………………………………………………… 175
　第2節　費用便益分析の各要素 ………………………………………………… 176
　　　　(1) 伝統的二分法　　(2) ニュメレール（価値尺度財）の選択　　(3) ニュメレー
　　　　ルと割引率　　(4) 限界効用とニュメレール　　(5) 分配ウエイト等　　(6) 基本
　　　　的要求の外部性　　(7) 政府資金の影の価格　　(8) 補償された弾力性と補償され
　　　　ていない弾力性について　　(9) 効用関数に基づいた割引率について　　(10) 危険
　　　　（リスク）の諸論点　　(11) 費用便益分析自体の費用と便益について　　(12) 相対
　　　　価格の将来傾向の取り扱い　　(13) 慎ましさと専門的自負の調和　　(14) 割引率に
　　　　ついての最終注意　　(15) 周期的景気下降の取り扱い——失業の吸収　　(16) 景気
　　　　後退の取り扱い——供給価格の問題　　(17)「事業が実施される場合」と「事業
　　　　が実施されない場合」の比較に関する最終注意

第Ⅱ部
所得分配と財政学

第9章　分配上の考慮と財政学についての熟考 …………………………… 208
　緒論および要約 …………………………………………………………………… 208
　第1節　租税負担の分配について ……………………………………………… 210
　　　　(1) アメリカの比例的な租税負担　　(2) チリでの租税負担
　第2節　政府支出の分配 ………………………………………………………… 217
　　　　(1) 政府移転支払と所得分配　　(2) 社会保障移転と所得分配　　(3) チリの社会
　　　　保障移転と所得分配
　第3節　政府予算の政治経済学 ………………………………………………… 222

(1) 所得分配と租税および支出　　(2) 租税を通じた所得再分配　　(3) 支出面を通じた所得再分配　　(4) 教育に対する所得分配　　(5) 現実を重視した貧困に対する闘争

第 4 節　教育，社会経済的可動性，そして所得分配 ……………… 226
　　　(1) 社会経済的可動性の浸透　　(2) 社会経済的可動性と公教育　　(3) 教育に関する便益

第 5 節　特定の租税問題と改革 ……………………………………… 231
　　　(1) 付加価値税　　(2) その他の間接税　　(3) 負の所得税　　(4) 法人税

第 6 節　見解の結論 …………………………………………………… 242
　　　(1) 政府の力量を超えた所得分配の問題　　(2) 自由貿易・開放経済と低所得者の関係　　(3) 財政と所得分配

参考文献　　247
『費用便益分析入門』原著のご案内　　250
訳者あとがき　　257
索　引　　265

講義の行われたUCLAバンチホール
(2008 年 9 月 19 日撮影)

『ハーバーガー費用便益分析入門』の手引き

　第1章(事業分析表,外国為替そして資本),第2章(労働市場問題),第3章(社会的関心事への言及)では,費用便益分析の基本用語および基本概念が扱われている。経済学の素養がある読者には比較的読みやすいと思われる。だからといって経済学の素養がない読者を排除するというものではない。むしろ,経済学を知る者だけの暗号をちりばめて論を進めることは,結果的に多くの人が費用便益分析を知ることへの道を閉ざしてしまうことになり賢明とはいえない。ハーバーガー教授が本書冒頭の「日本の読者の皆さんへ」で語られているように,財政の経費面にこれまで以上に気を配ることがわが国および国民には求められているのである。多くの国民が財政のあり方を議論する際の政策判断基準の一つの素養として費用便益分析の骨組みを理解していただくことが望ましいのである。本書ではそのような観点から,経済学の素養がない人に対しても抵抗なく読み進められるようにしてある。学部講義で経済学の素養がない学生が読み詰まった箇所を中心にして,原著者ハーバーガー教授とも話し合いのうえ,基本的な経済学の知識の解説と図表を加筆してある。そして読者が索引をうまく活用されることにより,費用便益分析の基本を摑んでいただけるように配慮したつもりである。
　第4章(主要道路事業への適用),第5章(灌漑事業への適用),第6章(電力事業分析の基礎),第7章(電力事業の費用便益分析への追加)では,主要道路事業,灌漑事業,そして電力事業といった具体的事業を取り上げ,第1章から第3章で身につけた基礎知識を具体的に用いて,費用便益分析が実際にどのようになされるかを提示し,その際に注意すべきことを具体的に提示してある。費用や便益を測定しようというとき,費用便益分析について学んでいない人は会計学的概念に基づいて考えてしまうことが多い。けれども費用便益分析

の基盤には経済学的概念に基づいた費用と便益がある。こういったことを手始めに実践的に費用便益分析を理解していこうというのがこれらの章である。抽象的な概念を振り回しているのではなく，実践的な問題に踏み込みながら，抽象的概念を具体的に説明しようとしている。最初は抽象的概念の域から抜け出られず，意味が分からない読者がいることも考えられるが，何度か読み進められるうちに必ずやハーバーガー教授のいわんとしていることが理解されてくると期待している。

　第8章（応用厚生経済学の実際――費用便益分析の「原理および基準」の枠組みについての覚書）はある意味で本書の出発点であり，ある意味で本書のまとめの位置づけにある。第1章から第7章の原論文は，ハーバーガー教授が「開講にあたり」で述べられているように，もともとアメリカ合衆国国際開発局の官僚向けになされた費用便益分析に関する短期研修のために書かれたものである。そのための当初の水準はいくぶん高めに設定されており，経済学を知っていることを前提として書かれていた。しかしハーバーガー教授が訳者もその恩恵にあずかったUCLAでも同種の講義をされ，さらにその他のところでこれを教授されているうちに，もう少し基礎的な部分を掘り下げる必要性を感じられて，前7章分を追補するものとして第8章は書かれている。そのため，本書通読に先立ち本章をはじめに読まれることで本書の概観を捉えることが可能であるが，本章は本書を通読しないと細かな部分にまで理解が及ばないことは当然である。最初に一読しただけで理解ができないとしても，どうか焦らないでいただきたい。

　第9章（分配上の考慮と財政学についての熟考）は，「訳者あとがき」にもあるように，本章は費用便益分析入門の一部として書かれたものではなく，1つの論文として別個に元々は書かれたものである。費用便益分析は効率性を重視する傾向があるが，ハーバーガー教授のお考えの中には「弱い立場の者をいかにしたら幸せにできるか」という公平性も常に共存しているといってよいのである。本章にはハーバーガー教授の公平性に関する考え方が財政学の視点から書かれている。所得分配の是正に対しては，政府による租税政策あるいは支出政策をまったくもって無意味であるとはいわないまでも，財政に過度に期待し，依存することに警鐘を鳴らしている。かつてケネディ大統領が「国があな

たのために何をしてくれるのかを問うのではなく，あなたが国のために何を成すことができるのかを問うてほしい。(Ask not what your country can do for you ; ask what you can do for your country.)」という有名なことばを発したが，ケネディのこのことばも本章でのハーバーガー教授の租税政策や支出政策の所得再分配への限界論も累積債務残高に悩むわが国にはきわめて示唆に富むものといえる。ところで，本書第3章（社会的関心事への言及）には第3節および第4節があるが，UCLA版の原著にはそれがない。これは講義時間の関係で意図的に割愛されたのであるが，本書ではUSAID版からそれを復活させて訳してある。実は費用便益分析入門第3章の第3節および第4節が，この第9章へとつながるのである。

　なお，近年日本語ではうまく表現しえない外来語が輸入されている。そしてしばしばカタカナ表記でそのまま記すことも多い。そうしたカタカナ表記に対して，とりわけ大学院の社会人学生からできる限り日本語による表記をしてほしいとの要望を受けた。しかし本書を翻訳するにあたって，日本語と英語の語感の差があり完全に日本語表記することによる別の問題が派生してしまうことも感じた。それでも入門書である本書の性格を考えてできる限り英語が表現している日本語に近いものを用いるようにし，こうした観点などから英語をカタカナにしてルビをふった箇所があることをお断りしておく。例えば本書の主題の一つである "public project" はしばしば「公共プロジェクト」あるいは「パブリック・プロジェクト」と訳されている。これは "project" が「事業」ないし「大規模計画」と訳されるならば，「公共事業」と訳されるはずのところであろう。そして，意味はこの場合『広辞苑』にもある「社会公共の利益を図るための事業」という広い意味の方で用いられている。しかし日本語で「公共事業」というときには，より一般的には公共事業のいま一つの意味でもある，土木事業を意味する "public works" を連想してしまいがちである。こうしたことからカタカナ表記をして区別しているようである。そのため，本書では広い意味でとれるように「公的事業<ruby>パブリック・プロジェクト</ruby>」と表記している。

　ハーバーガー教授が述べられているように，費用便益分析に本格的に足を踏み入れていくことになると，きわめて技術的な側面が多く，理解が難しいといえる。しかし本書はそうした立ち向かうのを躊躇してしまう費用便益分析とい

う高くて厚い壁に挑み，費用便益分析の入口まで案内し，その玄関で基本的なことを多くの読者に理解していただこうという目的で書かれている入門書である。とりわけ巨額の債務残高を抱えるわが国にあっては，主権者である国民一人ひとりがその問題を深刻に受け止め，解決策を見い出さなければならない。財政赤字の問題は決して政治家や官僚だけの問題ではなく，国民一人ひとりの問題なのである。その問題解決の糸口の一つに費用便益分析があり，本書を読まれることで興味を持っていただけたら幸いである。

関口　浩

費用便益分析入門

第Ⅰ部　費用便益分析入門

第1章

事業分析表，外国為替そして資本

第1節　費用便益分析の基本用語

(1) 費用便益分析と財政学

費用便益分析（cost-benefit analysis）は，公共支出を意思決定するための厚生経済学的手法といえる。**厚生経済学**（welfare economics）は**資源配分**（resources allocation）により**経済的厚生**（経済的な幸せ；economic welfare）にいかなる影響が及ぶかを考える学問であるから，財政学の観点からみると，費用便益分析は財政資金の効率的使用（＝効率的な資源配分）により，われわれおよびその子孫の生活水準の改善（＝経済的厚生）にどのような影響を及ぼすかを考えるものといえよう。

冒頭の「日本の読者の皆さんへ」で述べたように，財政学では財政の収入面を一般化できるという事実が存在するが，支出面についてはほとんど一般化ができない。そのため政府の特定支出を評価することによってのみ，われわれは無駄な支出額を削減し，そして政府の経済的効率性を高めることを期待するしかない。こうした評価を行うための手法の一つが費用便益分析[1]なのである。費用便益分析に基づき，適切な事業評価を行う目的は，妥当でない事業を停止し，また妥当な事業の却下を避けることにある。そのような事業計画において，

---

[1] 医療や教育といった公共部門の事業や実施計画（プログラム）は，費用便益分析の標準的な枠組みを用いては適切に評価されえないかもしれない。というのはその便益を貨幣尺度で数量化することが難しいからである。そういう場合には**費用効果分析**（cost-effectiveness analysis）という技法を用いて，そうした事業や計画の評価を取り扱うことになる。

便益（benefit）は事業目的に対する各期の貢献分の現在価値であり，**費用**（cost）は代替的事業に使われたときに支払う機会費用で評価された当該事業に用いられる資源の現在価値である。こうした定義はきわめて経済学的であり，以下，本書ではかみ砕いて説明していくことになる。本書は公務員や民間の分析者たち，そして多くの人びとに，問題となっている国の**経済的幸福**（economic well-being）および**社会的幸福**（social well-being）を高めるように，投資事業を展開しそして評価するのに役立つ知識を伝授するものだからである。

　原則的に，**政府投資支出**（government investment expenditure）は一般大衆の関心の的である。そうした支出は**政府投資**（government investment），**官民連携協定**（public-private partnership arrangement）の形態，あるいはその他の政府介入の形態をとる。このことは政府が関与することで住民の厚生を高めるのでなければ，民間部門から公共部門に資源が再配分されるべきではないことを暗示している。民間投資が政府もしくは開発公社の**財政援助**（financial support）でなされている状況では，そうした活動が財政上，実行可能かどうかを知ることは重要なことである。財政上の失敗はしばしば公共団体の資金で負うことになる**不定債務**（contingent liability；借主不履行の際に保証人に係るような責任）をもたらすこととなる。まず不定債務を持つような活動を行うにあたって，その活動による**経済的便益**（economic benefit）がその**経済的費用**（economic cost）を上回らねばならないことは明らかなことである。住民の便益を生み出すかもしくは失わないようにするために，民間部門の投資と運営費の双方に**規制**（regulation）がかけられる。多くの先進国政府は今日，**規制介入**（regulation intervention）を評価する目的で費用便益分析をすることを求めている。こうした状況のそれぞれで，問題とされる利害関係者集団にこのような活動の便益と費用がどれほど分配されるかもまた考慮しなければならない。こうした主題はわれわれがここで単に「事業」とよんでいるものの財務分析，経済的分析，そして利害関係上の分析といった表題の下で言及されよう。本質的に，投資事業はその事業期間にわたり不確実な便益と費用をもたらす。実際，事業投資費用は技術的困難性や事業進行の遅れといった理由で超過することがよくある。こうした不確実性も事業の評価にあたっては考慮しなければならない。

(2) 事業の定義

公共投資（public investment）は，投資による全般的な発展目標と戦略を追求する政府が用いる重要な政策手段である。選択された事業は利用可能な限られた資源によりなされる全般的な発展目標と戦略に適合するものであるはずである。原則として，政府は実施可能な事業の進行一覧をきちんと保有しておくべきであり，その中から，さらなる評価をして常にいつかは実施される建設のための優先順位をつけておくべきなのである。

予算制度には毎年反復的に必要とされる経費を計上する**経常予算**（current budget）と耐久性のある資産取得に充当される経費を計上する**資本予算**（capital budget）とを包摂した**複式予算制度**（double budget system）がある。そうした資本予算の中で，一事業は独立に計画され，資金調達され，実行される小規模な，別個の投資といえる。こうみることは，一事業といくつかの相互に関係ある投資からなるかもしれない全体にわたる目的とを区別するのに役立つ。しばしば事業というものは多かれ少なかれ，はっきりと識別された全体の目標ないし**実施計画**（program；ある目的実現のために政府等が立案する本格的な計画という意味合いがあるとされ，planはより広義に用いるとされる）の，明確で別個の一部分である。全体の実施計画を分析目的から一事業とみなすことができるのであれば，個々の事業を扱うことが最善である。広範な実施計画は妥当な要素と妥当でない要素を含んでいよう。最も疑問の余地のないように事業を識別し選択することがまさに事業評価の課題である。

本書で説明する原理および方法論は，小規模な**経済基盤事業**（インフラ事業；infrastructure project）のような単一目的の活動から農業開発および地域開発総合計画のようなより複雑な多数の要素を有する体系に至る，すべての事業に適用され得る。われわれは**事業**（project）を「特定期間に財やサービスの形で社会経済的収益をもたらす目的で，稀少な資源を利用する活動すべて」と基本的な定義づけができる。こうした事業を評価するためには，費用便益分析を理解する必要がある。

(3) 事業分析表

　費用便益分析（cost-benefit analysis）の枠組みを理解するための最善の出発点は間違いなく，**民間部門**（private sector）の事業，つまり純粋な**営利事業**（business project）を事後的に分析することである。その場合の関心は，存続期間にわたるその**会計上の収益性**（financial profitability）にある。これを見積もるために，事業の存続する各年度（もしくは四半期，月，あるいはその他の期間）の事業に関連した「**現金流出入**（cash flow；現金流入と現金流出のこと）」についての事業分析表を作成する。この事業分析表は，事業を立案し，計画するのにかかわる支出を記録することから始まる。そして次に，建設および設備購入支出額に移る。それから，その事業の実施年度の全記録に至る。そして各年度の最終的な現金流出入を記録することになる。

　これは**現金流入**（cash inflow）である売上およびその他可能な収入源泉を網羅する。こうした現金流入から現金流出は全額控除される（差し引かれる）。**現金流出**（cash outflow）とは，労働および原材料費，租税，資本設備の維持・修繕および取替費，保険費等々である。結局，立案段階と計画段階から始まり，事業を締めくくることで終わる各年度の記録をとることになる。そこから各年度の現金流出入（例えば現金流入から現金流出を差し引いた）純額がわかる。このすべての最終的結果が**事業分析表**（project profile）である。そうした事業分析表は，一年（度）あるいはそれ以上の年（度）の最終的な現金流出から始まるであろうが，それは各年（度）の最終的な現金流出入が（必ずしもとはいえないが概して）実施期間中は正であるようになっている。この事業分析表は，費用便益分析へのデータとして必要となる重要な事実を要約するものである。

(4) ニュメレール（価値尺度財）

　しかし待ってほしい。言及すべき追加問題をしばし熟考する必要がある。それは，**物価インフレーション**（price inflation）（あるいは，おそらく**デフレーション**〔deflation〕）の現象である。われわれはみな重要な物価水準変動を経験してきている。そしてある年（度）のドル，円，ペソ，あるいはルピーは別の年（度）と同じ**実質購買力**（real purchasing power）をほとんど持っていな

いことをよく知っているのである。そこで，事業の経済価値について自分自身をごまかしたくないなら，われわれは事業分析表を**実質単位**（real term）に変換しなければならない。こういった場合，ある財の価格を1において基準とし，他の財の価格すべてをその価格＝1と基準にした財との比較で測定しようとする。この基準にされる価格を**ニュメレール価格**（numeraire price）とよび，この基準にされる財を**ニュメレール財**（numeraire price）とよんでいる。普通は，その国の**消費者物価指数**（consumer price index；CPI）もしくはその **GDPデフレーター**（GDP deflator）を**ニュメレール（価値尺度財）**（numeraire）[2]として選び，そして各年（度）の現金流出入純額（キャッシュ・フロー）をこのニュメレールで割り，こうしてそれを実質単位で表現することが行われている。消費者物価指数を用いる場合，結果として作成された事業分析表は**消費者バスケット**（consumer basket；"basket"は「バスケット方式包括体」といわれることもあるが，籠の中に何種類かの特定の財や通貨などが一括して入っている状態を想定して表現された経済学独特の用語の一つである）で表現される。各投資年（度）の間にどれくらいの消費者物価指数バスケット純額が増大したか，そしてどれくらいの消費者物価指数バスケット純額が各生産年（度）の間に取り入れられたかというようにである。もしニュメレールとしてGDPデフレーターを用いると，同じように各年（度）の流出と流入を（アウトフロー　インフロー）「**生産者バスケット（producer basket）**」の尺度で表現する。すなわち，結果として作成されたインフレ調整後事業分析表は，事業期間の各年（度）で所与の消費者財あるいは生産者財のいずれかを買う購買力が十分ある場合には，ドル（あるいは円，ペソ，ないしルピー）といった一定の購買力で最終的には測定されるであろう。

(5) 割引率

さらに事業分析表を分析するためには割引率が必要となる。費用便益分析の

---

[2] **レオン・ワルラス**（Marie-Esprit Léon Walras；フランスの経済学者）はいくつかの財のうち，1つを特別扱いして，その1単位の価格を1として他の財の価値を測る尺度としたが，こうした特別扱いされた価値尺度財を，フランス語を用いて**ニュメレール**（numéraire）とよんだ。

中心的役割を果たす費用と便益は,一時点というよりも長期にわたって発生するものである。そのため費用および便益の将来価値は,比較の基準をそろえるために,分析をする現時点の価値に置き換える必要が出てくる。つまり費用と便益の**現在価値**(present value)を求める必要があるのである。このように将来価値を現在価値に換算する,すなわち割り引く(換算)率を**割引率**(discount rate)という[3]。 原則として,この割引率は事業を企画している存在にとって,資金の真の**実質機会費用**(real opportunity cost)(機会費用についてはすぐ後で詳述する)を反映するであろう。一般的なアメリカ合衆国企業についての実質機会費用は年間当たり8%から10%くらいのものであるとされる。たいていの発展途上国の営利企業にとっては,普通はアメリカ合衆国企業のそれよりもかなり高めであろう。事業分析表を実質単位で表すためには,割引率も実質単位で表されたものを用いる必要があると認識することが重要である。事業会社について,会社による新規投資が株式と負債により資金調達された際の割合で**ウエイトづけ**(weight)(後に詳述する)されている場合には,資金の実質機会費用を株式資本の実質費用と負債資本の実質費用のウエイトづけされた平均に等しいと考えられる。

(6) 経済的機会費用

費用便益分析は経済活動を評価するものである。経済活動をする場合,われわれは経済的選択にしばしば迫られることになる。その際,**資源**(resource)は有限であり,その稀少性の制約を受ける。そこで一般には,選択により増やされた財やサービスから得られた便益と,それと引き換えに選択をしないことになり減らされる財やサービスの費用を比較して,便益−費用=**純便益**(net benefit)を最大にするような選択をすることになろう。こうした選択をする際の基準とでもいうべき概念を機会費用という。**機会費用**(opportunity cost)

---

[3] 数式で簡便に表すと現時点でAの価値があり,利子率ないし割引率をrとしたとき,1年後の価値は $(1+r)A = A_1$,t年後の価値は $(1+r)^t A = A_t$ と表せる。逆に将来価値 A_1,A_t を現在価値にするには割引率rで割り引く(=利子がついた分を元に戻すように換算して),$\frac{A_1}{(1+r)} = A$,$\frac{A_t}{(1+r)^t} = A$ と表すことができる。なお,第8章第2節の注釈7)にはここでの記述を発展させた,より現実的な算定方法が示されている。

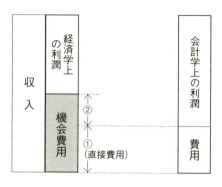

図 1-1　経済学的費用と会計学的費用

は，いくつかの選択肢の中から経済的選択をする際に，選ばなかった次善の選択肢をもし選択していたら与えられたであろう便益のことをいう。この便益が出るはずの財やサービスの選択肢を犠牲にしたということから機会費用が生じるわけである。したがって，経済学的に「費用」を考えるためには，図 1-1 にみられるように，①選択した選択肢の財やサービスに実際に要した費用（**直接費用**〔direct cost〕）と，②他の選択肢を選んでいたのであれば得られたはずの便益がその選択をしなかったために犠牲になってしまった機会費用，があることを考えなければならない。会計学上の費用やわれわれが一般に考える費用は，①の実際に要した費用であるが，経済学上の費用は②の機会費用も含めて考える点が大きく異なることに注意してほしい。なお，経済学的に考えた時，①の直接費用もある財やサービスに支出してしまうと他の財やサービスに充当できないことからその時点で機会費用となるので，図 1-1 のように表せるのである。

このように，**経済的機会費用**（economic opportunity cost）の考え方の背後にある重要な考え方は，経済的機会費用が①この事業に用いられたお金を賄うための真の費用を，そしてあるいは②事業運営者がそのお金をありそうに思われるこの事業の適切な代替的用途（別の用途）で使って正常に獲得したであろう真の収益を反映しているというものである。これら 2 つの真の費用と真の収益の数値が異なっている場合，適切な機会費用はその 2 つのうちの高い方となる。

表 1-1　純現在価値および内部収益率

パネル1

期　　間	純現在価値			
	第0期	第1期	第2期	第3期
分　析　値	－1,000	－300	－300	－2,520
純現在価値＠10%				
	－1,000			
	×1.10＝	－1,100		
		－1,400		
		×1.10＝	－1,540	
			－1,840	
			×1.10＝	－2,024
第3期10%で算定した純現在価値＝				＋496

パネル2

期　　間	内部収益率			
	第0期	第1期	第2期	第3期
分　析　値	－1,000	－300	－300	＋2,520
純現在価値＠20%				
	－1,000			
	×1.20＝	－1,200		
		－1,500		
		×1.20＝	－1,800	
			－2,100	
			×1.20＝	－2,520
純現在価格零（ゼロ）では内部収益率は20%となる。				0

(7) **純現在価値と機会費用率**

　ここで，畜牛飼育作戦という単純な事業を例にしてだんだんと話を進めていこう。**表1-1**をみてほしい。第0期では，若い牛が例えば，1,000で購入される。第1期と第2期の間，維持費と飼料代は300である。第3期には，牛は2,520で売却される。これらの数値すべてはすでに実質単位で表現されていると考えられるべきであり，また各年度に応じた現金流出入(キャッシュ・フロー)（純額）で表されたものと考えられるべきである。したがって，この事業分析表の分析値は，-1,000，-300，-300，+2,520となる。

　表1-1のパネル1には，この事業の純現在価値の計算がなされている。**純現在価値**（net present value）は，当該事業によって生み出される各期の便益

と費用の差である純便益（B−C）を割引率で割り引いて，将来各期の純便益の割引現在価値を求めて，事業期間各期の割引現在価値を合計したものである。それが基本的に零（ゼロ）より大きければ事業を実施する意義があるといえる。（数式ではB−C>0と表せる。）また，意義ある事業を実施するためには最低限達成しなければならない収益率が大切になってくる。それは当該事業のために犠牲となった資源の有効な使用を考えると，先に述べた機会費用について，その資源を別の用途に用いていたら得られたであろう収益の比率である**機会費用率**（opportunity cost rate）を割引率として用いることが考えられる。有限な資源を効率的に使うためには，最低でも資源を次善の場合に使用したとき得られる収益までは確保しなければならないからである[4]。**表1-1**では，年当たり10％の機会費用率を用いている。事業は第0期に資源1,000を用いて始める。したがって，所有者に合計1,000の負担を負わせている。

しかし妥当な収益の機会費用率が10％であるので，第1期までにこの1,000は1,100に増大する。（数式で考えるとわかりやすい人は以下各自で表現してみるとよい。ここでは（1+0.1)・1000＝1,100と表せる。）これに第1期の飼料代300を加算すると，事業はいまや所有者に1,400の負担をさせている。さらに，これは第2期に（収益の機会費用率が10％で）1,540に増大し，それにその期の飼料代300を加算して，その時点でわれわれが「**資本費**（capital-at charge）」と呼んでいる総額1,840となる。これが今度はまた10％だけ，第3期には2,024に増大し，その第3期に売却がなされる。総額2,520のこの売却によっては所有者は496の利潤（＝2,520−2,024）を得ることになる。この496は事業からの利得の（第3期現在の）現在価値である。そのうえ，①所有者が正常な代替的投資を通じて得ることができた10％の収益，あるいはまた②所有者が実際にその事業で用いた資金のために支払わねばならなかった

---

[4] 数式で簡便に表現すると第t期の便益および費用をB_t，C_tとすると純便益は(B_t-C_t)であり，それを割引率で割り引けば第t期の純便益の現在価値$\frac{B_t-C_t}{(1+r)^t}$が求まる。（よく理解していない読者は本章の注釈3）をもう一度読んで確かめてほしい。）したがって，将来各期の純便益の現在価値の合計が零（ゼロ）より大きければ事業の実施に青信号が灯ることになる。それは$B_0-C_0+\frac{B_1-C_1}{(1+r)}+\frac{B_2-C_2}{(1+r)^2}+\cdots\cdots+\frac{B_t-C_t}{(1+r)^t}=B-C>0$ということである。

10％の実質利子率がこの売却によって得られる。本節(6)で述べたように①と②が同じ値でない場合には想定した10％の機会費用はこの2つのうち高いほうを表していると考えるべきである。

　機会費用概念①と②の正確な数値を把握することは，しばしば困難であると思われる。その場合，割引率の上限と下限を研究することがある。これは，その事業が上限の割引率と下限の割引率で共に収益が上がっていればたやすく得ることができる。あるいは上限下限の割引率のいずれかで収益性がみられなかったときにも得られる。しかし，ある事業が下限の割引率で収益性が上がり，上限の割引率は収益性が上がらなかった際にはその事業を認めるか否かが決定されないままにされてしまうことを認識しておかなければならない。

(8) 内部収益率

　そのような状況で，あるいは他の多くの状況でも同様に役立つのは事業の内部収益率である。**内部収益率**（internal rate of return : IRR）は，事業評価をする場合に示されるが，事業期間にわたる各期の総便益から総費用を控除した純便益について，その純便益の現在価値の総和（純現在価値）を零(ゼロ)にするような割引率である。そして純現在価値が零になるこの割引率までは純便益が正(プラス)となる。だから負債の満期時収益のようなものである。内部収益率はその事業の全期間にわたって形成された正確な収益率を教えてくれるのである。したがって，12％の収益がある事業A，9％の収益がある事業B等々について語ることができる。内部収益率はこのようにかなり有益な情報であるが，内部収益率を事業選択の決定基準として考えるべきではないことに，読者は注意するべきである。

　すなわち，事業Aと事業Bの選択が所与の時，最も高い値の内部収益率をもつ事業を常に選択すべきというわけではないということである。（こうした選択することによって，要約された統計としての内部収益率の一般的有用性を減ずるべきではない。結局，誰と結婚するかを決定する際に知能は適切な要素となるが，求婚者の中で常にもっとも知能指数が高い人を選ぶべきであるというわけではないのと同じように考えられる。）

　内部収益率の特有の利点は，内部収益率が事業分析表自体の属性であるとい

うことである。それは事業分析表のデータから直接，算定することができるのである。そしてこの目的のために，適切な資本の機会費用はどれほどであるかを知る必要はない。それだから（例えば，世界銀行の理事会やたいていの地域開発銀行の理事会を含んだ）多くの役員会は，承認を得るために会に提出されているそれぞれの事業について内部収益率を算定すべきといっているのである。もう一度いうと，内部収益率は決定基準ではないが，それはとても有用でかつ情報を提供する統計である[5]。

　表1-1のパネル2は，畜牛飼育事業の内部収益率の算定を明らかにしている。実際は試行錯誤して内部収益率を探し出すかもしくは，より現実的には内部収益率を探し出すためにプログラム化されたコンピューターを使うようになる。ここでは，「平易な」内部収益率20％を用いる例を設定した。したがって，第0期の当初資本費-1,000は第1期までに-1,200に膨らむ。そして費用-300によって増大し，第1期には資本費-1,500が残る。これが第2期には-1,800に膨らみ，また飼料費の-300によって再び増大する。第2期にもたらされた資本費-2,100は（内部収益率20％で）-2,520に増大する。この累積した費用は第3期における売却価格+2,520によってぴったりと帳消しになる。そして純現在価値が零となる。これが，内部収益率がいかに定義されるかのからくりで

---

5) 分析値-100+130である事業Aと分析値-1,000+1,200である事業Bの選択を求められていると想定しよう。事業Aの内部収益率は30％であり，他方事業Bの内部収益率はわずか20％である。しかし資本の適切な機会費用が10％である場合，期末までに算定される事業Bの純現在価値は以前のように，100（=1,200-1,100）である。他方，事業Aのそれはわずか20（=130-110）である。これは，内部収益率が事業を選択するにあたって依拠できる唯一の基準でないことを説明したきわめて簡単な例である。しかしここで説明された原理は広範な現実世界の事業に拡張されている。その原理は，2つの事業のうち大規模事業の方がたとえ低い内部収益率であるとしても，小規模事業よりも選好されるかもしれないといっているのである。というのは，内部収益率が低いにもかかわらず，純現在価値が小規模事業の純現在価値よりも結局かなり高くなりうるからである。適切な選択が各代替的事業の一方を選ぶだけでなく，かなり多くの場合で現実の状況によりなされるとこの原理は想定している。その多くの場合とは，高い堰（より効果である）対低い堰（より安価である），コンクリートの主要道路（より高価である）対同地点間の泥道，島に近い橋（より高価である）対フェリー事業といったものである。

ある。つまり，所与の事業分析表を適用した時に，純現在価値を零(ゼロ)にするような収益率こそが内部収益率なのである。

第2節 「経済的」費用便益分析

(1) 民間企業の便益と公的事業の便益の違い

　純粋な営利事業の分析が簡単にできるのは，便益と費用に関する事業分析表が難なく定義されるからである。「入ってくるお金」は良いもので，正(プラス)であり，「出ていくお金」は悪いもので，負(マイナス)である。公的事業のいくつかは事実上，このように分析されうる民間事業の極端なものである**冒険的事業**（business venture）であるかもしれない。しかしこういったことはかなり多くの**公的事業**（public project）には当てはまらないことが確実である。ここでは，**便益**（benefit）は道路利用者の通行時間の節約，農家の穀物収穫高の改善，より良い教育を受けた労働力，より健康で長寿の人びと等々，といった形態をとるかもしれない。この種の便益は，事業に対する現金流出入(キャッシュ・フロー)の増加として現れるものではなく，明らかに社会の観点からの便益である。そしてそれはそうした便益が生じる事業評価では確実に考慮されるべきものである。このことは，純粋な経営分析ないし財務分析と「経済的」分析が異なっているというより広い視野が反映されている。

　読者は，このような**非現金便益**（non-cash benefit）に貨幣価値を据えるのがどれほど難しいか容易にわかるであろう。そのような評価は経済事業（ないし経済実施計画(プログラム)）が直面してこなければならなかった主要な挑戦の一つである。それは勝利を勝ち取ることが難しい，現在進行中の苦悩であり，また概して大きくかつ曇った全景のわずかな部分しか明らかにできない苦悩でもある。主要道路事業の便益は灌漑事業の便益よりも評価がしやすい。灌漑事業の便益は教育便益よりも数量化が容易である。さらに教育便益は医療便益よりも取り扱いやすいのである。

(2) 経済学的分析（経済学上）と財務分析（会計学上）の違い

　上に述べた難しさを考慮しつつ，費用便益分析の「経済的」側面への入門書

である本書では最もわかりやすい**外部性**（externality；ある人ないし集団の行動がそれと無関係な人ないし集団の経済的厚生〔幸せ〕に影響を及ぼすものの，その影響に対して補償を支払うこともあるいは受け取ることもない状況を指す。外部性が存在する場合，社会的関心は，売り手と買い手が出会い取引をする場である**市場**〔market〕の成果に対して，市場自体に参加した売り手と買い手の厚生だけでなく，市場の外でその間接的影響を受ける市場の周囲の人ないし集団の厚生にまで及ぶ。なお外部性には市場の価格の変化を通じて生じる**金銭的外部性**〔pecuniary externality〕と市場を通じないで生ずる**技術的外部性**〔technological externality〕とがある），すなわち租税と補助金に焦点を当てるつもりである。これらは現金の形態で生じるが，それらは事業体ではなくむしろ政府に対して生じる費用や便益を表している。そこで一例として，牛の大放牧場をみたので，外国為替市場，労働市場について基本的事柄をみた後，主要道路の整備，あるいは農地の灌漑，もしくは電力発電所の経済的費用便益分析を始めようと思う。その**経済的分析**（economic analysis）は，これら企業の**経営分析**（business analysis）もしくは会計学上の**財務分析**（financial analysis）とは異なるのである[6]。それは，支払う**租税**（tax）が企業に対しては費用である一方で，政府に対し

---

6) 費用便益の専門用語は，ここ10年間にわたりいくぶん変化してきている。われわれがいま**経済的便益**（economic benefit）および**経済的費用**（economic cost）とよぶものは，むかしは「**社会的**」便益および「**社会的**」費用とよばれていた。1985（昭和60）年に，私は主要な論文に「社会的費用便益分析の熟考」と表題をつけた。しかし今日私がそれをするとしたら，その表題は「経済的」費用便益分析とつけるであろう。この変化の理由は，多くの人々が普通，**社会実施計画**（social program）とよばれているものを取り扱う項目を言及するのに専門用語の「社会的」を使うことにある。社会実施計画とは，子どものための予防接種，失業給付支払い，政府医療保険実施計画および補助金，貧困救済等である。こうした実施計画は経済的費用便益分析を間違いなく適用できるのであるが，しかしいかなる方法でも社会実施計画を制限するような経済的費用便益分析は存在しない。この専門用語がいまこれまで「社会的」と使われてきた場所に，ここしばらくの間に専門用語「経済的」を使うようになったのは不正確な解釈を避けるためである。このようなことから，経済的便益および経済的費用は，市場で個人により認められる私的な金銭的便益および費用とは必ずしも一致するわけではない。（私的便益および私的費用それぞれに外部性も考慮した）社会的観点から評価された便益および費用のことをいう。

ては便益であることや,受け取る**補助金**(subsidy)が,営利の観点からは便益としてみなされるけれども,分析が広範囲な「経済的」観点に従ってなされているときには政府に対する費用としてみなされなければならないことを認識してみるとわかる。

概して,事業の経済的分析表は,対応する財務上の分析表よりも高い便益を示すであろう。たいていの事業には,国際的に取引されていて,輸入関税やたぶん他の租税がかけられる原材料やその他の投入物が使われる。そのような事業の財務分析では,こうした租税は費用とみなされ,その事業について算定される便益の流れ(フロー)の純額を減額するであろう。そうした事業の経済的分析表では,このような租税は費用とはみなされず,便益の流れ(フロー)の純額を増やすものである[7]。

同じ話は,事業によって直接支払われる租税もしくは人々が購入した品目の費用の中に含まれている租税といった租税すべてについてもあてはまる。このような租税には**法人所得税**(corporation tax),**売上税**(sales tax)および**物品税**(excise tax),**営業免許税**(franchise tax)などが含まれる。

---

[7] 経済学上の意味と会計学上の意味を調整をする最も容易な方法は,会計上の財務分析表にはこうした租税の示している政府への便益が含まれていないことに注意することである。この便益は,当該事業自体に関する限り,事業自体のものではなく事業の外部のもので「**外部性**(externality)」である。そしてそれゆえ,財務上の分析値から経済的な分析値に移るときには付加されるはずである。たぶんさらに微妙なものであるが,社会全体の観点から事業の便益と費用についてじっくり考えれば,租税は事業自体に対しては費用であり,また政府に対しては便益であるような移転支払である。したがって,租税以外を便益および費用とみて話を始められれば,例えば租税を移転支払で,費用ではないとみなしたりする調整を何もしないで話を進めることができる。そのように取り扱ったときには,租税は,事業の売上ないし他の粗便益から控除されることはないので,経済的「利潤」の一部である。しかしわれわれが(事業の財務上の分析表を作成する際に)租税を費用とみなした場合には,財務上の分析値から経済上の分析値に移るときには,租税をまさに便益としてまたみなければならなくなるのである。

第3節　経済的機会費用

(1) 影の価格

経済理論によれば，**完全競争市場**（perfectly competition market；市場が完全に機能し，自由競争が究極まで実現していると想定されている市場で，市場価格を左右できる者が誰一人いないほど多数の売り手と買い手が存在していること〔価格受容者〕，市場への参入・退出が完全に自由であることといった，ほかいくつかの前提条件の下で成立する理論上の理想的市場）では最適な資源配分が達成され，真の経済的費用や真の経済的便益が市場価格で示される。しかし，現実世界ではそうした理論的価格が完全に示されることは，完全競争市場が理論上の産物ともいえるように，きわめて難しい。また公的事業ないし政府事業（パブリック・プロジェクト）では，そもそも市場で価格づけがなされず，市場での価格づけに代わる評価を要することが多い。主要道路の建設に要した直接費用（ないし私的限界費用）は市場価格で表すことに成功するかもしれないが，主要道路の建設に伴い，自動車の速度が増し，それによる人命損失が生ずることも考えられる。こうした間接費用（ないし外部限界費用）の評価はなかなか困難である。このように市場で評価できない費用は，機会費用をしばしば用いることになる。つまり，われわれは限られた資源を用いて事業を実施してある産出物を入手するが，その選択の結果その資源使用を断念し，犠牲にしなければならなくなった利得機会のうちそこから得られる最高額の収入（＝次善の選択肢からの便益），つまり**機会費用**（opportunity cost）を用いて評価しようというものである。第1節(6)ですでに説明した，こうした経済的機会費用のことを**影の価格**（shadow prices）[8]ということもあるが，影の価格は財の潜在的な，経済的（社会的）費用ないし経済的（社会的）便益を表している。影の価格をつけられる産出物は常に完全競争市場で価格づけられているわけではなく，また必ずしも真の価格が観察されるわけでもない。このように影の価格とは，真の価格が正しく観察されていな

---

[8] 「影の価格」という用語は，「潜在価格」ともいわれ，数理計画からきたものとされる。また第3章で述べるように，**費用**（cost）は喜んで提供したい額である供給価格で，そして**便益**（benefit）は支払意思額である需要価格で測定されるので，費用便益分析では，費用，便益ともに価格づけが重要になってくるのである。

い価格の影にあると考えられ，形容詞「影の」にはこうした意味がこめられているとされる。影の価格は市場で観察されなくとも，資源使用の選択に際しての代替案で測られる機会費用を有しているであろうから，この機会費用を用いて評価するのである。

（「影の価格」と呼ばれることもある）**経済的機会費用**（economic opportunity cost）の概念は，経済的な費用便益分析のきわめて中心的課題といえる。そしてまた多くの専門家でない人には，なじみのない（そしてそのために，しばしばかなり当惑する）概念なのである。本節では，直感的に認識されればよいので，可能な限り複雑にならないように，経済的機会費用の基本的考え方を伝えていきたい。ここでは外国為替取引の経済的機会費用と資本の経済的機会費用について考えよう。

(2) 外国為替の経済的機会費用と置き換え輸入・新規刺激輸出

外国為替（foreign exchange）は，通貨の異なる外国との貸借を決済する手段で，現金の受け払いによらないで外国為替手形で決済する方法のことである。いま一国に，例えば20％の平均的な輸入税がある場合を考えてみよう。われわれの事業が外国為替を購入するために市場に加わるというときには，そうした外国為替は究極的には図1-2にあるように，元々輸入支払い等のために持っていたものの一部が使途の置き換えにより使われなかった資金に由来する**「置き換えられた輸入（置き換え輸入**; displaced other import）」と，新たに輸出を刺激して入ってきた輸出から得られた資金に由来する**「新規に刺激された輸出（新規刺激輸出**; newly stimulated export）」の組合せに由来する資金から調達できる。その事業が外国為替100ドルを購入し，その100ドルのうち60ドルは置き換え輸入から，そして40ドルは新規刺激輸出から生じたものであると仮定しよう。また，「貨幣単位にペソ，円を使う」国家にその事業が存在し，為替相場は1ドルが10ペソあるいは100円であるとしよう。

当該事業は100ドルの購入に対しては1,000ペソあるいは10,000円を支払う。しかしこの費用には60ドルの価値のある輸入が置き換えられた時に失った図1-2【A】の外部性にある12ドル，120ペソあるいは1,200円の関税収入（60ドル×関税20％を為替相場に基づき算定）は含まれていない。外国為替100

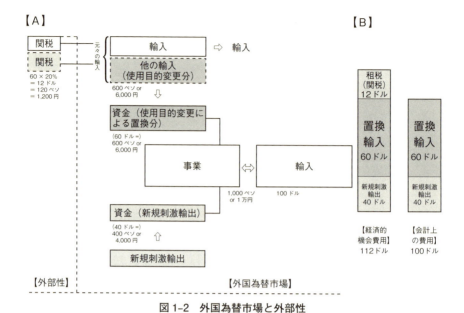

図 1-2 外国為替市場と外部性

表 1-2 外国為替購入と経済的機会費用

外国為替の購入			
外国為替購入	100 ドル	1,000 ペソ	10,000 円
置き換え輸入	60	600	6,000
新規刺激輸出	40	400	4,000
置き換え輸入相当の関税収入（20％）	12	120	1,200
外国為替の経済的機会費用			
外国為替の直接費用	100	1,000	10,000
外部性（ここでは租税）	12	120	1,200
経済的機会費用	112	1,120	11,200
（1ドル当たり）	1.2 ドル	11.2 ペソ	112 円

ドルの経済的費用総額は，図 1-2【B】のように 112 ドルで，その事業によって支払われた 1,000 ペソあるいは 10,000 円ではなく，1,120 ペソあるいは 11,200 円なのである。ここまでの経過は表 1-2 にあるとおりとなる。したがって，**外国為替 1 ドルの経済的機会費用**（economic opportunity cost of a dollar of foreign exchange）は11.2ペソあるいは112円であり，外国為替市場でドルを買ったときに，その事業がそこで支払わなければならなかった10ペソあるいは100円ではないのである。120ペソ（＝1ドル当たり1.2ペソ）あるいは1,200円（1ドル当たり12円）という追加費用は外国為替市場での取引自体から生じるのではなく，外国為替市場の外側で生じる**外部性**（externality）である。この事業が外国為替を買うために市場に参入したときに，図1-2【A】のように当初は輸入取引に充当されるものであったが，外国為替購入のために輸入取引とは別の「他の輸入」部分となった。その他の輸入が外国為替購入資金に置き換えられた結果として，当初の輸入取引がなくなりそれに伴う関税もかからなくなり，この外国為替の外部性である追加費用120ペソあるいは1,200円，または12ドルは，政府が徴収しないことになる輸入関税収入として表されているものなのである。

　こうした経済的機会費用の概念はさまざまな場合にあてはまらないとなると，実際には無意味なものになってしまうであろう。現実に，**外国為替市場**（foreign exchange market）は完全に非人格的なものであり，その関係者は外国為替需要の増加の100ドルを誰が個々に需要しているのかについて知る由もないし，どんな目的にその100ドルが支出されるかについても知ることすらない。市場は，外国為替需要の100ドル増加というのが外国為替の追加需要100ドルから生じる追加圧力であるということを感知しているだけである。したがって，市場の反応だけ考えると，輸入置き換えと輸出刺激からなる外国為替の追加100ドルは，他の100ドルと何ら変わりがない。それゆえに，外国為替の需要が増えたことによる（この場合は図1-2【A】に示されている60-40という）内訳割合は，誰が外国為替の需要者であるのかによるものを示しているのでもないし，また，外国為替が用いられる目的によるものを示しているのでもない。そうではなくて，この内訳割合は外国為替市場における需要と供給の条件によっていることをわれわれは考慮しなければならないのである[9]。

---

[9] 図1-2【A】に示されているような，簡単で，伝統的な例では輸入需要と輸出供給の弾力性が同一の場合，内訳割合は50-50である。輸入需要の弾力性が輸出供給の弾力性の2倍である時は，内訳割合は$\frac{2}{3}$対$\frac{1}{3}$になるであろう。輸出供給の弾力性が輸入需要の弾力性の2倍である時には，内訳割合は$\frac{1}{3}$対$\frac{2}{3}$になる。

(3) 外国為替の経済的機会費用と外国為替割増金

このようにして,外国為替の経済的機会費用は外国為替取引すべてに適用されうる。図1-2 に示した例では,いかなる外国為替の購入も1ドル当たり10ペソあるいは100円ではなく,**経済的費用**(economic cost)は11.2ペソあるいは112円なのである。そして(例えば,輸出増によって)新しい外国為替収入を生むいかなる行為も,1ドル当たり11.2ペソあるいは112円の**経済的便益**(economic benefit)を生むであろう。このことは,事業の外国為替売買すべてが単一のドル純価値表示でまとめられることを意味し,そして(ここでは)12%の「**外国為替割増金**(プレミアム)(foreign exchange premium)」によりドル表示純費用あるいはドル表示純便益を増大させることによって,(事業の財務分析表から経済的分析表に内容を変えるのに)必要な調整ができることを意味している。

同じような効果を持っている外国為替の需要増すべてにこれが繰り返し適用できないとなると,このように完全に簡単化(単純化)することは不可能といえよう。簡単化できないとなるとまず,外国為替購入の行為それぞれを輸入置き換えそれ自体の部分と輸出刺激それ自体の部分に分けて,別々のものとして取り扱わねばならなくなる。そして,関税などがさまざまな状況で課されるさまざまな輸入を置き換えるような外国為替のさまざまな購入に分け入り決着をつけることにさえなるだろう。こうなると分析者にとっては,まったくの悪夢といえよう。しかし,われわれは幸運な状態にある。外国為替の需要増すべてにそれを適用できるからである。だから1,000事業があっても1,000回もの外国為替の経済的機会費用の算定をするのではなく,それらすべてについて1回だけ算定するだけですむのである。かくして,原則的にはこうしたことをするのは各国の事業庁自体の仕事であるか,あるいは小国ではそれをするためには技術的な専門知識が限られており,たぶん**国際通貨基金**(IMF)もしくは**世界銀行**(the World Bank)のような国際機関の仕事となる。外国為替の経済的機会費用は重要**媒介変数(パラメーター)**(parameter)であり,またそれは各期について1回だけ計算されるはずであるので,そのような算定を実施するにあたっては,こうした慎重にすべき,専門的な仕事に従事していて責任を取るべき立場にある者にとってそれは骨折り甲斐がある仕事なのである。

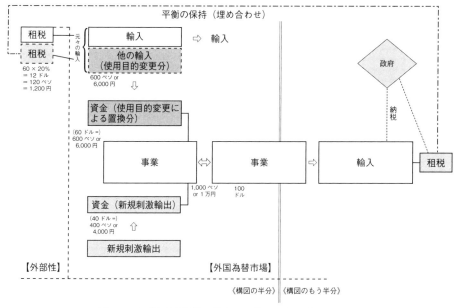

図 1-3 取得外国為替の使途——構図のもう半分

表 1-3 外国為替の使用と経済的機会費用

外国為替の使用	外国為替の使用		
	100 ドル	1,000 ペソ	10,000 円
関税			
20%	20	200	2,000
50%	50	500	5,000
経済的機会費用			
追加便益			
関税 20% の時	20	200	2,000
関税 50% の時	50	500	5,000

(4) 事業が購入した外国為替支出の検討と外国為替割増金(プレミアム)

　外国為替の経済的機会費用の考え方は，事業が将来使うために外国為替を取得する場合と，事業によりもたらされてきた外国為替を売却する場合の両面にあてはまることを認識すべきである。

　上に述べた外国為替の経済的機会費用は，外国為替を扱った内容の全貌では

なくて，その構図の半分を論じたにすぎない。事業と外国為替をめぐる構図のもう半分は，図 1-3 に示されているように，事業が購入する外国為替をどのように使い，事業が売却する外国為替をどのように生み出しているかということにも関心が寄せられている。事業と外国為替をめぐる話のうちここで扱う半分については，反復性のないことがまったくもって明らかである。ある事業では航空券を購入するために外国為替を利用するかもしれないし，別の事業では（関税零(ゼロ)の場合）小麦を輸入するために利用するかもしれない。そしてまた別の事業では（50％の関税で）BMW の車を輸入すべく外国為替を利用するかもしれない。こうした事業特有の状況下で支払われる関税や租税は，（前節で示したように）事業の**外部便益**（external benefit）ないし**外部費用**（external cost）と考えなければならない。外国為替割増金(プレミアム)（あるいは外国為替の経済的機会費用）は，この側面ではうまく機能しないが，事業に特有の租税や関税といった外部性は，外国為替割増金(プレミアム)があるときに発生する追加費用の埋め合わせ，あるいは追加費用と平衡を保つものとして働く。このように，ここでは外国為替割増金(プレミアム) 120 ペソあるいは 1,200 円を事業が購入した外国為替 100 ドルによるものとしたが，その外国為替 100 ドル＝1000 ペソあるいは 10,000 円が輸入の決済のため使われたとき，（輸入に 20％の関税がかかる場合には）追加便益 200 ペソあるいは 2,000 円をもたらすかもしれないし，（この輸入の関税が 50％の場合には）追加便益 500 ペソあるいは 5,000 円をもたらすかもしれない。あるいは（輸入が非課税の場合には）追加便益はないかもしれない。

　事業で購入される外国為替を支出に充てることが頻繁に起こるわけではないのはすぐわかることである。しかし幸いにも，事業分析者のすぐ手近には事業で計画され購入された外国為替があるはずである。だから，事業が輸入にかかわっている「構図のもう半分」に関する数値を，概して比較的簡単に算定できるのである。

　輸出の側面はいっそう簡単であろう。というのは，たいていの事業は輸出に伴う収入をまったく生じないからである。輸出に伴う収入を生じる事業は，概して 1 つか 2 つの輸出生産物，あるいはせいぜい 2, 3 の輸出生産物しかないのである。輸出生産物の大部分には輸出税がかけられたり輸出補助金が給付されたりはしないのである。そのような場合，輸出面の調整をしなくてもよいこ

とになろう。**外国為替割増金**(プレミアム)(foreign exchange premium)は率直にいって，その事業が生み出した外国為替の追加便益とみればよいのである[10]。

(5) 外国為替収入の源泉と借入による外国為替

外国為替割増金(プレミアム)の話題から離れる前に，基本的な意味で，外国為替の購入それぞれは置き換え輸入あるいは新規刺激輸出から「供給される」となぜいえるのかを立ち止まって説明すべきである。この原理は一国の外国為替収入の主要な源泉である**輸出**(export)の考え方とこれら収入が充当される主要な使途である**輸入**(import)の考え方に由来する。当然，外国為替について輸出が唯一の源泉でありまた輸入が唯一の使途であるとしたら，その原理は事実上の類語反復になる。しかしながら，実際に，**借入**(borrowing)も一国の外国為替を購入するための追加財源と考えられうる。しかしここには困難がある。こうした負債は前提として利子を合わせて返済する必要があるからである。したがって現在価値でみたときに，市場から借入等で得た外国為替は，遅かれ早かれ，利子返済のある借入をしなかったときの輸出入と比べて輸入が少なくなり輸出が多くなるという見解にやはり戻ってこよう。利子返済をしてまで資金を調達する輸入は一般的には抑制されるからである。そして同じ考え方が逆にもあてはまる。もし輸入が多くなり他の輸出が少なくなっていることが現在の輸出収入の状態に直接反映されないで輸出収入が少なくなっているとしたら，輸出による収入が国外に貸し出されていたり投資されたりしていることを意味しているといえる。しかしこうした負債が利子とともに返済されるか，あるいはこうした投資が蓄積してきた配当金とともに本国に送還されるかした場合には，その時点で仮に国外への貸し出しや投資が存在しなかったときのその国の輸出を超えた輸入超過分を埋め合わせるだろう。

もちろん，輸入と輸出の乖離は**対外援助**(foreign aid)，**慈善的寄付**(chari-

---

10) これが機能するのは，ペソが通貨の国の場合，輸出受取100ドルが外国為替市場で売却されると，追加輸入60ドルが刺激され，また他の輸出40ドルが置き換えられるということになろう。新しく刺激された輸入60ドルには，平均20％での関税が適用され，そこで外国為替市場で100ドルを売却することから受け取る1000ペソに付け加えられる120ペソの外部便益が存在することになろう。

table donation），あるいは**出稼ぎ人からの送金**（remittance from emigrant）により埋め合わされる可能性がある。こうしたことは構図の全体像のうちの認識された一部にすぎないが，所与の事業の外国為替購入あるいは外国為替売却とはまったく関係なく決められてしまうと考えられる。したがって，そうしたことが事業の外国為替需要を賄ったりあるいは外国為替供給を緩和したりする役割を果たすとは決して考えられない。外国為替に関する事業の効果がほかのどこかではなく，輸入および輸出の世界で生じているとなぜ頑なにわれわれが主張するのかは，こうしたことにより説明できると私は信じている。

(6) 国際的に取引される財やサービスの経済的機会費用

ここまでかなり遠くまで歩みを進めてきたが，この外国為替割増金（プレミアム）に関する説明を完璧にするまでには，さらにいっそう重要な一歩を踏み出さなければならない。この次の段階では，事業の外国為替に関する直接購入と直接売却から，その事業の国際的に取引される財やサービスの購入および売上に焦点を移す必要がある。そこで国際的に取引される財やサービスは基本的には世界市場で決定されるという考え方から始める。ほとんど例外なく，個々の輸入国および輸出国は売買する貿易財の**世界価格**（world price）にはほとんどあるいはまったく影響力を持たない。このことはわれわれの分析にとって重要な意味を持っている。アルゼンチンは牛肉の輸出国である。そこで同国に立地している事業が地元国内市場で牛肉を購入する場合，それはアルゼンチンの牛肉輸出がその地元購入と等量だけ減少することを意味している。したがって，アルゼンチンの輸出収入は減少し，その差額を埋めるべく輸入を減らし輸出を新規刺激するように至らしめるであろう。

同様に，アメリカ合衆国は銅の輸入国である。そこでアメリカ合衆国の事業がモンタナに立地するアメリカの製造業者から追加の銅を購入する場合でさえあっても，地元の銅の追加購入によって（所与の世界価格で）銅を国内で使用する他の者による同量の銅の輸入が断念されることを意味するのである。すなわち，事業が直接輸入により銅を獲得した場合に，そこで起こったことと同じ効果が外国為替市場でもみられるということである。

ここでの結論は，外国為替割増金（プレミアム）を単に輸入品の購入と輸出品の売上だけに

あてはめるというのではなく，事業の国際的に取引した財やサービスすべての購入ないし売上にあてはめるべきであるということである．こうして拡張された考え方は**現代開放経済マクロ経済学**（modern open-economy macroeconomics）の教えに従うものである．それは「**貿易財**（tradables）」と「**非貿易財**（non-tradables）」に分ける二分法にはっきりと焦点をあてている．貿易財はさらに，「**輸入可能財**（importables）」と「**輸出可能財**（exportables）」に分類できる．そして最終的に，輸入は輸入可能財の需要がその供給を超過した状況を表しており，また輸出は輸出可能財の供給がその需要を超過した状況を表している．こうした簡単な関係から，もしある国の輸出が所与の量だけその輸入を超過する場合，貿易財の供給がそれと同量だけその貿易財の需要を超過することになろうということを容易に引き出せるのである．そして同様に，ある国の輸入がその輸出を超過する場合，まさに同じ乖離が貿易財の総需要と貿易財の総供給の間に存在することになろう．これは，費用便益分析において，外国為替割増金（プレミアム）の考え方が当該事業の貿易財や貿易サービスの総需要と事業の貿易財や貿易サービスの総供給にもあてはめられるはずであるという原理の基礎的な根拠である．

　以上では暗黙裡に了解されていてまだ述べられていないが，外国為替割増金（プレミアム）は国外投資のための**外貨**（foreign currency）の直接購入すべてにもまたあてはめられるべきであり，また事業が国内外国為替市場で売却される，外貨の流入（イン・フロー）純額として受け取る配当金あるいは利子または資本の本国送還分の流れ（フロー）に対しても適用すべきなのである．

第4節　資本の経済的機会費用

(1)　資本の経済的生産性

　話を簡単にするために，国際貿易ないし資本移動の存在しない，いわゆる「**封鎖経済**（closed economy）」を想定してここでの説明を始める．もちろん後で，現実世界の**開放経済**（open economy）に及んだ分析に拡張する．たいていの読者は，国内経済の一会計年度の会計が作成されたとき，その投資と貯蓄が同額でならなくてはならないということを，経済学学習の初期段階で学習

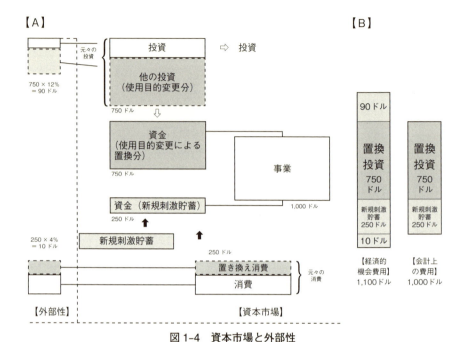

図1-4 資本市場と外部性

表1-4 事業資金と資本の経済的機会費用

事業資金の調達		
事業資金	1,000	
置き換え投資	750	
新規刺激貯蓄	250	
投資相当収益率（12%）	90	置き換え投資で失った分
貯蓄相当収益率（4%）	10	新規貯蓄をしなくても得られた分
資本の経済的機会費用		
置き換え投資由来分	90	⎫ 資本金の10%
新規貯蓄由来分	10	⎭
経済的機会費用	1,100	

したであろう。国内貯蓄は生産総額から消費総額を差し引いたものと定義されるので，生産総額は結局，消費もしくは投資からなるといえる。

図1-2に示されていた外国為替の需要があったとき，使用目的を変更した他の輸入を置き換えるもしくは新たに輸出を刺激して外国為替資金がもたら

されなければならないが，それとちょうど同じように，資本市場で**事業の資金需要**（project's demand for fund）があったときには，元々の投資のために持っていたものの一部使途を置き換えた資金に由来する**置き換えられた他の投資（置き換え投資）**（displaced other investment）あるいは**新規に刺激された貯蓄（新規刺激貯蓄）**（newly-stimulated saving）からもたらされなければならない。この結論を引き出すためには，基本的には貯蓄と投資が等しくなる必要がある。そうすると，外国為替市場について語るのにしても，あるいは資本市場について語るにしても，全体像はまったく同じということになる。つまり，図 1–4 も図 1–2 と枠組みは同じということである。そしてそれは，ある場合には資金の源泉が置き換えられた輸入と新規刺激輸出であり，また別の場合には事業で獲得された資金が置き換えられた投資や新規刺激貯蓄からもたらされるというだけのことである。

　費用便益分析が本格的に始められた草創期には，（研究対象になっている）「この」事業の資本資金を使用する代替的方法は（別の方法で使うとしたら），当該経済のほかのところでその資金を使って「よくみられる」投資がされているのを考察することであり，それが最も一般的な手法とされた。「ここで」用いられた資本が，「他のところ」で使用されたのよりも生産的であるとしたら，「ここでの」投資は適切であったと考えられるのである。この考え方によって，経済全体において，あるいは民間部門において，あるいはまた「営利」部門において**資本の経済的生産性**（economic productivity of capital）が当然のことながら測定されたのであった。

(2) **事業資金の源泉**

　この枠組みを発展させて考えると，事業のためにお金を引き出そうとする現実世界の仕組みでは概して，資金を引き出すことによって消費や投資がともに犠牲にされることがすぐにわかる。資本市場模型（モデル）では，（「この」事業ではない）当該経済のほかの事業における投資の資金需要を表している需要曲線が一つの重要な要素であった。そしてそうした需要曲線は資金の供給曲線とともに描かれており，需要と供給はともに利子率の関数として表現されている。このように分析するとき，事業資金を資本市場から引き出すには 2 つの源泉があった。

それは事業資金のいくらかは実際に他の投資を置き換えることからもたらされ，同時に残りは貯蓄曲線に沿って上昇しながら——例えば当該経済の追加貯蓄を刺激しながら——もたらされるというものである。

明らかに，追加貯蓄は貯蓄を増やすために消費を削減することを意味するので，事業資金の一部は置き換え投資からもたらされ，また一部は置き換え消費からもたらされるといえる。

それと同じ二分法は，事業資金が**租税収入**（tax revenue）の増加からもたらされる場合にもあてはまる。税金もまた，いずこからかやってくるのである!!**投資**（investment）や**消費**（consumption）はここでもまた適切な資金源であるが，もちろん，消費や投資を犠牲にしてもたらされる事業資金の規模は，その資金が租税からもたらされたときと資本市場から来たときとでは違ってくるだろう。

租税が**公的事業**（public project）の適切な資金源であるという考え方は当座のところならば，説得力のあるものといえる。というのは，ほとんどの政府が公的事業資金の大部分を租税で賄うからである。しかし，この道筋に従っていくとすぐに泥沼に陥ってしまう。租税によって消費や投資にかなり異なった効果を持つからである。(**個人所得税**〔individual income tax〕と**法人所得税**〔corporation tax〕，あるいは**資本利得（キャピタル・ゲイン）税**〔capital gain tax〕と**物品税**〔excise tax〕，あるいは**遺産ないし遺産取得税**〔estate or inheritance tax〕と**消費税**〔consumption tax〕を考えよ。)さらに，ある年に可決された**租税法**（tax law）の変更は，(消費と投資への効果の観点から) 他の年に可決された租税法と釣り合わない。こうしたことすべてに基づくと，結論的には課税を通じて追加財源を賄う「典型的な」方法はないといえるのである。

資本市場を資金源とみると，ことはもっとよくみえてこよう。ここで，資金の新規需要はどんなものも，投資需要と貯蓄供給がともに描かれている元々の構図に追加需要をちょうど付け加えるものであると理解される。前述した外国為替市場のように，そうした市場は基本的には非人格的なものであり，新規需要が追加されたときに追加圧力を「察知し」，こうした資金が使われるであろう特定の目的にではなく，そうした追加圧力に反応するのである。こうしたことによって，資本市場は事業資金の典型的な源泉であるといううまい理由づけ

がなされる。しかしそれがほとんどあるいはまったく現実とかけ離れている場合には，単なる希望的観測にすぎないであろう。

　幸いにも，資本市場を事業資金の「典型的な」源泉とみてよいとする論理的に正しい基準がある。というのは，資本市場は事実，予期しなかった追加の租税収入が月毎にどんどん増収になるときにはそれらを吸収する「海綿（スポンジ）」であり，また政府が予算支出に関して月次歳入不足に直面したり予算超過に直面したりしたときには，政府がまさに資金源として求める「海綿（スポンジ）」だからである。こうした現実によって，資本市場はまさに**政府資金の限界収入源**（marginal source of government funds）であることが明快に立証されるのである。

(3) 資本の経済的機会費用と置き換え投資・新規刺激貯蓄

　さてこの構図は，資本市場での需要曲線・供給曲線のグラフで決定される割合で，投資を置き換えまた貯蓄を刺激して，資本市場から投資資金を引き出すというものである。幸いにも，投資資金の需要と貯蓄の供給が資本市場における圧力にどのように反応するかについてはかなり知られている。つまり，投資資金需要が貯蓄供給よりもさらにいっそう弾力的であることをわれわれは知っているのである。資本市場から引き出される資金増加の割合を置き換え投資90および新規刺激貯蓄10とすることはその割合がきわめて妥当な範囲内にあるといえる。他方で，この内訳割合を90-10ではなく置き換え投資75および新規刺激貯蓄25と想定するのではいくぶん妥当性を欠くことになろう。このように，事業資金100％は投資を犠牲にしてもたらされると想定していた昔の文献が正しかったとは決していえないが，数量的にはかなり近いものであったといえる。

　簡単な例を示すことで，読者は研究している本質的な構造を理解しやすくなるかもしれない。**図1-4**に記されているように，事業資金1,000は資本市場から賄われるが，そのうちの750は置き換え投資を犠牲にしてもたらされ，250は新規刺激貯蓄からもたらされているとしよう。そして，置き換え投資は12％の実質収益率をもたらしており，また追加貯蓄をする人は（例えば，限界で，4％が貯蓄の供給価格である）4％の収益率を求めているとしよう。こうした状況下では，**資本の経済的機会費用**（economic opportunity cost of capital: EOCK）は（0.75）(12%) + (0.25)(4%) = 10%と見積もられる。

　これにより，資本の経済的機会費用の背後にある基本的な考え方がわかるが，それほど重要なものではない。読者は，資本市場から1,000をわれわれが引き出したがために，置き換え投資の750がそれまで生産してきた生産物を当該経済が確かに失っていることに気づくはずである。図1-4【A】の外部性にあるように，実質収益率が12%であると，失った便益の大きさは，将来期間にわたり，年間90（= 750 × 0.12）となる。この年間90は事業が当該経済に「負う」「債務」とみなすことができる。もしその債務が「返済」されないならば，この事業は正当化されない。同じように，（追加250を貯蓄しなくても，まさにどうにか貯蓄者の経済状態が変わらないように無差別にしておくために貯蓄者から求められる）4%の収益は，事業を実施する価値のあるものにするためには事業から「支払」われなければならないいま一つの「債務」といえる。この額は年間追加10（= 250 × 0.04）になる。

　まとめると，年間90足す（プラス）10はこの事業の努力目標といえよう。もし事業が年間ちょうど100（= 90 + 10）の最終便益を生み出すならば，もともとの1,000の資金が資本市場で集められたときに必然的に含まれていた真の費用をまさにどうにか賄うであろう。こうした費用が賄われた後にのみ，（例えば，当該事業にただ着手しなかったというように）資金1,000が資本市場にただ使われないままにされていて，その資金でわれわれの事業の代わりに出現しうる典型的な代替的事業よりも，われわれの事業が経済的に適切なものであるということができる。事業資金（資本）1,000（= 750 + 250）ドルで，機会費用率（割引率）が10%であると，機会費用は100（= 90 + 10）ドルとなる。そして**図1-1**の考え方に従うと**資本の経済的機会費用**（EOCK）は**図1-4【B】**のように1,100ドルとなる。その背景はこのように説明できるのである。

　こうした状況で，事業の経済的分析表を分析するに際して，単に10%という割引率を用いるだけで，まさに語られる話の全貌が自動的にできあがるのである。もしこの過程において，まだ正の（プラス）現在価値がもたらされるならば，事業を実施する価値があるといえる。もし負（マイナス）になるのであれば，そうした事業を経済基準に厳しく基づいて行うだけの価値はないといえるのである。いずれかを選ぶことになる代替的な2つの事業（AおよびB）があり，そのうち一つだけ

がうまく実施できるとしたら，割引率 10% を用いたとき，高い純現在価値をもたらす事業を選好するように選択されるべきなのである。

第5節　国外からの資金調達について

(1) **国外からの資金**

これまでの議論では暗黙の裡に封鎖経済を想定してきた。そこでは，**置き換え国内投資**（displaced domestic investment）と**新規刺激国内貯蓄**（newly-stimulated domestic saving）を資本市場から賄う究極の資金の源泉とみなしてきたのである。要約すれば，これまで行ってきたことは以下のように表せる。

p ＝国内投資の限界生産性＝ 12%

r ＝国内貯蓄の供給価格＝限界時間選好率（限界時間選好率は第8章で扱う）
　　＝ 4%

f_1 ＝置き換え投資分を犠牲にしてもたらされる事業資金分＝ $\frac{750}{1000}$ ＝ 0.75

f_2 ＝新規刺激国内貯蓄からもたらされる事業資金分＝ $\frac{250}{1000}$ ＝ 0.25

EOCK ＝資本の経済的機会費用＝ $f_1 \cdot p + f_2 \cdot r$
　　　　　　　　　　＝ 0.75(12%) ＋ 0.25(4%) ＝ 10%

いま**世界資本市場**（world capital market）に結合することによって，さらに現実的な分析をしたい。

f_1 ＝国内投資を犠牲にしてもたらされる事業資金分＝ $\frac{700}{1000}$ ＝ 0.70

f_2 ＝新規刺激国内貯蓄からもたらされる事業資金分＝ $\frac{100}{1000}$ ＝ 0.10

f_3 ＝問題とされている国にもたらされる「外国貯蓄」の純増加で表される事業資金分＝ $\frac{200}{1000}$ ＝ 0.20

ここでは以前のとおり，p ＝国内投資の限界生産性＝ 12% のままとする。また，同じく前のように，r ＝国内貯蓄の供給価格＝限界時間選好率＝ 4% とし，

MCFF ＝外国資金の限界費用＝ 8%

を加える。

これらの仮定の下で資本の経済的機会費用は，

$$\begin{aligned}\text{EOCK} &= f_1 \cdot p + f_2 \cdot r + f_3 \cdot \text{MCFF} \\ &= 0.7(12\%) + 0.1(4\%) + 0.2(8\%) = 10.4\%\end{aligned}$$

となる。

外国資金の限界費用は見積もることがきわめて難しい。そして f_3（問題とされている国にもたらされる「外国貯蓄」の純増加で表される事業資金の部分），すなわち**国外からくる資金増加**（incremental funds coming from abroad）の部分も見積もりがきわめて難しいのである。われわれが知っているのはこのことが以下のように考えられるということである。

①世界的にみたとき一国とその国以外の国との資本市場のつながりは「完全」ではない。一国はふつう国外から追加資金を引き出すことができるが、それはどこからでも同一価格でというわけにはいかない。所与の国が入手できる外国資金の供給曲線は完全に弾力的（弾力性が無限）ではなく，右上がりの傾きになっている[11]。

②どの供給曲線も右上がりの傾きであるということは（その供給曲線に沿って動くとき，追加単位を得るための）限界費用が供給価格よりも高いことを意味している[12]。

外国源泉の資金を考えるとき，それに伴う作用は国内投資需要や国内貯蓄供給ほどわかりやすいものではないことを認識しなければならない。つまり，「外国貯蓄」の供給は国内貯蓄の供給よりも大きく増減するのである。そしてその弾力性もまた狭い範囲におさまりにくいのである。

しかし少なくとも多くの国々で，**資本の経済的機会費用**（economic oppor-

---

11) 供給曲線の形状で代表的なもの3つを示すと図1-5(a)～(c)のようになろう。

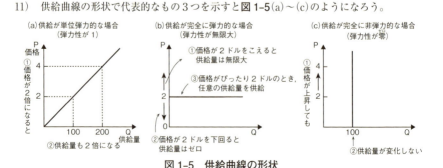

図1-5 供給曲線の形状

tunity cost of capital) を見積もるときに**外国貯蓄の供給**（supply of foreign savings）を無視することは決して妥当とはいえないのである。

(2) **外国資金の限界費用**

こうした不確実性を論じるにあたっては，少なくとも，外国資金の限界費用に制約をつける方法を探すのである。私が知っている最善の接近法(アプローチ)は，問題となっている国への**外国資金の平均費用**（average cost of foreign funds）（実質単位）を見積もってみるというものである。この数値は，**株式資金調達**（equity financing）と**負債資金調達**（debt financing）をともに具体化するはずであり，実質単位で表されるはずである。この率が6％と仮定しよう。次に世界資本市場でのそれに見合った「安全」利子率を見積もるのである。この率が4％であるとしよう。このような状況の下で，**外国資金の限界費用**（marginal cost of foreign funds ; MCFF）のもっともな帯域は，8％から12％である。8％の値は，世界の資本市場における**安全利子率**（riskless rate of interest）（4％）に対するある国の外国資金の平均費用率（6％）の超過分を求め，そしてこの超過分（2％）に平均費用率（6％）を加えることにより求められるのである。12％という数値は，その国の平均率（6％）を二倍するだけで得られるのである[13]。

---

12) 標準的な経済学の教科書によると，
$$d(p \cdot q) = p \cdot dq + q \cdot dp$$
$$\frac{d(p \cdot q)}{dq} = p + q\left(\frac{dp}{dq}\right)$$
$$\frac{d(p \cdot q)}{dq} = p\left(1 + \frac{1}{\varepsilon}\right)$$
限界費用＝平均費用× $\left(1+\dfrac{1}{\varepsilon}\right)$

ここで，ε＝供給の弾力性 である。

外国資金の供給はその供給曲線が上方の傾きであるので，ε は正(プラス)であり，また資金の限界費用は平均費用よりも大きくなければならない。

13) これらの数値はともに，**平均費用曲線**（average cost curve）に対する**接線**（tangent line）が（現在の均衡点で）$p = a + bq$ となると仮定して求められている。また限界費用は $p+bq$ である。a が安全率であるとすると，$bq = p-a$（われわれの例では，2％であり，そしてこれは限界費用〔8％〕を得るために平均費用〔6％〕に付加されなければならない）である。接線が原点を通過する場合，a は零(ゼロ)であり，いま一つの「p」を外国資金の限界費用＝12％を得るために，平均費用に加えなければならない。

(3) 資本の経済的機会費用の実際

アメリカ合衆国，カナダ，そして西ヨーロッパのような先進国において，資本の経済的機会費用は概算で，ほぼ8％から10％の範囲に分布してきた。この率はとりわけ活気ある経済で十分な投資機会があるような発展途上国においては，かなり高いものでありえよう。一つの目安は，60年余の歴史のある**世界銀行**（World Bank）の政策と実践から得ることができる。同行のような国際組織が，ある国には14％が基準であると主張し，一方で別の国には例えば8％基準があてはまると主張することは，「正しい」とは思えない。こうした扱いにくい問題に同行は直面していた。おそらく，純粋に技術的に考えることよりもこうした葛藤が動機づけとなって，世界銀行は何十年にもわたり，事業が世界銀行融資に値するか否かを判断するための「**標準基準率**（standard criterion rate）」を，1年につき実質10％の率であるとしてきた。このこと自体で世界中のさまざまな国における資金の真の機会費用がかなり明らかにされるというものではないが，現実に世界銀行の事業が経験してきたことは概して有益なものであろう。実際に何年にもわたり，事前に10％という**評価分析**（test）を通過できなかった事業に世界銀行は直面しなかったのである。さらに世界銀行は，そうした事前に融資した事業が期待まで達成されてきたか否かを査定するために，延長上にある評価分析を事後的に行ってきたのである。こうした再査定は多くの事業が15％あるいはそれ以上の（事後的な）実質収益率を見積もってきているように，いつもかなり良好なものであった。

こうしたことから，**公共部門の事業**（public sector project）を正常に達成できると期待されるもっともな**基準実質収益率**（benchmark real rate of return）は10％であると考えても誤りではないと示唆されるのである。

提案された事業がかなり有利な率で外部融資の見込みがあるとき，特有の問題がときどき起こる。融資が安い率で可能だからといって期待便益もそれに見合って低い事業を受け入れる根拠にするべきではないというのが，この話題について一般に認められている見識である。うれしいことに2％の融資で事業資金を十分調達でき，それにより10％の収益が生じた場合に，その国は実際に利益を得るのである。そうした事業の総便益がたったの2％の実質収益にしかならないときには，明らかにその国は利益を得ないのである。

⑷ **資金の代替可能性**

　この分野でさらに重要なのは一般的な「**資金の代替可能性**（fungibility of funds）」である。確かに，不適切な事業にではなく適切な事業に安価な資金を使うことは有益なことである。しかし，安い資金を使って不適切な事業をすることによって，現実にそうした不適切な事業に使われなければその資金を使えたはずの適切な事業を結果的に締め出してしまうことは大いにありうる。安い資金がその国への資金供給曲線の「初期」範囲に位置していること，つまり「限界内に」あることはほぼ確実である。このように，まったくもって道理に適うように経済的に資金を使うのは，明らかに純収益率の低い事業のためにではなく，最も生産的な事業のためなのである。

　要するに，貸主が2％で資金を供給する意欲を表明した場合，それはいつも歓迎されるはずである。しかしわずか2％ないし3％しか収益をもたらさない事業に貸主がその資金を投資するように求めた場合，その実現可能性をみせられるように努力するはずであるし，またその国の資本の真の経済的機会費用を少なくとも反映するような高い収益のある事業が望ましいことを議論するよう努力が傾注されるはずである[14]。

---

14) 資本の経済的機会費用を算定する全体像は，2車線道路と考えることができる。資本市場に参入することで例えば10.4％の事業収益で賄えるだけの費用が生まれるとしたら，新しい資金をその国の資本市場に放り込むという単純な行動によって10.4％という経済的収益が生み出されるだろう。また，他に何もなかったとして，2％で資金を借り入れることにより，そうした資金をその国の資本市場を育てるために使うという単純な行為により，その国に大きな便益がもたらされるであろう。

第2章

労働市場問題

第1節　基礎知識

(1) 直接費用と外部便益

労働市場（labor market）ほど費用便益分析をするうえで重大な間違いのもととなる部門はおそらくないであろう。そして，外国為替が生じた際に伴う便益や事業に投資される資本について高い実質収益率がある際に伴う便益とあまり似たものがないため，必然的に「仕事創造」とか「雇用効果」のようなその字面が醸し出す良い面が誇張される主張に反応してしまう。こうした労働志向の主張の大部分は，上辺がよく見えるだけで根拠のないものなので，それだけにそれに躍らされてしまうのは実に残念である。それはいくらよくみても，後述のとおりまとまりのない考え方なのである。

その労働領域においてほかの何よりも重要な一つの簡単な教えがあるとすれば，資本，材料，そして生産の他の要素の使用のように，労働の使用は**事業に対する費用**（cost to a project）であるということである。この事業に対する費用は事業により支払われた賃金ないし俸給よりも低いということかもしれない。要するに，外部便益が生じているからである。まさに，事業に用いられる労働に**直接費用**（direct costs）とこの場合，労働市場の外側で発生する**外部便益**（external benefits）を共に考慮することによって，実際上，純費用が確かに求められるのである。

(2) 資源の代替的使用

どうしたら最もよく，事業による「仕事創造」の考え方からもたらされる間

違った考え方を払拭できるであろうか。私はわれわれの事業と何もしないことを比べているのではないというのが最善な唯一つの回答であると思う。何もしないというのではなく，われわれの事業に使う資源をほかの事業で使うのかあるいはわれわれの事業に使うのかということで，**資源の代替的使用**（alternative use of the resources）が可能な事業とわれわれの事業を比較しているのである。したがって，われわれの事業で資本を使うことによって新しい仕事が数多く生み出されると考える場合，こうした資本資金をなるほどと思わせる別の事業に使うことで何が生み出されるかが問われなければならない。

概して，所与の**公共部門の事業**（public-sector project）は，懸案の**公的資金**（public fund）を代替的に使うことのできる数多くの事業が存在する，そのうちの一つといえる。この場合，数多くの事業それぞれは，同時にどれがよいかと吟味するにあたって，直接的な競争者となるのである。しかし直接的な競争者がいないときでさえも，直接的競争者がいるときに投資あるいは消費に使われるであろう資金を，公共部門の事業は資本市場から引き出すのである。

(3) 置き換え労働需要・新規刺激労働供給

前段落では，仕事が資本投資により生み出されているとみている。それは「仕事創造」という用語を使う人が普通その問題についての考える道筋である。しかしながら，われわれは，多くの新しい仕事が新しい資本投資とは関係なく生み出されていることや，会社がしばしば建物，機械，あるいは他の資本資産に投資しなくなることとは関係なく労働者を一時解雇することを，認識しておかなければならない。

だから，経済学者は**事業の労働使用**（projects use of labor）を労働市場現象としてみることを非常に選好するのである。事業によって新規労働者が雇われた場合，そうした特定の行為に含まれる費用は，その事業が同時に資本財を取得しているか否かにかかわらず，本質的には同じであろう。

こうした見解を取り，労働の新規需要が存在する市場に参入している事業をみようというとき，われわれはその事業を他の市場と類似の事業と考える。外国為替の追加需要が最終分析で第1章でみたように輸入置き換えと新規刺激輸出の組合せにより達成されたのとちょうど同じように，そして，資本需要の増

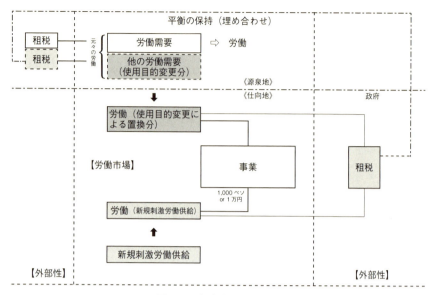

図2-1 労働市場と外部性

加が究極的に置き換え投資と新規刺激貯蓄の組合せにより満たされたのとちょうど同じように，また，小麦の新しい需要が最終的には世界生産の増加と他の使用者の小麦需要の置き換えの組合せからもたらされるのとちょうど同じように，そうしたことが労働の場合にもあてはまる。だから図2-1にみられるように**労働の追加需要**（added demand for labor）は，一部は元々の労働需要の一部を置き換えた**置き換え労働需要**（displaced labor demand of others）により，そして一部は新たに労働供給の増加を刺激すること（**新規刺激労働供給**；newly-stimulated labor supply）により満たされるとみられるはずである。

第2節 労働の経済的機会費用の測定──標準的な場合

(1) 市場賃金と差別の均等化

事業が獲得した労働について，通常，事業は労働者にその労働の供給価格に見合う賃金を支払うとされる。この仮定はさらに，こうした労働者が特定の労働についての，そして特定の地域における雇用で「**市場賃金**（market wage）」

図2-2 アメリカ合衆国本土, アラスカ州, ハワイ州

を得ているという考え方に基づいている。

　市場賃金がトラック運転手全員について，あるいは理容師全員について，あるいは秘書全員について同額であるというのでは現実離れしている。何年にもわたり，私は講義の受講生に，その当時建設されていたアラスカの石油輸送管路(パイプライン)会社で働くためにアラスカ北部にやってくるトラック運転手に日給200ドルを提示しているシカゴ新聞の広告をみるように話してきた。この賃金は驚くほど高いように思われた。というのは，当時シカゴのトラック運転手の典型的な賃金は日給50ドルであったからである。そう，アラスカの賃金はかなり高かったのである。しかしこうした広告がなぜ毎月毎月掲載され続けたのか。その答えは，広告によってアラスカで働きたいと思っている労働者が長い順番待ち名簿の順番を待ち続け，応募者が大波のように押し寄せてくるものではなかったということである。アラスカの呼び値は実際に（アラスカの）市場賃金額を著しく「越えて」いるのにこうした結末であった。図2-2にみられるように，愉快な，「普通の」中西部シカゴの日々の生活から，半年が氷点下未満の温度でほとんど真っ暗闇に支配され，残りの半分が外気に蚊が群飛して

いるアラスカに，しかも家族や友人から遠く離れて過ごすというのがその仕事の一部になると考えられるアラスカに，どこにでもあるような娯楽がないようなアラスカに，運転手を呼び寄せるためには巨額の割増金(プレミアム)が求められるというのが事実なのである。このような場合に経済学者は，日給 200 ドルの賃金といった巨額の**割増金**(プレミアム) (premium)によって「差別を均等化」した**差別の均等化** (equalizing differential)と結論づける。それは**輸送管路事業**(パイプライン)の労働需要を満たすのに十分なトラック運転手の労働供給を刺激するために求められる給与である。このように，シカゴでトラック事業が存在するとしたら，その市場賃金は**表 2-1** のように日給 50 ドルである。しかし，アラスカ北部でトラック事業が存在するとしたら，その市場賃金を日給 200 ドルと設定することになろう。そしてわれわれの事業がハワイの**浜**(ビーチ)に沿ったところに立地しているとしたら，おそらくそこでの日給はわずか 30 ドルとなるであろう。

(2) 労働の経済的機会費用と租税

さてそうした場合に，**労働の経済的費用** (economic cost of labor)とはどういったものといえようか。前述の方針に従うと，**租税** (tax)が乖離の主因であるとみられる。労働者がシカゴから移動する場合，シカゴで彼らの稼得所得に基づき政府が受領する租税収入は減収となる。これに含まれるものは彼らの稼得所得と結びついた**給与税** (payroll tax)，彼らが支払う**個人所得税** (individual income tax)があり，これらに（アメリカ合衆国では州や地方によって売上税や各種消費税の課税もまちまちであるので，税法に規定されていて課税が適用できる地域では）労働者がその所得を支出する際に支払う**売上税** (sales tax)および**消費税** (consumption tax)が加わる。このシカゴでの租税減収総額は労働者がシカゴから（彼らが日給 200 ドルを稼ぐであろう）アラスカに移動するにしても，（彼らが日給 30 ドルを稼ぐであろう）ハワイに移動するにしても，同額である。**表 2-1** のようにこのシカゴの租税減収額は，5 ドルが給与税に，6 ドルが所得税に，そして 4 ドルが売上税によるもので，総額 15 ドルであるとしよう。これに基づくと，トラック運転手の**経済的機会費用** (economic opportunity cost)はアラスカでは 215 ドル（＝ 200 ドル＋ 15 ドル），そしてハワイでは 45 ドル（＝ 30 ドル＋ 15 ドル）であると考えることが妥当であろう。

(3) 仕向地租税・源泉地租税と労働の経済的機会費用

　しかしながら，これはお薦めできる手法ではない。こうした事業で雇用が始まったときに，労働者もしくはその雇用主が賃金に基づいて支払う租税をどうするかということが問題となる。外国為替の経済的機会費用の場合**図1-2**のように，輸入が置き換えられるときに失われた関税収入は機会費用の中に組み入れたが，各種貿易財に基づき事業により支払われた関税や物品税は事業自体の外部便益であるとみなした。このように一括してみなしたのは，事業で購入される数多くの貿易品目間では**租税措置**（tax treatment）にかなり多様性があり個々の事情に基づいていると分析が複雑になってしまうからである。そのお金が何に支出されるかにかかわらず，外国為替に「資金供給する」ことに伴い関税収入が失われることは，当たり前のことであった。しかしこの資金の支出によって，購入される特定品目によって実にさまざまな租税効果がもたらされた。所与の場所で雇われている所与の労働者（例えば，アラスカのトラック運転手）の場合，彼らの賃金に基づいて，その場所で支払われることになる税額は，出稼ぎに伴い移動する前の源泉地で失われた租税とまさに同じように予測できるのである。したがって，源泉地で失われた租税（**源泉地租税**；taxes at the source）という費用を相殺するために，これら「**仕向地租税**（destination taxes；仕向とは先方にあてて送ることで，仕向地は財を仕向ける土地とされるが，ここでは出稼ぎ労働力を財とみて仕向地とする）」をこの事業があるために仕向地で生じた便益とすることはきわめて妥当なのである。

　こうして，アラスカでの租税見積額は，給与税が20ドル，所得税が40ドル，そして売上税と物品税が10ドルで，合計70ドルであるとしよう。そうすると，アラスカのトラック運転手の経済的機会費用（EOCL）の数値は，**表2-1**にみられるように，200ドル＋15-70ドル，すなわち145ドルとなり，一般的市場賃金の200ドルよりもかなり少ないのである。

　これに対して，ハワイのトラック運転手の経済的機会費用（EOCL）は市場賃金として支払われている30ドルよりも大きくなる。これは，ハワイで賃金30ドルに基づいて新たに支払われた租税が労働の源泉地であるシカゴにおいてその時点で失われた15ドルの租税よりもかなり低いからである。ハワイの租税を2ドルの給与税，3ドルの所得税，そして2ドルの物品税で，1日当た

り合計7ドルであるとすると，ハワイのトラック運転手の経済的機会費用（EOCL）は表2-1のように1日当たり，30ドル+15ドル-7ドルで，38ドルとなるのである。

第3節 事業労働の「供給源」について

(1) 究極的な事業労働の供給源

上の例では，アラスカもしくはハワイのいずれかに事業労働をもたらすトラック運転手の供給源をシカゴとしてきた。実際のところ，労働者は多くのさまざまな供給源からもたらされているが，そのさまざまな供給源を一つにまとめてしまうと，当初出現した時点の状態よりもはるかに捉え難くなってしまうものである。

事業労働の供給源を分析するにあたり初期段階ですることは自分を世論調査員であるかのごとく考えることである。つまり事業がすでに存在している場合には，その事業の労働者のところに行って，ここに来る直前の仕事は何であったか，それはどこに立地していたか，そこでいくら稼いでいたか等々を質問す

表2-1 市場賃金，租税および労働の経済的機会費用

	労働市場と租税		
場　　　　所	シカゴ	アラスカ	ハワイ
市　場　賃　金	50ドル	200ドル	30ドル
租　　　　税	源泉地	仕　向　地	
	15	70	7
給　　与　　税	5	20	2
所　　得　　税	6	40	3
売上税もしくは　　消　　費　　税	4	10	2
	労働の経済的機会費用		
直　接　費　用	(市場賃金)	200	30
源　泉　地　租　税		+15	+15
仕　向　地　租　税		-70	-7
経　済　的　機　会　費　用		145ドル	38ドル

るのである。しかしながら，こうしたことは必要とされるものではない。事業労働者がこの仕事にやってくるために直前の仕事を離職するとき，彼らは他の労働者によっておそらく置き換えられているのである。そのように置き換えられた他の労働者は，今度は彼らがまた置き換えられるかもしれない他の仕事を離職するといったことになる。事業労働の供給源を探し求める際には，われわれはこのように究極的な供給源を求めているのであって，当面の供給源を求めているのではないのである。

(2) 事業の存在の有無による経済的均衡の比較

「究極的な事業労働の供給源」の考え方は，現実にはきわめて簡単であり，事業評価における，政策分析における，また応用厚生経済学のすべての分野における，完全に基本的な要素に基づいている。われわれはそうした分析で，所与の事業（あるいは政策）が存在する場合に表れる**経済的均衡**（economic equilibrium）を比較し，またそうした経済的均衡とその事業（あるいは政策）が存在しない場合に表れる経済的均衡を比較しているのである。所与の租税の効果を分析するときには，通常，簡単な需要・供給の枠組みを用い，最初に租税なし（ゼロ・タックス）を，次に租税なしに代えて「Tという大きさの租税」をその枠組みに挿入する。そこでわれわれはその**租税の効率費用**（efficiency cost of the tax），あるいはさまざまな主体への**租税帰着**（incidence），あるいは租税収入収益を見積もるために租税が存在する場合と存在しない場合という2つの場合からもたらされる2つの均衡を比較するのである。

　事業分析を論じることになると，話は上の租税の話と似ているのだが，より複雑になる。ここから事業全期間にわたる事業の費用と便益の分析表を考察していくことになる。したがって，われわれは2つの映画を見比べながら考えていかなければならない。その2つの映画とは，一つは事業がないときに（適切な見方で）どのように世の中がだんだんと発展していくかを描いており，いま一つは事業が存在するときの同様の発展を示しているものである。そこで事業分析表には，その**事業の直接投入**（project's direct inputs）と**事業の直接産出**（project's direct outputs）に関する事業の有無という，これら2つの映画の各年（度）の相違が表されることになる。**事業の外部効果**（external effects of the project) は，各期について，政府の租税受取とおそらく他の関連のある**歪み**（distortion）について事業の有無による違いをつかむことによって得られる[1]。

(3) メキシコでの研究成果

所与の事業についての労働供給源を考えるときに，これらと同じ2つの映画を考えなければならない。抽象的にこの問題を詳しく説明するのではなく，メキシコでの現実世界の研究を述べることで，問題の本質を伝えたい。メキシコでの研究では，私は顧問(アドバイザー)として任務を果たしたのである。この研究の基本的観測値(データ)は，この国の40にわたるさまざまな労働市場分野における労働市場調査であった。こうした労働市場分野のそれぞれで，その調査は，賃金，平均時間，平均稼得所得等々を，100余のさまざまな職業について，男女別のデータで，提供していた。

第一の課題は100のさまざまな職業を意義あるそして管理できるまとまりにして問題を簡単化することであった。そこで，普通の労働者，半熟練労働者，そして熟練労働者，一般事務員および熟練事務員，技術者，専門家，そしてたぶんもう1つか2つの範疇(カテゴリー)に分類した。いくつかの職業を1つの範疇に置き換える際の基準は，これら職業で**類似の賃金**（similar wage）が支払われていなければならないということである。

そこでまず，メキシコ全域を基本的に網羅している40の労働市場で，例えば10の労働範疇の**平均賃金率**（average wage rate）があるとしよう。それぞ

---

1) 歪みは応用厚生経済学においてとても重要な役割を果たす。詳しい解説には立ち入らないが，他の市場が歪められないときには，そうした市場での価格と数量の変化には関心がないという重要な点を伝えたい。歪みのない市場においては，市場価格によって供給者側から経済的機会費用が測定される。そして，それはまた需要者の観点から追加単位の便益も測定できる。こうして費用増加分と便益増加分が等しくなるように，均衡価格と均衡数量は上下に移動する。歪みがある場合，数量が増えて需要価格（便益）が供給価格（費用）を超過するときには**経済的利得**（economic gain）が存在することになり，また（2つの映画間でのように）均衡数量が減る場合には同じ考え方をすると**経済的損失**（economic loss）が存在するのである。

れの労働範疇と立地について，各地域での労働範疇に結びついた租税支払額が（アラスカにおける70ドル，シカゴの15ドル，そしてハワイの7ドルと同じように）見積もられたのである。

次に，40の主要地域それぞれで**労働増加の地理的供給源**（geographical sourcing of incremental labor）について仮定を設けなければならなかった。すべての場合で，労働者の半数は同一労働市場地域で他の仕事を辞めてきたものとされた。事業労働力のその他の半数の供給源についてはさまざまな仮定がなされた。そうした代替的仮定のうち第一の仮定では――それはドーナツと呼ばれている――，事業労働力のもう半数が，その労働範疇の労働者（例えば，半熟練労働者）の現員数に比例して，近隣の労働市場地域からやってくるとされた。第二の代替的仮定の下では――それは全国と呼ばれている――，事業のあと半数は同じくその労働範疇の労働者現員数に比例して，39の他の労働市場すべてからもたらされるとされた。

そこで，w_{ir} が地域rにおける労働範疇iの労働者の月当たり賃金であるとすると，賃金 w_{ir} に基づいた支払済月当たり税額は T_{ir} と見積もられよう。そうすると**地域sにおける労働範疇iの労働の経済的機会費用**（economic opportunity cost of labor category i in region s）は，

$$w_{is} - [T_{is} - \sum_r a_{ir} T_{ir}]$$

となろう。ここで，地域rの a_{ir} は労働範疇i（この場合は半熟練労働者とする）での各労働供給源地域からもたらされた労働者の割合である。メキシコの研究では，a_{ir} はその事業が行われていた地域についていつも $\frac{1}{2}$ であった。残りの半分は，問題となっている労働範疇の労働者の人数（N_{ir}）に比例して，その他の供給源地域にまたがって割り当てられることになろう。すなわち，s以外の地域にとっての a_{ir} は

$$\left(\frac{N_{ir}}{\sum_{r \neq s} N_{ir}}\right)\left(\frac{1}{2}\right)$$

となろう。これをまとめたのが**表2-2**である。

(4) 租税の取り扱いと労働の経済的機会費用

このように数式化すると，現実よりもいっそう複雑にみえるかもしれない。

表 2-2 労働源泉と労働の経済的機会費用

地域源泉労働		
地　域	地域 r	地域 s
賃　金	W_{ir}	W_{is}
租　税	T_{ir}	T_{is}
労働の経済的機会費用		
	$W_{is} - [T_{is} - \Sigma a_{ir} \cdot T_{ir}]$	

　われわれがしていることは，事業労働者によって（あるいは事業労働者ということで）支払われた**租税**（tax）を**便益**（benefit）と捉えていることである。そして，その事業がなかったときにおそらく労働者が雇用されていたところで，労働者によって（あるいは労働者ということで）支払われたその租税を**費用**（cost）と捉えていることである。

　一国において主要都市に労働供給源があるようなところでは，労働の源泉地と仕向地の間で（労働者一人当たり）支払われる租税には概して大きな違いを見い出しえない。しかしながら，事業が一国の主要大都市地域にあり，かつ大部分が田舎の奥地からの出稼ぎ労働者によって供給されるようなときには，支払税額に大きな違いが生じうるであろう。その支払税額は市場賃金よりもいくぶん低い労働の経済的機会費用をもたらす傾向がある。表 2-1 を使って各々でもう一度考えてほしい。このことは多くの発展途上国（特に中国やインド）における低熟練労働者の場合にありそうなことである。そこでは出稼ぎ労働者の都市仕向地（都市目的地）での支払賃金は出稼ぎ労働者の田舎の源泉地での賃金よりも，きわめて実質的に高くなる傾向がある。（アラスカのトラック運転手の場合のように）かなりの割増金(プレミアム)がなければ，労働が都市に移動しないだろうというのではなく，（例えば都市の賃金が田舎の賃金の 2 倍というような）ある程度の割増金(プレミアム)があれば都市に移動するという事実を反映しているときには，これを真の経済的費用とみるのである。

　本節の結論は，まず大枠で当該事業により実際に支払われた（あるいは支払われているであろう）賃金をたいていは**労働の経済的機会費用**（economic opportunity cost of labor）の第一の近似値としてみなすということである。次にこの近似値は，問題となっている事業での雇用による賃金と，問題となっ

ている事業選択をしなかった時の「労働の源泉地」での雇用（代替的雇用）による賃金それぞれと結びついた租税（給与税，個人所得税，そして売上税および物品税）の違いによって調整される。（なお，租税の違いとは，問題となっている事業が「ある」場合と「ない」場合という前述の2つの映画の間で労働の源泉地および仕向地それぞれの労働供給源での雇用の違いを概念化したものである。）

第4節　二重労働市場——保護部門対非保護部門

(1) 二重労働市場

多くの発展途上国で，われわれは**「二重」労働市場**（dual labor markets）の現象に気づく。ときどきこれらは「公式」部門そして「非公式」部門といわれている。またときどき「現代的」部門そして「伝統的」部門と呼ばれている。私は「保護」部門と「自由」部門という用語を使うのを好む。なぜなら保護部門および自由部門と称するのが，二重労働市場の理論的基礎に最も直結しているからである。こうした行動様式を視覚化する最も容易な方法は，相対的に高賃金，良好な労働条件で雇用の安定している**保護部門**（protected sector）で仕事を得て働きたいという人を考えることである。しかし幸運にして仕事を得られるのはそうした人の一部分だけである。残りの人びとは2つの範疇に入れられる。それは相対的に低賃金，劣悪な労働条件で雇用の不安定な**自由部門**（free sector）で（かなり低い賃金での）仕事を得た人びとと，私が「準自発的失業者」と呼んでいる人びとである。この**準自発的失業者**（quasi-voluntary unemployed）とは，保護部門で仕事を得たいと熱望しているものの自由部門の賃金と労働条件を進んでは受け入れられずに失業状態になっている人びとのことである。

(2) インドでの経験

こうした概念的骨組みに少し肉づけするために，インドでの私の経験をいくつか詳述しよう。私は1961-62（昭和36-37）学年度にマサチューセッツ工科大学（Massachusetts Institute of Technology；MIT）国際研究センターの事

業にかかわり過ごした。この国際研究センターはインドの計画委員会とともに共同研究上の立場と諮問的立場の任務を果たしたのである。センターの本部はたいていの大使館が立地していたニューデリーの外交地区に存在していた。そしてその事業は，主としてフォード・ロックフェラー財団（the Ford and Rockfeller Foundations）から資金調達がなされた。だから，その事業で支払われた賃金や俸給が自由市場水準をはるかに超えていたのには驚くに値しない。この点で，この事業による賃金や俸給はアメリカ大使館，イギリス高等弁務官事務所，そして現代工業国を代表しているほとんどすべてのその他の在外大使館といった**保護部門**（protected sector）により支払われていた賃金や俸給と同水準であったのである。

　さらにまた，デリーの労働力となるほぼすべての人がこのような保護部門での仕事を持ちたいと思っていたことも驚くに値しない。多くの大使館は，数多くの雇用応募者の待機名簿を有していた。われわれの事業では，待機名簿を持つには至らなかったが，いつも応募者がひっきりなしに事務所の扉を開けにきた。われわれの事業に関連したこの二重労働を摑むために，私は事務所の管理人であるラクシュマン（Lakshman）に，各応募者の面接が終わったら，私の研究室をのぞくように頼んだ。私がそれほど多忙ではなかった場合，ラクシュマンは第2次面接であるとして応募者を私のところにきまって寄こしたのであった。そのような場合に私がしたことは，日刊新聞の「求人」欄を抜き取り，戦々恐々としている応募者と一緒に，その広告をすみからすみまで読んだのである。そうすると販売員，とりわけ遠くの田舎の地域に長期間ずっと行ってしまう販売員の広告がほぼきまって掲載されていたのであった。概して，中等学校卒業程度の者を対象にしていて，例えば農家に対して揚水式灌漑設備を販売する販売員が募集されていた。給料は私が記憶しているところでは，かなり良いものであったが，面接希望者の中にはポンプ販売員の仕事に興味を強く持つ人は誰一人いなかった。彼らの多くは，そのような仕事を彼ら自身の**社会的地位**（social status）とはかけ離れていて，実際に軽蔑をしていた。そこでどのような仕事を面接応募者が好んでいるを問い詰めてみたところ，彼らはほとんどきまってアメリカ大使館やイギリス高等弁務官事務所の職員，それに加えて他の大使館の職員であると回答したのである。たいてい彼らはまた，好ましい

就職先にインド政府の名をあげた。このような場合，私は再び求人広告をみて，ふつうに考えてみてインド政府に置き換えられる職はないか探したのである。概して，こういったものは学歴のあるインド人にとっては，田舎の村の公共部門の職員や技術顧問といった職であるようであった。もう一度いうことになるが，こうした仕事は，普通批判的に「そんな村に行き私にいったい何をしろというのか」とにべもなく拒絶されてしまうのである。こうした広告がいつも掲載されている事実によって，彼らがそうした辺境の地での仕事は保護部門の仕事とは考えてもいないと確信できた。私が相手にしてきたのは，生粋の保護部門での仕事には熱心な候補者ではあるものの，採用可能で，特殊状況での，自由部門の仕事には一切興味も抱いていない人びとであったのである。

　準自発的失業者は発展途上国ではかなり一般的である。とりわけ熟練労働者で，より良い教育を受けた人ほどそうである。少なくともわれわれ（MIT 国際研究センターの関係者）がインドにいた時点では，良い労働条件で，十分な給与があり，有望な出世が約束されているような仕事を待ち受けている大学の新卒者で最高失業率が記録されたのであった。彼らは喜んで受けいれることのできる仕事を見つけるまで，2 年の長きにわたって労働市場にいることもあった。もちろん失業者に分類されるためには，「あなたは職を求めるためにこれまで月々にどんな努力をしてきましたか」という質問に対して，彼らは前向きな回答をしなければならないのであった。だから当然，彼らの答えは「私はアメリカ大使館，イギリス高等弁務官事務所，インド外務省，モンサント・ジェネラルエレクトリック社（Monsanto and General Electric）のデリー支店等々にいっていました」というものであった。こうして彼らは結局，失業者に分類されるのであった。しかし，彼らが準自発的労働者であることはきわめて明らかであった。彼らは保護部門の賃金を見上げている**非自発的失業者**（involuntarily unemployed; 自発的失業〔労働者が現行の実質賃金率に不満なために起こる失業〕ではなくて，有効需要が不足するために企業が雇用しようとしないことにより生ずる失業）であり，かつ自由部門賃金を見下げている**自発的失業者**（voluntarily unemployed）でもあるのであった。

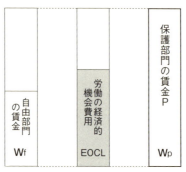

図 2-3　二重労働市場での労働の経済的機会費用

(3) 二重労働市場での労働の経済的機会費用

このような場合，**労働の経済的機会費用**（economic opportunity cost of labor）をどう表現できるか。その答えは図 2-3 にみられるように，（賃金 w_p である）保護部門の仕事の労働の機会費用は，自由市場の賃金 w_f よりも高く，w_p それ自体よりも低いというものである。ここで設定できる最も有益な仮定は，最終的に保護部門の仕事にありつけるようになった人は，こうした保護部門の仕事の個々の労働供給価格以外の基準によって選抜されるというものである[2]。

賃金 w_f で自由市場において働いている人は，賃金 w_f を適切な供給価格として考えている。（例えば，もし彼らが保護部門の仕事を選択できたなら，追加の稼得所得（$w_p - w_f$）という個人的余剰を得るであろう。）準自発的失業者は，供給価格を w_p から w_f の範囲にわたり均等に配分させるように想定しているので，彼らの平均供給価格は $\dfrac{(w_f + w_p)}{2}$ となる。したがって，賃金 w_p である保護部門の仕事の労働の経済的機会費用（EOCL）は（自由部門で雇用されている所与の労働範疇の労働者数に比例的にウエイトづけされている）w_f と，その労働範疇での準自発的失業者数に比例的にウエイトづけされた $\dfrac{(w_f + w_p)}{2}$ との，ウエイトづけされた平均であると見積もられるのである。

もちろん，それぞれの職業，それぞれの労働範疇はさまざまな自由市場価格 w_f をもつことになろう。そして w_p に関する限り，所与の労働範疇に対して自

---

[2]　形式上は，採用可能な応募者の中から，採用された者はその個々の供給価格とは相互に関係のない基準によって選ばれるということである。

由市場価格よりも多くを支払っている多くのさまざまな雇い主が存在しうるのである。われわれは外交部門や若干の政府の仕事について言及してきた。加えて，われわれは「**保護**（protection）」という語が最低賃金にあるいは強硬な労働組合に由来して，賃金が一定金額は確保される，そういう**保護部門**（protected sector）の仕事をみている。また遠回しに言及したにすぎないが，多国籍企業の事務所や工場における保護部門の仕事をもみた。こうした企業は特に**労働不安**（labor unrest）にさらされている。なぜなら，そうした多国籍企業は（同じ仕事がある場合には）発展途上国におけるよりもその本拠地で多額の支払いをすることになるからである。そのような不安を回避する最善の策は，そうした類の仕事をやりたくて順番待ちしている応募者をかなりの数，常に有していられるように，彼らに賃金や労働条件を提示しておくことなのである。

だから，保護部門の仕事の労働の経済的機会費用（EOCL）は自由市場賃金 w_f と保護部門の特定の仕事の賃金 w_p の関数となるであろう。一般に，自由市場賃金を例えば一日4ドルと仮定すると，労働の経済的機会費用は一日7ドルの賃金の雇用よりも一日10ドルの賃金の雇用の方が高くなるであろう。どうしてこのようにいえるのか。単にそれは7ドルの仕事の順番待ちをしている準自発的失業者よりも，10ドルの仕事をぶらぶらして待っている準自発的失業者の方が多いからである。したがって，労働の経済的機会費用を算定してみると，7ドルの仕事について**加重平均**（weighted average）した $\frac{(4ドル+7ドル)}{2}$ ではなく，待ち人数の多い10ドルの仕事について加重平均した $\frac{(4ドル+10ドル)}{2}$ であり，そればかりか7ドルの仕事との比較で10ドルの仕事の公式のこの部分により**重くウエイトづけ**（heavier weight）されたものとなるのである（なお，ウエイトづけについては第3章の**表3-1**を参照）。

(4) 準自発的失業の存在

準自発的失業者の存在はまた景気循環に応じて発生する**循環的失業**（cyclical unemployment）の現象とは軌を一にしないことも明らかにされるはずである。後者（循環的失業）の場合，計測された失業率が高ければ高いほど低賃金でもいいから職を得ようとするので，労働の経済的機会費用は低くなる傾向がある。**準自発的失業者**（quasi-voluntary unemployed）の場合，所与の労働範疇につ

いて，失業率が高いほど，問題となっている魅力的な，保護部門の賃金w_pはより高くなる。したがって，準自発的失業者の比率が高ければ高いほど，高賃金の保護部門の仕事は労働の経済的機会費用が高くなるのである。

これまでの議論では，自由市場賃金w_fで雇われた労働の経済的機会費用はw_fそのものであり，（w_fより高い）所与の保護部門賃金w_{pj}で雇われた労働の経済的機会費用は一方でw_f自体であり，他方で$\frac{(w_f + w_{pj})}{2}$と平均ウエイトづけられたものであろうという結論が導かれた。そしてそうした議論は，二重労働市場の本質的特徴に直接焦点をあてるために，意図的に簡単化して話を進めている。だから，この事業の仕事に基づき支払われる租税と労働の源泉地で支払わなくて済んだ租税を結びつけて考えるような複雑なことはしてこなかったのである。このように簡単化したからといって，現実世界の二重労働市場でこうした租税の外部性を無視すべきであるといっているわけではない。むしろ，そうした現実の二重労働市場では，これまでわれわれが述べてきた骨組みだけの分析に租税の外部性を盛り込まなければならないのである。

この場合には，新しい保護部門の仕事によって支払われることになる租税は全額，前にみたように，便益となろう。同様に，準自発的失業者による租税の支払いはなく，自由市場部門から（純額で）賃金を受け取る人は自由市場賃金w_fと結びついた額の租税を支払うことになるのである。

第5節　出稼ぎ労働者供給失業

(1) 出稼ぎ労働者供給失業の特徴

多くの発展途上国で，出稼ぎ労働者供給失業という特殊例に遭遇する。概してこの現象は，発展しつつある都市労働市場で生じるのであるが，そこでは田舎の地域からの出稼ぎ労働者がそうした都市労働市場の成長のための重要な供給源となるのである。つまり**出稼ぎ労働者供給失業**（migration-fed unemployment）は，都市に出稼ぎに行こうとする意思があるものの，現状では都市で望まれる状態で働けないため出稼ぎが足踏み状況になっているものとでもいえよう。

初めに，田舎・都市間移住が決して特異なものではないことを認識すべきで

ある。田舎・都市間移住はどこであっても，**経済発展**（economic development）の不可欠の要素としてあらわれる過程といえる。もちろん都市に来次第ある程度の，需要の変化による労働の産業間移動が不完全であるために一時的に発生する失業である**摩擦的失業**（frictional unemployment），あるいは労働者がより良い報酬を得る機会を探すには時間を使うことが有効と考えて，現在の職場を選択しないことで発生する失業である**探索失業**（search unemployment）が発生することを考慮する必要がある。けれども適切に機能している労働市場は，出稼ぎ労働者がやってきたときには，彼らを吸収するであろう。どのような需要・供給状況であっても，需要と供給の適切な均衡を維持するために，市場価格（この場合は賃金）が絶えず調整されるものと期待される。

　出稼ぎ労働供給失業状態の特徴は，このような場合，賃金が供給と需要を自然に均衡させる役割を果たさないということである。こうした事実は，均衡水準の働きが及ばない（通例，都市仕向地での）賃金を人為的に維持している何か（概して法定最低賃金）が存在していると仮定することきわめて簡単に想像できよう。そうした魅惑的な就職機会の情報を耳にした田舎の地域の人びとは，都市に大挙して押し寄せてくる刺激を与えられている。もし出稼ぎ労働者それぞれが都市での正規雇用に即座に腰を据えられれば，この過程はずっとずっと続くであろう。しかしそうすると雪崩のごとく出稼ぎ労働者が都市に押し寄せてきてしまうであろう。そうした出稼ぎ労働者を都市は吸収しきれないであろうし，またより大切なのは，そうした労働者をわれわれはまな板の上には置かない，すなわち議論の対象としないであろう。われわれは，都市仕向地で増大しつつある労働需要と足並みをそろえる出稼ぎ労働の過程を大雑把にみようとしているのである。すなわち，失業率が年々高いままであるという一つの大きな違いがありはするが，賃金率が労働市場を均衡する役割を果たしていて，労働市場が当然のごとく機能している場合に，われわれが気づくもの（賃金率）と同じようなものをみようというのである。それは異例なことである。

(2) **失業率の役割**

　そうした説明は見つけ出すのも難しいし，理解するのも難しいのである。こうした場合には，**失業率**（unemployment rate）がその役割を賃金率から引き

継いで，均衡変数になる。賃金率が都市の高いものでかなり魅力的である場合には，数多くの出稼ぎ労働者の波が押し寄せてくることが予測されるのである。しかし労働需要は労働供給ほど早くは増大しないので，失業が増える。都市での失業率が増大してくると，潜在的な出稼ぎ労働者は都市に行って働くのがそれほど魅惑的ではなくなる。都市失業率が零（ゼロ）の場合には，潜在的出稼ぎ労働者はみんな都市に行って働きたいと思い都市に移動するであろう。例えば都市失業率が30％の場合には，彼らはみんな農地のある田舎の自宅にいようとするのである。こうした2つの極端な失業率のどこかに，潜在的な出稼ぎ労働者に対して都市に行ってまさに働こうという気にさせるような都市失業率が存在するはずである。これこそが出稼ぎ労働者供給失業の状態で一般的な失業率なのである。失業率がこの出稼ぎ労働者供給失業の状態で一般的な失業率よりも低い場合，都市に働きにくる出稼ぎ労働者の純増加数は刺激され増加するであろう。また，失業率がこれよりも高い場合，その均衡率が回復するまで，都市に働きにくる出稼ぎ労働者の純増加数は緩やかになるかあるいは負（マイナス）に転じさえするであろう。

　表2-3は，失業が労働市場を均衡させる力として役割をいかにして果たすかを様式化した状況である。表2-3では，都市の**労働力人口**（labor force；就業者，休業者，完全失業者の合計，なお職を持たずまた職を完全に求めない者の合計は非労働力人口という）の中で各労働者は仕事を得るのに同じ可能性を持っているという仮定に基づいている。（例えば，出稼ぎ労働者が最初に都市に来た時には，とても高い失業率に直面していて，その人たちが完全に都市の環境になじんでくるくらいに時が経ってくると，次第に失業率が低いものになってくるというように．）表2-3での例がより現実的な仮定を具体化するように調整されていると読者は確信を持たれるはずである。そしてこうした調整をしても，分析の基本的構造にもまた教訓や結論にも何ら変化はみられないであろう。

　表2-3のパネル1では，労働市場で超過需要も超過供給もないときの失業率とされる**均衡失業率**（equilibrium rate of unemployment）が20％であり，「出稼ぎ労働者の供給価格」が一日4ドルであるという仮定が設定されている。すなわち，出稼ぎ労働者は出稼ぎ先（転出先）での彼らの稼得所得額が一日当たり4ドルかそれ以上である限り，満足して出稼ぎに行くであろう。同じ出稼

表2-3 出稼ぎ労働者失業の実際

パネル1				(出稼ぎ労働者の供給価格＝4ドル/日)
	都市賃金＝5ドル/日；均衡失業率＝20%			期待稼得所得
	就業者	失業者	労働力	
(1) 当初の均衡 　　新規に創造された仕事100	800	200	1000	4ドル/日
(2) 短期的反応	900	100	1000	4.50ドル/日
(3) 長期的反応 　　（新しい均衡）	900	225	1125	4ドル/日
(4) 変化：(1)から(3)	＋100	＋25	＋125	－0

パネル2				
	都市賃金＝6ドル/日；均衡失業率＝$33\frac{1}{3}$%			期待稼得所得
	就業者	失業者	労働力	
(1) 当初の均衡 　　新規に創造された仕事100	800	400	1200	4ドル/日
(2) 短期的反応	900	300	1200	4.50ドル/日
(3) 長期的反応 　　（新しい均衡）	900	450	1350	4ドル/日
(4) 変化：(1)から(3)	＋100	＋50	＋150	－0

ぎ労働者の稼得所得が一日4ドルより低いと見込まれると，彼らは田舎の家に戻ってしまいたいということになろう。稼得所得が高くなると期待される場合には，新しい出稼ぎ労働者が洪水のように都市に押し寄せてくるであろう。**当初の均衡**（initial equilibrium）で，われわれは（所与の労働範疇で）1000名の労働力を有していて，均衡失業率が20%であるためそのうち800名は雇用され，200名は失業状態にあることになる。雇用された労働者は都市労働者の賃金は5ドルであるから一日当たり5ドルの既定賃金を稼得する。しかし，彼らの期待はその時点での労働力の5分の1にあたる200名，つまり失業状態にある者が雇用されるというものである。だから，彼らの**期待稼得所得**（expected earning；「期待」とは将来の不確実なことを予測すること）は $\frac{5\text{ドル}\times 800\text{名}}{1000\text{名}}$ であり，すなわち一日4ドルであり，それは「**出稼ぎ労働者の供給価格**（supply price of migration）」とちょうど等しいのである。こうして出稼ぎ労働者の転出もしくは転入のいずれかがなくても均衡が達成されるのである。

次に100の新しい仕事が創造される。ごく短期においては，労働力は同じま

まであり，（一日5ドルで）900名が雇用され，100名は失業状態にあることになる。こうなると期待稼得所得は一日当たり4.5ドルとなる。それは出稼ぎ労働者の供給価格4ドルよりも十分に高い額である。このような状況は，新しい（長期的）均衡が確立されるまで転入し続けてくるであろう新しい出稼ぎ労働者にとって魅力的である。その長期的均衡は，この労働技術範疇の労働力が1125名に増えた時に達成される。その時，平均的な一日をみると，1125名のうち，900名が雇用され，225名は失業状態にある。前と同じように，期待稼得所得は暦日（真夜中から翌日の真夜中まで）当たり4ドルとなり，それは出稼ぎ労働者の供給価格に再び等しくなるのである。

(3) 新規に創造される仕事の経済的機会費用

ここで，この例での新規に創造された仕事100についての**経済的機会費用**（economic opportunity cost）がどれほどになるかを，問わなければならない。その答えは5ドルであり，それはこの場合適用される現実の都市賃金率である。この賃金は，純粋に需要・供給が均衡したときの賃金よりも高い賃金になっていることを思い起こしてほしい。人為的に高く設定されているので，この5ドルという賃金は出稼ぎ労働者が都市に移動して働くにあたって最終的に都市に出て働くことをまさに何とか満足させてひきつける金額なのである。125名の出稼ぎ労働者の実質「供給価格」は125×一日当たり4ドルで，すなわち一日当たり500ドルとなる。しかしこれはちょうど，都市労働賃金一日5ドルという都市で平均的な一日に雇用されるそうした出稼ぎ労働者100名が稼得した金額と同じなのである。このようにしてみると，現実に支払われた500ドルは，100の新規の仕事が生み出されて，その仕事に魅力を感じて田舎から都市に移ってきた125名の**資源費用**（resource cost）を何とかちょうど賄っているのである[3]。

表2-3のパネル2は，都市労働賃金が一日6ドルに引き上げられた場合を反映したものである。そして結果的に，均衡失業率は3分の1まで引き上げられてしまっている。要するに，当初の均衡では1200名の労働力を有しており，均衡失業率が3分の1であることから所与の日について，そのうち800名は雇用され，400名は失業状態にあることになる。800名の実際の稼得所得は800

×6ドル，すなわち一日当たり 4800 ドルである。ここでの全労働力 1200 名が雇用されたとしてその期待稼得所得は $\frac{4800\text{ドル}}{1200\text{名}}$ であり，一日当たり 4 ドルとなり，これはまさに出稼ぎ労働者の供給価格と等しくなるのである。

100 の仕事が新たに追加されると，労働力は当初 1200 名のままであるが，雇用は 900 名まで増加する。期待稼得所得は 4.5 ドル（$=\frac{[900\times 6\text{ドル}]}{1200}$）に上昇し，前と同じように出稼ぎ労働者の新しい波が誘発されるのである。新しい均衡は，労働力が 1350（$=\frac{5400}{4\text{ドル}}$）名まで増加したときに達成され，この新しい均衡では，均衡失業率が 3 分の 1 であるから，雇用者 900 名，失業者 450 名となる。このように，100 の仕事を創造することで 100 名の雇用増と 50 名の失業がもたらされるのである。これが出稼ぎ労働者供給失業に基づく悩みの種であり，厄介なことでもある。もし都市失業者の削減にねらいがあるのであれば，都市の仕事を単に創造するのでは実際には出稼ぎ労働者の転入を考慮すると逆効果になってしまうのである!!

この場合の**労働の経済的機会費用**（economic opportunity cost of labor：EOCL）は，前と同じように，都市の賃金と同じであることがわかる。100 の仕事を創造することによって，150 名の出稼ぎ労働者が都市に移動してきたのである。都市移動した労働者の経済費用（供給価格）は 150 名×一日当たり 4 ドル，すなわち一日当たり 600 ドルであった。それは 100 の新規の仕事のそれぞれについて，一日当たり 6 ドル（都市での実際の賃金）とまさに等しいのである。

---

3) 同じ結論に達する代替的方法は，100 の仕事の（当該事業に対する）財務上の費用（会計学上の費用）が一日当たり 500 ドルであると言及することである。所与の日について，出稼ぎ労働者 100 名は 5 ドルで雇用されるようになるであろう。それは一日当たり 1 ドルとなる（出稼ぎ労働者の供給価格 4 ドルを超えた）正の余剰をそれぞれが得ていることになり，総余剰は一日当たり 100 ドルである。しかし加えて，稼ぎが零となる 25 名の出稼ぎ労働者がいることになる。それは彼らの供給価格 4 ドルと比べて，一日当たり 4 ドルの赤字が出ていることになる。このようにして 500 ドルの財務上の費用にこれら外部効果を考慮して調整すると，500 ドル〔財務上の費用〕＋100〔正の総余剰〕－100〔稼ぎがゼロの 25 名分の負の総余剰〕＝ 500 ドルとなる。こうして，経済的機会費用（経済学上の費用）は結局，財務上の費用と等しくなる。

ここでの簡単な例は現実世界とかけ離れているようにみえるかもしれないけれども，出稼ぎ労働者供給失業の分析は，現実に根差したものである。ハリス（Harris）とトダロ（Todaro）は，アフリカで目の当たりにした慢性的な失業に頭を悩まされた。私は1960年代にパナマの一定の高い都市失業率（15％）に悩まされた。ハービソン（Harbison）は，ケニアで急速に多くの仕事が生み出されて，その新たな仕事すべてを埋めてしまっても，失業率は同じままで，同じ割合で失業者を増加させてしまう新たな出稼ぎ労働者がいかに大挙して押し寄せてきたかについて言及した。

　本節に出てきた経験的に知りえた主なところを再説すると，出稼ぎ労働者供給失業の状態にあるときには，都市仕向地で創造された新しい事業によって，失業が吸収されるとは信ずるに足りないということである。そのような状況で新規の都市の仕事が増えて，ある労働市場均衡からいま一つの労働市場均衡に均衡が動くと，現実には都市失業者が追加されることになってしまうのである。

第6節　循環的失業

(1) 景気変動と事業評価の現実的問題

　この話題は，政策上の関心として当然の主題となるべきものであり，また同時に分析者の興味をそそる問題を投げかけているにもかかわらず，故意に一番後回しにした。というのは，制度化された，正式な**経済的事業評価**（economic project evaluation）の世界では，おそらく，むしろ大した重要性を持たない問題であるからである。この理由は簡単である。そうした事業評価がきわめて現実世界に即してなされている時には，事業評価は概して事業の実施にかなり先立ってなされているものだからである。たいていの場合，主要事業が評価されそして認定され3年ないし4年経ても，その事業は草分け段階にあるとすらいえないだろう。事業評価と事業実施の間では，細目にわたる巧みな土木計画を策定し，事業資金の調達をとりまとめ，指導者団の会議を実施するといったすべてが行われるのである。

　そして，事業が評価されているときに経済がたまたま**循環的下落**（cyclical downturn）にあるとしても，その事業が実際に始まるようになるまでには，

経済は危機を脱しているであろう。そこでしばしば30，40，あるいは50年といった**事業の経済的期待耐用年数**（project's expected economic life）全期間にわたる将来を考えるのである。事業期間にわたる当該経済の循環的段階についてどのようにいうことができるか。その事業の期待耐用期間にわたり当該経済がもちこたえられている限りは，われわれは正常に機能している**労働市場**（labor market）と**生産物市場**（product market）を論じていくのが最善である。

　さらに，事業評価においては，明確にかもしれないしあるいは暗黙裡にかもしれないが，ある事業の対抗馬といえるいま一つの事業が存在しているのが普通である。当該事業の資本は，他の投資あるいは消費を犠牲にして主としてもたらされるといえよう。そして当該事業の労働は，ほかの雇用などから主としてもたらされる。こうした枠組みを一連の景気後退あるいは不景気にはめ込ませるには現実的問題がある。確かにわれわれは，同一のお金を使って他のことに支出したお金もまた同様の効果を持つことを認識できなければ，失業者の何人かを当該事業で吸収させることが大きな事業便益になるとはみなせないであろう。

(2) 失業吸収をする事業

　景気循環に応じて発生する失業である**循環的失業**（cyclical unemployment）により引き起こされる難問を適切なやり方で解決するために，私は事業が達成すべき重要な目的の一つとして，なんと**失業吸収**（unemployment absorption）を事業の一環と考えたい。状況は，アメリカ合衆国のリーマン・ショック後の今日（2008〔平成20〕年12月）の**景気後退**（recession），あるいは1970年代半ばのそれ，あるいは1980年代初頭の景気後退，あるいはラテンアメリカにおける1980年代の**債務危機**（debt crisis）の時期のようなものとしよう。だからそれぞれの事業は，①他の雇用から，②新たに労働力加わった者から，そして③累積した失業者の吸収によって，労働力を引き出せるのである。

　循環的失業の場合が基準と違うものになっているのは明らかに，項目③についてである。ここでわれわれが求めているものは次の2つである。第一は，失業者純減少分となる雇用者数であり，また第二は，そうした労働者に対して当

表2-4　失業者吸収と労働の経済的機会費用と対処法の例

景気状況	失業者吸収	労働の経済的機会費用 （対事業賃金）	代替的対処法
緩やかな景気後退期	10%	▲10%	事業賃金：▲10%
↑↓	20%		事業賃金：▲25%
	25%	▲20%	
深刻な不況	50%	▲40%	

該事業が支出する額が事業の真の経済的機会費用を超過する金額である。

　これら2つのいずれについても正確な見積もりのようなものを得る手立ては存在しない。しかし，この2つがいわば，ともに上がったり下がったりするのを見分けることがこの2つを探り出す良い糸口となろう。したがって表2-4にみられるように，緩やかな景気後退期には，雇用されている人のうちおそらくわずか10%しか（純増減の尺度で）失業者の一団から抜け出して来られないだろう。そしてさらに経済的機会費用は，彼らが事業から受け取る賃金よりも10%だけ低いかもしれない。深刻な不況の場合には，たぶん雇われている労働者の半数が失業者数の純減少となろう。そして労働の経済的機会費用（EOCL）は，事業賃金より40%低いかもしれない。これら2つの極端の間では，われわれは（まだ不景気ではないが）深刻な景気後退になっていて，その時例えば雇われている人の4分の1が失業者の減少によるもので，労働の経済的機会費用は事業賃金より20%低いかもしれない。

　景気後退や不景気は基準にはなりえないし，また失業吸収の観点から新規事業の目盛りを定めることは（本質的に当面採用することになっている事業だけに焦点を当てているというような）評価の特定の部分集合についてだけをみることになってしまうので，2，3のそれぞれ代替的な方法を吟味することでおそらくかなりうまくできよう。例えば，一方では10%の失業吸収分に加えて10%賃金を引き下げたり，他方では20%の失業吸収分に加えて25%賃金を引き下げたりというものである。

　提示された賃金引き下げがあまり大きくないことに読者の何人かは驚かされるかもしれない。データを尊重したいならば，この件に関しては控え目な数字

にとどめておくべきであるというのが答えである。結局，労働の**自発的な供給価格**（voluntary supply price）が労働者自身のわかるような機会費用の最善の尺度である。そして失業の魔力が長期化するときに失業中の労働者は，自らの供給価格を段階的に引き下げるように，その供給価格を主として調整をするという考え方から多くの経済学者は議論を始める。

しかしながら，意外なことにデータをみるとこの見解は支持できない。概して，失業者の表明する供給価格は，失業の魔力の長さにかかわらず，ほとんど同じままなのである。けれども，こうした失業中の労働者は最終的に職を得たときに大喜びし，就職を祝うであろう。ここでわれわれは矛盾に直面する。ある人が提示した供給価格が一か月あたり 2,000 ドルであるとした場合，その 2,000 ドルの賃金では労働者が働いていようとも働いていなくとも無差別であると経済学は結論づけるのである。しかし最終的に仕事を得たことでお祝いする行為はそうした経済学が理論的に無差別であるとしたことを無効にしてしまう。この一因を解明することが，経済学者の将来にわたっての挑戦といえる。現段階では確かにわれわれはそうした挑戦をすることができない。しかし，そうした矛盾そのものの存在によって，注意しながら分析を進めていくよう警鐘が鳴らされていることに気づくのである。多くはそうしがちであるのだが，確かに労働の経済的機会費用を零(ゼロ)であるかまたはかなり低くしてしまうのでは，明らかにしたいものを考えると，きわめて軽率であるといえよう[4]。

(3) 失業者の減少と財政節約

失業者から吸収された労働の経済的機会費用を確かに低くしてしまうことには特に注意すべきである。私はここで，失業者を減少させることによって，政府に（そして，さらに基本的にはその国の納税者に）重要な**財政節約**（fiscal saving）が生み出されて，政府の**失業補償実施計画**(プログラム)（unemployment compen-

---

[4] 私は失業補償零(ゼロ)で働きたいというすべての労働者の労働の経済的機会費用を零(ゼロ)にするべきであると，毎年度学生に話してきた。そうした人の多くは病院，スポーツ競技連盟，教会などの自発的労働者である。しかしわれわれは，一国の正規労働者の中にそれほど頻繁には自発的労働者を見い出せないのである。

sation program）がうまく機能している場合について述べてみたい。この場合，一か月 3,000 ドルの仕事で失業労働者を雇用することによって，経済的機会費用は一か月あたりわずか 1,200 ドルだけですむかもしれない。その差額 1,800 ドルは，それまで失業していたものの，この時点で雇用された労働者に対して一か月あたり 1,500 ドルの政府による失業補償支払いが，雇用されたことで支払わずにすむ節約分に加えて，例えば雇用されることで得る 3,000 ドルの俸給に基づいて支払われる租税一か月あたり 300 ドルに由来するものである。しかしながらこうしたことは，低所得の発展途上国においては，めったにありえない。失業補償に関する実施計画（プログラム）はいわゆる「第一世界（西側先進諸国）」に大部分が集中しているのである。

第3章

社会的関心事への言及

第1節　基礎知識

(1) 応用厚生経済学の3つの公準

19世紀初頭のその最も古い起源から，**応用厚生経済学**（applied welfare economics）[1]は稀少な資源から最大限のものを得ようという**経済的効率性**（economic efficiency）を目標にしてきた。確かに，その接近法(アプローチ)は理論的に少しも未熟なものではなかった。例えば，同じ場所で違った仕事をしていたり，あるいは違う場所で同じ仕事をしていたりする，さまざまな状態の個人の労働の供給価格を論じることができたのである（第2章を参照）。（ある農場といま一つの農場ではその土地の生産性がかなり違っているにもかかわらず）農民が小麦を栽培しうる所与の面積の土地を各農民に与える事柄自体には何ら違いもないとするいう**無差別性**（indifference；同じ満足をもたらすということ）を論じるのと同じように，同じ施設で（かなり需要の度合いに違いがあるにもかかわらず）一定量の牛乳を得ている各家計に由来する消費の無差別性をも論じてきたのである。しかしその下では，社会の個人あるいは集団がその費用をその状況に応じてさまざまな額を最終的に負担しているにもかかわらず，そこでの取り扱いはすべて同額の費用を負担しているとみているのであった。そして同様に，

---

[1]　「応用厚生経済学は厚生経済学の重要な成果を用いて，伝統的なハーバーガーの費用便益分析を進展させている」と，オーストラリア国立大学の経済学者クリス・ジョーンズ（Chris Jones）はその著作で述べている。Chris Jones, *Applied Welfare Economics*, Oxford University Press., 2005 を参照。（訳者注）

さまざまな個人あるいは集団に対して生じている便益についてもすべて同額とみなして取り扱うのであった。

このように主眼を効率性にあてることによって，応用厚生経済学が基盤としてきた3つの**公準**（postulate）が具体的に表されてくる。それは以下のように要約できる。①需要価格（＝**支払意思額：喜んで支払いたい額**〔willing to pay〕）により各段階で測定される**便益**（benefit），②供給価格（＝**喜んで提供したい額**〔willing to supply〕）により各段階で測定される**費用**（cost），③社会の中の誰がその便益を享受しあるいはその費用を負担したかは不問にして，個人および集団全体でみたこれら費用と便益の**集計**（aggregation）である。

(2) 分配ウエイト

応用厚生経済学のもっとも初期のころでさえ，論争と議論の的になったのが第三の公準（集計）であることは驚くに値しない。貧しい人の手持ちのお金を増やすかあるいは金持ちの手持ちのお金を増やすかのいずれかで，経済状況を「よりよくする」するのはいずれであるかを100人に聞いてみよう。すると100人すべてあるいはほとんど100人近くが，躊躇なく，貧しい人に軍配を上げる。そしてこの答えからほんのわずか歩みを進めると，「分配ウエイト」の考え方に行きつく。**ウエイト**（**加重**；weighted）は加重平均をする場合，各データの重要性の度合いによって，その必要があるときにつけられるもので，各データに重要性の度合いに応じて係数として掛けられるものである。そして**分配ウエイト（分配上のウエイトづけ）**（distributional weights）とは，便益ないし費用が生じる個人，家族ないし集団の事情に依拠しながら，さまざまな便益あるいは費用の貨幣的増加分を分配上の事情に応じて加重づけすることである（**表3-1**参照）。

しかし，後にみるように，費用便益分析の枠組みの中に，分配ウエイトを体系的に適用することは，①かなりその実行が難しい，そして②たいていの人が喜んで受け入れないような政策に多くの影響を及ぼす。①から引き起こされる問題や②の受け入れ難い政策にまつわる葛藤を回避するために，需要価格，供給価格，そして集計という3つの公準を守り抜くことこそが基準ともいうべき手法なのである。そしてまさに同時に，「われわれがしているのは経済的効率

表3-1 加重平均とウエイトづけした加重平均

データ：A, B	重要性の度合（ウエイト）：A に 1.2, B にウエイトづけなし
単なる加重平均	ウエイトづけした加重平均
$\dfrac{A + B}{2}$	$\dfrac{(1.2 \cdot A + 1 \cdot B)}{2}$

性を測定することである」と強調し続けることである。この経済的効率性こそ**経済政策分析**（economic policy analysis）において重要な目標であり，測定方法を確かにわれわれが知っているものなのである。こうすることで，所与の農業政策には800百万ドルの**効率費用**（efficiency cost）がかかり，あるいはまた貧困地区一掃事業には50百万ドルの効率費用がかかると，明確にいうことができる。それからその政策あるいはその事業の**非効率便益**（non-efficiency benefit）が，われわれが測定した800百万ドルあるいは50百万ドルという効率費用を超えるに十分であるか否かの判断を事業評価をする「当局」に委ねる余地を残しておけるのである。

(3) 効率性基準と貨幣価値

　費用便益分析の実施を擁護する者が，こうした「効率性一辺倒」の立場をとるのはそれがおそらく最も安全だからである。したがってこうした「効率性一辺倒」の立場をとれば，ある集団からいま一つの集団に便益が移転する際に，あるいはその国の軍隊を新しい兵器体系に転換する際に，あるいは，経済的効率性を犠牲にして，ある特定の利益集団もしくはいま一つの特定の利益集団の政策需要を調整する措置を講じる際に，それに伴う非効率便益あるいは非効率費用を科学的に測定できると主張しているわけではない。われわれは効率費用を測定するのである。だから政策ないし事業の非効率な側面について気をもませることになるのである。

　費用便益分析の専門家は皆，さまざまな段階で，効率性一辺倒のような立場を採らなければならないと私は強く思う。（所与の事業ないし実施計画（プログラム）の重要な副産物であるかもしれない）インドとの関係改善に貨幣価値を与えるような専門家の仕事は存在しないし，あるいは多くの国防支出に貨幣価値をつける専

門家の仕事などないのである。しかし，われわれ自身の領域に少し近づけて，効率性基準を適用するのに適切な論拠があるような不明確な領域に立ち入るのである。そうした不明瞭な領域であるにもかかわらず，そこに**効率性基準**（efficiency standards）を適用するためには，しばしば数量化がきわめて難しいとされる便益ないし費用すべてに**貨幣価値**（dollar value）を付さなければならないのである。

(4) 非経済的便益・非経済的費用と影の価格

　こうしたものとしては，人間生活の価値が適例である。平均的な市民は，「お金では人間生活の損失を十分には埋めあわせられない」と本能的に反応するであろう。しかし実際には，お金と人間生活の二律背反性（トレード・オフ）を具現化するような無数の政策，実施計画（プログラム），そして事業が存在している。速度制限の設定，信号や一時停止標識の設置，主要道路（ハイウェー）の中央分離帯の建設，危険な曲線道路の直線化は道路に関連したそうした例のいくつかである。こうした意思決定によってもたらされる生命を奪う費用や救命の便益を，われわれの評価できる範囲外にあり「当局」によって**非経済的便益**（non-economic benefits）ないし**非経済的費用**（non-economic costs）とただ評価されるだけのものであるとみなすのであれば，われわれは重大な問題を抱えていることになる。というのは，われわれは時速55マイル（≒1.6×5＝88キロメートル）という国内速度制限を課すことにより年間どれほどの生命が救われるかをある程度正確に実際に評価することができ，またそうした政策に伴う費用（主として移動時間）もまた見積もることができるからである。この二つに関連して，制限速度を55マイルにするかあるいはしないかのいずれかで暗黙裡に救われた人命一人当たりの経済的費用が存在するのである。だから信号あるいは一時停止標識の設置についても，中央分離帯の導入についても，そして特定道路の特殊な曲線を直線化することについても，同じように経済的費用を見積もることができるのである。こうしているうちに，人命のさまざまな暗黙の価値が見積もられて次第に平均化されてくることに気づかされる。

　こうして特殊な曲線道路を直線化すると人命を救うために10百万ドルを支払う状況にあるが，一時停止標識をうまく設置することにより，一人当たり1

百万ドルの費用で人命を救える状況にあることがわかる。しかし，多数のさまざまな政策，事業そして実施計画（プログラム）を分析するにあたり，頭の中でこうしたいくつもの特殊な比較を巧みに両立させることができないことは明らかである。そこで，人間生活の「影の価格（shadow price）」を費用便益分析の枠組みの中に取り入れて解決を図ることになる。この影の価格が人命当たり5百万ドルである場合，曲線道路の直線化事業は5百万ドルの純費用（＝影の価格5百万ドル－10百万ドル＝－5百万ドル）を示す一方で，一時停止標識事業は人命あたり4百万ドルの純便益（＝影の価格5百万ドル－1百万ドル＝4百万ドル）を生じることになろう。比較対照されている事業を全部まとめてみないで個別にみると，それぞれ単独の事業によって救助が期待される人命にはそれぞれ4百万ドルという純便益を，そして各事業が奪ってしまう人命にはそれぞれに5百万ドルという費用を割り当ててしまうのである。するとたちまち，人命を救済する効率性計算と人命を奪う効率性計算ができてしまうのである。

所与の「非経済的」目的（"non-economic" objective）に貨幣価値をつけられるとわかるとすぐに，貨幣価値を付された非経済的目的を，効率性を志向した算定をする費用便益分析に組み入れる扉が開かれるのである。耐用期間を扱えるものはどんなものでも，通勤時間の価値もまた処理できるし，公園の価値のような無償の公共サービスの価値についても処理できる。貨幣価値の費用面についても，例えば事業によって大気や水路にもたらすようなさまざまの汚染物質についても価格づけができるのである。

むしろすぐに岐路に立たされるのはここである。大気への炭素放出に価格設定したり，あるいは河川や湖沼への窒素の大量掃き出しに価格設定する準備はされているかもしれない一方で，大隊を陸軍に加えたり，あるいは潜水艦を海軍に加えたりすることについては同じように価格設定する準備がほとんどできていないかもしれないのである。

ある「非経済的」便益ないし費用を数量化するたやすさはそれらの数値をどれほどうまく把握できると考えているかで異なってくる。求めている価値が10％あるいは20％，あるいは30％までもの範囲にあることに確信がある場合，その範囲（あるいはその範囲内の中心値）をその分析に具体化できるならば，われわれは専門的経済学者のような感じでまだいられる。しかしその価値づけ

が300％あるいは500％あるいは1000％の範囲に及ぶようなかなり不確実な場合には，おそらくその数量的分析にそのような特徴を取り入れようとすることはうまく行かないし，単に「当局」に責任を転嫁するだけであろう。別言すると，範囲がかなり広範囲になるところでは，数量的分析は使い物にはなりえないのである[2]。

(5) 便益・費用の数量化の際の注意

要するに，**公共支出の意思決定過程**（decision process on public expenditure）に確固たる合理性を取り入れたい人にとっては，費用便益分析において，売却できるまさに価値ある生産物が存在しているということになる。それぞれの国には，既知で，直ちに役立てられる技術を適用できるたくさんの事業や実施計画(プログラム)がある。そして十分に努力してかつ工夫することで，かなり確実に費用便益分析が合理的に適用される範囲を拡充し続けられるといえる。しかし，限度をこえないように注意すべきである。われわれの仕事を「専門的」であるとまだ主張できるかぎりは，費用便益分析を適用するためになしうる多くのことがある。そしてわれわれが専門家としての役割を果たしうる状況をこえて事業範囲を拡張する興味深い理由が数多く存在している。しかし便益や費用を数量化するわれわれの能力があまりに限られていたり，もしくはあまりに曖昧であったりして有益にはならないような事業範囲もまた存在しているのである。

第2節 分配ウエイトについて

(1) 幸福の考え方

「非経済的」な物事への考慮がしばしば持ち出されるような重要な領域では，所得そしてあるいは富の分配といった**社会的関心事**（social concerns）が問題にされる。貧しい人々の手の中にあるお金は，金持ちの手中にあるお金よりも

---

[2] 妊娠している母親に生まれてくる子が21歳の時にどれくらいの身長になるかを予測できるかのように話しているようなものである。そしてその範囲を3フィート（＝91.44センチ）から7フィート（＝213.36センチ）であると述べているようなものである。

（社会の観点から）価値があると考えられる。そしてその考え方はたいていの人びとの思考の中に深く根づいているのである。またそれは経済学の領域の中にも根源をもっている。「**効用**（utility；満足の度合い）」によって測定されている人びとの**幸福**（well-being）の考え方は，少なくとも19世紀初頭に遡ることができ，その時点から長い歴史を有している。「効用」はわれわれの文脈では3つの段階で表われる。①「**序数的効用**（ordinal utility；第1，第2，…という順序がついていることを序数といい，序数は考慮するが第1と第2の間，…等々の差は問わないという主旨の効用）」は，個人がある2つの財やサービス（あるいは2つの状況）間について彼らの選好（あるいは無差別）を表明しうることを意味している。②「**個々に測定可能な効用**（individually measurable utility）」は，人びとは財もしくはサービス間での差異（例えば，AとBの差異がBとCの差異よりも効用の尺度で大きいかもしくは小さいか）を評価できることを意味している。そして，③「**測定可能で個人間で比較可能な効用**（measurable and interpersonally comparable utility）」では，ある人がいま一人よりもより効用を享受している，すなわちある人に対するお金の増額がいま一人よりも（効用の尺度で）より価値があるということができる。経済理論の多くでは序数的効用（例えば無差別曲線等）の考え方をまさに用いて推論する傾向がある。しかし，**危険性の分析（リスク分析）**（analysis of risk；費用便益分析では分析素材に含まれる不確実性を完全に取り除くのが難しいため，そうした不確実要素の範囲に発生確率を乗じて，分析にあたり設定した前提条件を変化させて評価結果の変化を調べる分析〔感度分析〕をすること）は概して，次の段階を取ること，つまり個々に測定可能な効用が求められる。けれども，それらの効用ではいずれも分配ウエイトの枠組みの基準を設定できない。そのために，われわれは第三の段階，測定可能で個人間で比較可能な効用で考える必要がある。

(2) 最適所得税

初期の**功利主義者**（utilitarian；幸福と利益，すなわち功利を人間活動の目的として判断のもととする立場の者）の考え方はこの測定可能で個人間で比較可能な効用の仮定に基づいていたが，しかしその含意を詳細に説明するものではなかった。その部分は後に，特に最適所得課税に姿をあらわすことになった。い

まわれわれの手元には過去数十年に由来する詳しい文献が存在している。こうした文献では，われわれ各々が効用を測定できる実用的な単位に所得（ないし富）を変換する同一の効用関数をもっていると仮定されている。高い所得はより効用があるように変換されるが，追加のお金は所得の増加とともに効用は低下してより小さくなっていく。

　最適所得税（optimal income tax）は課税による資源配分の歪みを最小にしながら所期の税収を満たすことを目的として，**社会的厚生**（social welfare）を最大にするように各所得階層への税率を選択する租税である。その最適所得税の文献では，所得税を通じて一定の税収を増額する問題が主張されるがそのとき，増額分に与えられるウエイトは所得とともに低下するのである。概して，こうした最適所得税の文献で用いられる例では，所得が2倍になるときはいつでも，ウエイトを4分の1，半分，あるいは4分の3だけかけるとされている。そうした仮定が現実の世界と類似した所得分配に適用されるとき，「最適」所得税の構造は結果として意外な形状をもつ傾向がある。それは税の**限界税率**（marginal rate of tax；課税標準の増加分に対する税額の増加分の比率）が所得の増加とともに低下するようになるというものである。所得税は所得に応じて累進課税するものであるという考え方に慣れきっているわれわれにとって，このことを最初は直感に反するように思えるが，所得税の構造が一連の所得階層からなることを考慮するならば，意味を持つようになるのである。ふつう思い浮かべる累進所得税は所得再分配に寄与し，公平の観点からは望ましいものである。反面，それは労働意欲を減退させ，資源配分の歪みである超過負担を生み，効率の観点からは望ましくないのである。つまり，ある所得階層について限界税率を引き上げると，その階層の人びとの仕事をする意欲を新たにそぐことになり**効率費用**（efficiency cost）がもたらされる。しかしそれは，所得税の構造からその所得階層ばかりでなくその所得階層より高い所得階層すべてから政府に所得を移転させることにより，分配便益を生み出すのである。したがって，税率の引き上げると5つの所得階層のうち第一所得階層については，効率費用は1であり加えて分配便益を5得る。第二所得階層については，効率費用1に加えて分配便益4，等々となる。第五所得階層に達するようになると，効率費用は1で分配便益は1だけとなる。このように**分配便益**（distributional benefit) というものは，所得が上昇するにつれて限界税率が低下するという反直感的結果を生み出している，より高い所得階層からもたらされるものなのである[3]。

(3) 分配ウエイトと事業実施の有無

最適課税の文献で面倒なことは，第一の特性ともいえるがその結果が**分配ウエイト**（distributional weight）を用いたかなり空想的な算定によっているということであり，たいていの国々で実際にみられているよりも軽度の累進（すなわち，あまり累進的でない）所得税構造を議論しているように思われることである。これは多くの人びとによって再確認する必要があると考えられている。こうして再確認の必要から，分配ウエイト接近法(アプローチ)が広く受け入れられるようになる。

残念ながら，この最後の段階である再確認は確約されていない。体系的な接近法(アプローチ)はどんなものでも，その利点の価値を判断するためには，それを適切な範囲にわたりくまなく吟味しなければならない。特に**事業評価**（project eval-

---

[3] 例外を付け加えると，その典型的な最適所得税の型(タイプ)は所得の増加につれて，同時に限界税率が低下，（最高所得階層まで）平均税率が引き上げられるというものである。これは最適な**非課税**（exemption）水準が存在することで達成される。こうして最適所得税の限界税率構造は，20,000ドルまでは0％，20,000ドルから40,000ドルまでは30％で，40,000ドルの所得は超過累進税率の適用により，所得40,000ドル中，20,000ドルまでは0％，20,000ドル超40,000ドルまでは30％の限界税率が適用され，税額は〔20,000×0〕＋〔(40,000−20,000)×0.3〕＝6,000ドルとなる。そこで6,000ドルの租税（＝〔平均税率〕15％）を徴収されるのである。さらに40,000ドルから80,000ドルまでの所得には限界税率構造では25％徴収され続けることになり，所得80,000ドルの租税総額は〔20,000×0〕＋〔(40,000−20,000)×0.3〕＋〔(80,000−40,000)×0.25〕＝16,000ドルとなる。そこで租税総額16,000ドルは所得80,000ドルの20％ということになり平均税率20％となる。また，所得80,000ドル超には22％の限界税率が適用されると所得100,000ドルでは税額は20,400ドル（＝平均税率：20.4％）徴収されることになる。そして所得200,000ドルに対しては42,000ドル（＝平均税率：21.2％）徴収される。平均税率では累進的であり同時に限界税率で逆進的であるような最適所得税の税率構造のこうした特質は，最適課税の文献の読者に対してある種の安心感を与える。このようにその結果はまったく直観に反するものではないのである。

表3-2 受け入れられない事業の場合の分配便益・効率費用

		ウエイトなし	加重平均	ウエイトあり
現在価値				
	便益	500	1.5	750
	費用	−1000	0.5	−500
純現在価値		−500		+250

uation)の分野で分配ウエイトを用いるのであれば,特定事業が認められるのか,また代替的な事業の間でどれを選択するのかが問題になったりするときに,そうした分配ウエイトを使った接近法(アプローチ)によって吟味されなければならない。

1つの事業だけに注目して,考察してみよう。

分配ウエイトを本格的にとり,表3-2に示されているウエイトを用いる場合,表3-2最左欄にあるウエイトなしのときには費用は−1000に対して分配便益500であり,その差である効率費用純額が−500であるにもかかわらず,この事業の受け入れを推奨しなければならない。表3-2の最右欄のウエイトありになると,費用−500に対して分配便益が750で,その差である効率費用純額は+250となるからである。

表3-2のウエイトなしの事業を実施するのではなく,政府が受給者に表3-2最左欄ウエイトなしにある500相当を単に移転して,効率費用なく同じ分配便益を得るとしたら,この表3-2のような事業は認められないことになろう。上述のように,こうした移転が費用をかけずにできるのであれば,それは明らかにされるべきである。しかし費用のかからない移転を現実世界で見つけ出すことは困難なことである。いま表3-2のウエイトありの場合を考えてみよう。ある集団にお金を出させてそれをいま一つの集団に移転するとしよう。なお,お金は拠出,交付,そして管理といった**資源費用**(resource cost)に加えて,租税自体の**効率費用**(efficiency cost)を必要としていて,そのときこうした費用が移転額の3分の1にも及んでしまうことすらある。ここで,表3-2のウエイトありの事業は分配便益750で,効率費用500で,その差は+250であるが,これは拠出されすぎとなり,拒絶されるであろう。しかし表3-3に示されている事業については分配便益と効率費用の差が0であり受け入れられる

表 3-3　受け入れられる事業の場合の分配便益・効率費用

		ウエイトなし	加重平均	ウエイトあり
現　在　価　値				
	便益	600	1.2	720
	費用	−900	0.8	−720
純　現　在　価　値		−300		0

ことになろう。

　事業で損失を被る人と利益を得る人の分配ウエイトが1.5（＝$\frac{1.2}{0.8}$）の比率である場合，ウエイトをかけない場合の費用−900がウエイトをかけない場合の便益600の1.5倍であるとき，分配ウエイトをかけると分配便益は720，効率費用は720となるのでその事業は限界のところで認められると即座に理解できよう。より広範にいうと，事業で損失を被る人と利益を得る人の分配ウエイトが（1＋λ）の比率である場合，その事業はウエイトをかけない場合の費用がウエイトをかけない場合の便益の（1＋λ）倍よりも小さいか，もしくは等しい限り，受け入れられるであろう。

　いつも，限界で，社会が分配便益を得るためには，効率費用を払い込む必要があるという二律背反（トレード・オフ）が出現する。最も低い分配ウエイトが0.9で，最も高い分配ウエイトが1.1であるような場合，そのときにはそれほどの問題にぶつかることはないであろう。しかし，こうした最高・最低のウエイト差が大差ないウエイトでは，**再分配政策**（redistributive policy）ないし**再分配事業**（redistributive project）を実施しても分配を大きく変えるものにならないであろう。両者の分配ウエイトがかなり違ったものとなっているときこそ，多くの人々に受け入れられないような政策をもたらす分配ウエイトの枠組みになっていることを暗示しているのである。しかしながら，分配ウエイトの考え方を好む人は，**貧困線**（poverty line；最低生活維持のために必要な水準）にいる人のウエイトが1.1であっても決して満足しないし，大富豪のウエイトが例えば0.9であっても満足しないのである。しかし彼らが好むウエイトの範囲を与えるとなると，上で述べたように（実際に，たいていの分配便益に多額の効率費用を支払うという）窮地に陥ってしまうのである。

(4) 分配ウエイトと余剰

　分配ウエイトの二つ目の重要な特性は，たとえ著者たちにとって所得が増大するにつれてウエイトを低下させるように付与することがあたりまえであっても，こうした考え方のもとで測定される便益が**消費者余剰**（consumer surplus）ないし**生産者余剰**（producer surplus）であって[4]，所得ではないということである。このことはまさしく分配便益のあるべき姿である。

　こうした分配便益のあるべき姿は（例えば事業を実施しない）状況 A よりも（例えば事業を実施する）状況 B における方が経済状況を良くしていると個人あるいは集団が感じているかを判断しようとする場合にみられる。しかしそれはまた，事業により雇用が増加していても，多くの場合，かなり限られた（あるいは零でさえある）便益しか付与できないような状況をもたらす。このことは広く知られている経済理論により直接的に説明できる。例えば10ドルから11ドルへと賃金率が上昇すると，10ドルではサービスを喜んで提供したいとは思っていない人たちを労働力の中に引き込むことができるようになる。11ドルであれば働こうという行動をとらせた利得は10ドルと11ドルの差額であり，せいぜい1ドルである。また労働の供給価格が10.50ドルの人にとっては1時間当たりわずかに50セントを得るだけのことである。労働の供給価格が11ドルの人は，働くのをやめてしまうかもしくは11ドルの賃金で働き続けるかの間にいるという無差別な状態での限界にちょうど位置していることになるのである。

　上で述べたことはすべて標準的な経済学で学ぶことである。そして，われわれが思い出せさえすれば，費用便益分析には組み込まれているし，また一般に応用厚生経済学にも組み込まれてきているのである。それが間違いであるとは考えないはずであるし，あるいは「供給価格，需要価格，そしてこの集計」に基づいた体系に取って代われるはずである。しかしいままにしてきた話は，状況が変化してその影響が及ぶ場合追加労働を供給する個人に，つまりそうし

---

[4] ここで余剰理論のわからない読者のために少し触れておこう。**余剰**（surplus）は，経済学，とりわけ厚生経済学で用いられる語で，市場の取引からの便益という意味といってよい。**経済学**（economics）は限られた資源と人間の無限の欲望との調和を考える学問といえるが，**厚生経済学**（welfare economics）は，そうした資源配分が経済的厚生

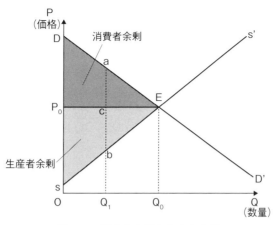

図 3-1 消費者余剰と生産者余剰

（経済的な幸せ）にどのような影響を及ぼすかを考える学問といえる。**市場**（market）は、売り手（生産者）と買い手（消費者）が出会い取引をする場である。そしてそれは、買い手が取引される財の数量にいくら払ってもよいと思っている額（支払意思額）を表した**需要曲線**（demand curve）と、売り手の生産に要した費用を表す**供給曲線**（supply curve）の交点で表される。それは**図 3-1** に示されている。市場での実際の取引はこの交点 E で行われるので、取引価格は P_0、取引数量は Q_0 となる。**図 3-1** でもし数量 Q_1 で取引しようとしたとき、買い手（消費者）は aQ_1 支払ってもよいと思っていて（支払意思額）、その支払意思額 aQ_1 から実際に取引した価格 P_0 を差し引いた分 ac が、この市場での取引で消費者が支払う意思があったものの支払わずに済んだ便益を表していることになる。これを**消費者余剰**（consumer surplus）とよんでいる。消費者余剰はフランスのデュピュイ（A. J. É. J. Dupuit）がその研究の先駆けで**マーシャル**（Alfred Marshall）によってこのように名づけられたものである。このように、消費者余剰は消費者自身が認識する取引した財から得られる便益を測定する尺度といえる。各取引数量で求められる消費者余剰のすべてが**図 3-1** には図示されている。また、数量 Q_1 で取引するとき、売り手（生産者）は bQ_1 この生産のために必要な費用がかかっており、実際に取引した価格 P_0 から生産に要した費用 bQ_1 を差し引いた分 bc が、生産者がこの市場での取引により得られた便益といえる。これを**生産者余剰**（producer surplus）とよんでいる。このように生産者余剰は生産者の市場での取引から得られる便益を測定する尺度といえる。

財政は公共需要を充足することが求められているが、公的事業（パブリック・プロジェクト）を実施する場合には、そうした観点から住民ないし消費者がいかなる嗜好を持っているかを探る必要がある。そうした場合、この消費者余剰は住民ないし消費者の経済的厚生を表現する良き指標といえ、完璧とはいえないまでも事業評価に際して、事業分析者の直感や恣意性に偏るのに比べて、消費者余剰を用いると大きな助けになるのである。

た追加労働者の効用にどれほど変化が及ぶかということに，焦点をあててきたということを認識しておかなければならない。雇用が増えることへの社会の評価はただ利害関係のある個人の評価にのみ基づいているはずだという以外応用厚生経済学は何もいえないのである。

しかしそれは明らかに分配ウエイトが機能するやり方である。**分配ウエイト**（distributional weight）は関係する経済主体の効用の変化を，仮定された効用関数に基づいて，しばしば直接的に測定している。もしそうでなければ，分配ウエイトは消費者余剰と生産者余剰の変化に焦点をあてていて，それは単に相応の効用の変化を貨幣で測定した値なのである。雇用の増加を重要であるとほとんど考えていないようなこうした分配ウエイトの取扱いに良心の呵責を持つ人は，おそらく違った尺度で考えることになろう。そうした尺度はおそらく，次節の主題である基本的要求の外部性という概念にうまく合致することになろう。

第3節　基本的要求の外部性

(1) 分配ウエイトと基本的要求

費用便益分析の機構の中に，「**分配上考慮すべき事柄**（distributional consideration）」と漫然と呼ばれているものを取り入れるにあたり，二つの代替的考え方がある。それが分配ウエイトと基本的要求(ベーシック・ニーズ)という考え方である。

裕福な者に対する追加1ドルの**限界効用**（marginal utility；ここでは追加1ドルを得ることからの満足度のこと）は貧しき者に対する同じ1ドルよりも小さい。同じことが特定の事業，政策，あるいは実施計画(プログラム)を実施することによりもたらされるさまざまな経済状況にある人の経済的厚生の変化にみられ，そこに適用されるものが，すでにみてきた「**分配ウエイト**（distributional weight）」と考えられる。この考え方は功利主義の伝統の副産物といえ，少なくともベンサムやミルの時代以来，経済学の一部であり続けている。

「**基本的要求**（basic needs）」はさまざまな経済状況の人びとの経済的厚生に対して違ったウエイトをかけるというものではない。ある経済状況の人びとに対して，特定の事業，政策，あるいは実施計画(プログラム)を実施したことで状況の改善

に結びついた際に、その経済状況が改善された人びとではなく、それに貢献した他の人びとが評価する外部便益を考えるのである。病んだ人を治療したり、空腹な人に食べ物を施したり、無学の者を教え導いたり、寄る辺のなき者に宿をあてがうこと等々は「良いこと」であると大部分の人は純粋に感じる。そのため、こうした目的の一つあるいはいくつかを成し遂げるために、私財を投じるような慈善行為が何世紀にもわたり成されてきたのである。財産のない人々に対する医療、教育、栄養そして住宅の必要性を満たすという共通の責務により、社会が法律制定をしてきた背後にも、こうした考え方がある。

また、本書で用いている基本的要求という概念と、リチャード・A.マスグレイブおよびペギー・B.マスグレイブによる『財政学の理論と実際（*Public Finance in Theory and Practice*）』で述べられている「**価値財**（merit goods；社会的観点からその消費が望ましいとされる財やサービスのことで、情報不足や知識の欠如、市場機構が不十分な機能等から、公共政策の目的として消費者選好への介入を必要とする財）」の概念はきわめて緊密な関連性がある。この二つの概念について結果的に引き出せる違いは主として、基本的要求に含まれている外部性が市場の需要曲線ではなく、社会の特定階層（貧しい人びとあるいはさもなくば「必要なものが買えない」人びと）の個々の需要曲線に適用していることに力点を置いていることにある。すなわち、本書で用いられている基本的要求の概念では、「価値」を有しているのは財自体ではなく、（例えば貧しい人びとの）「基本的要求」を満たそうとする財の能力なのである。

(2) 分配ウエイトと基本的要求の外部性の違い

1984（昭和59）年に、私は「社会的費用便益分析における基本的要求と分配ウエイト」という論題で論文を公けにした[5]。その論文の目的はその論題にある二つの概念が実際にはかなり違っていて、また多くの論者が当時していた

---

5) Arnold C. Harberger, "Basic Needs Versus Distributional Weights in Social Cost-Benefit Analysis," *Economic Development and Cultural Change* Vol32, No3, April 1984, pp. 455-74, あるいは Robert. H. Haveman and Julius Margolis eds., *Public Expenditure and Policy Analysis, 3rd ed*, Boston : Houghton Mifflin, 1983, pp. 105-126 を参照。

ように，両概念を事実上類義語として取り扱うのは間違いであるということを明らかにしようとしたのであった。**分配ウエイト**（distributional weight）は，個々の消費者あるいは個々の労働者の効用に焦点をあてている**個人主義的な枠組み**（individualistic framework）から出てきており，それを明らかにしたのである。これに対して**基本的要求の外部性**（basic needs externality）の概念は，**温情主義的な枠組み**（paternalistic framework）から出てきているのであり，ある個人とかある集団の経済状況を改善するために，社会の他の部門が喜んでお金を出すということに焦点をあてているのである。私がこの論文で述べたように，基本的要求の外部性は影響を受けた集団の効用の変化にではなく，そうした集団の経済的厚生の変化に適用されるものである。この経済的厚生は影響を受けた人ではなく，何らかの方法で，社会の中でその影響を受けた人ではない人びとにより判断されるものなのである。

(3) 補助のあり方——現金か現物か

入門経済学の講座には，政府が**現物**（in kind）ではなく**現金**（cash）で給付するのがなぜこの二択の中ではよいのかを実例により説明をするものがある。ここでは所与の**現金による補助**（cash subsidy）を受給しているときに，消費者が購入を選択するであろう財の組合せを（通常は**無差別曲線**〔indifference curve；消費者の効用を同一水準に保つ消費の組合せを示す線〕を使って）論証することで補助金が優れていることを示している。明らかにその財の組合せ——これをAとする——はその特定の消費者が，補助金（に加えて他の所得）により支出上限が設けられているときには，手にすることができる最善の組合せである。そしてもし「社会」がその消費者に現物で——お金ではなくて財の組合せBで——補助を給付する意思決定をするのであれば，社会が財の組合せAを選択するのはまったくの偶然となる。財の組合せBが財の組合せA以外の財の組合せを表しているのであれば，そのときには個人は現物補助されていて現金形態で補助されるよりも経済状況が悪くなるであろう。現金で補助金100ドルを給付することで社会はその消費者を最も幸福にすることができる。社会が100ドルを要する現物補助をする場合には，（まさに財の組合せAを選択するという）一つの組合せ以外はすべて，100ドル未満の補助金を通じてこ

の消費者を同じように幸せにする，つまり100ドルの補助金給付による幸せよりも低い幸せしか享受させえないということができよう．

(4) 現物給付と温情主義

そうした実例による説明はまったくもって適切である．しかしそれは受給者の効用に常に焦点をあてていることに注意する必要がある．基本的要求の外部性は受給者の効用にではなく，提供者の効用に焦点をあてるものである．私は講義で受講生にイェール大学3年次の学生の話をする．彼は勉学をするのにお金に困っており，いまは過去2年よりもさらに生活状況が悪くなり，それまでよりもさらにどれだけ極貧になっているかを父親に手紙で知らせたのである．彼はイェール大学では授業料が年間約30,000ドル（約300万円）かかり，そして通学費および生活費が20,000ドル（約200万円）以上かかると書き続けた．それからその学生は援助してもらうために最後の一撃として以下書き加えた．「お父さん，僕はたったいま南太平洋に素晴らしい島があると耳にしたんです．そこはうららかな天候で，珊瑚礁でサメから守られた美しい浜(ビーチ)があり，並外れて美しい現地の女の子がいる．そしてアルコール飲料が一瓶当たりたった4ドルで，たばこ1カートン3ドルという無関税港があるということなんです．お父さん，どうかそこにいる僕に年間20,000ドルまでいかなくていいので送金してください．そうすれば僕はとっても，とっても幸せに暮らせると思うんです!!」

結論として私は受講生に，アメリカ中の1000人の極貧学生からその父親にそうした類の手紙が1000通書かれていることを想像してほしいといっている．こうした手紙1000通が送られたとしたら，年度末にはそうした学生のうち実際2,3人がその島にいるのを目の当たりにしてびっくり仰天してしまうだろうというのである．しかし，何人の父親をその島で目撃できるかについては私は何もいえないのである．

この話には温情主義についての多くが語られている．そして温情主義は世界中の政府の行動に十分な影響をもっていると私は信じている．特に**社会実施計画**(プログラム)(social program)という商標の下で，政府が与える便益は，そのかなり大多数が「現金」ではなくて「現物」で給付される．現金給付の場合であ

れば，政府がただ小切手を渡して対象家庭にその小切手で子弟を学校へ行かせるようにしているのをみたことはなくても，対象家庭がそのお金を好きなように自由に支出するのをみたことはあろう。無償の公教育は現金ではなく，現物でなされている。**ミルトン・フリードマン**（Milton Friedman）の**授業料等公的支払証票（スクール・バウチャー）**（school voucher）でさえも「現物」支払である。なぜならそれは子弟の**学校教育**（schooling）の支払いにのみ有効であるからである。同じように，**医療**（medical care）の公的実施計画(プログラム)は医療サービスを提供しており，それは「現物」で交付されている。また**公営住宅実施計画(プログラム)**（public housing program）は住宅を提供しているが，それは**住宅特定補助金**（housing-specific subsidy）である。**栄養実施計画(プログラム)**（nutrition program；栄養補給制度）は**学校給食**（school lunch），**食料切符（フード・スタンプ）**（food stamp）やそうした類の形態をとっている。

どうしてこうなのか。現物給付するよう圧力が働くのである。なぜならば，人びとは支払った税金がうまく使われていると感じたいからである。それは納税者の目からみてよく使われているというものであり，受給者の目からではない。納税者は教育費が教育のために使われ，医療費は医療のために使われ，住宅費は住宅のために使われ，そして栄養関係の経費は栄養のために使われることを欲しているのである[6]。

第4節　基本的要求の外部性の場合の費用便益分析

(1) 事業と経済的機会費用

本節を始めるにあたり，私はわれわれがすでに踏んできたいくつかの段階を思い起こしたい。外国為替の節約が生じることによって事業や実施計画(プログラム)に対して特別の利点がもたらされる状況を論じる場合，外国為替の経済的機会費用の概念で結末をつけることになる。仕事を提供することに特別な利点があるときには，結局，労働の経済的機会費用を研究することになる。人間の寿命に影響を及ぼす事業を判断するときには，寿命の延びの経済価値の概念を考える。こうした「経済的機会費用」ないし「経済価値」によって多くのさまざまな事業の効果を，例えば，発生する外国為替収益に関して，比較することができるの

である。そして同時に「経済的機会費用」ないし「経済価値」によって人命を延命する効果に関してそうした事業を判断し、そしてまた同時に雇用効果に関して事業を判断することができるのである。そしてこうしたことすべてを考慮に入れると、こうした事業に投資される資本の経済的生産性を見積もることができる。

(2) 基本的要求の外部便益の測定

　基本的要求の外部性を費用便益の算定に導入するにあたって、事業Ａが栄養に対してしようとしていること、事業Ｂが教育に対してしようとしていること、事業Ｃが医療に対してしようとしていることを比較する方法を見い出そうとしているのである。明らかにこうした便益の「価値」を具体化したいのであるが、それをどのようにするのか。

　基本的要求（basic needs）の接近法（アプローチ）は、その名が暗示するように、社会の社会経済的最下層にいる人の経済的厚生の改善（あるいはその逆）を評価することに焦点をあてている。そして上に示したように、問題となっている経済的厚生は受給者ではなくて、提供者（政府、納税義務者、有権者、社会）の基準

---

6) ときどきこうした願望は受給者の巧妙さにより期待に背かれたものとなる。一例として、インド政府が低賃金労働者の何人かに無償で高品質の住宅を提供した時、多くの場合、同政府が意図したように20平方メートル（約6坪）当たり一人の密度でそうした家族が居住することにはならなかった。かわりにそういう家族は（通常、本当のあるいは偽の「親類」といった）同居人を受け入れてしまい、10平方メートル当たり一人という旧基準の密度に戻ってしまうのである。受給者が現物補助よりも現金補助を選好するということを教えてくれるまさにその分析は、また現物補助を現金に代えようという誘因、つまりわれわれ（提供者）ではなくて受給者が最も重要であると考えるものに現金支出できるようにかえてしまおうという誘因を持つことも教えてくれる。

　だから、アメリカ合衆国では、非食料品を購入するために食料切符（フード・スタンプ）が（不法に）使用されていることや、道端で食料切符が公然と売却されていることさえ目にするのである。そしてインドの親たちは少なくとも子弟には家で簡単な朝食や夕食をさせて、子弟に対する心のこもった学校給食の一部を現金に換え、他の家族が以前食べていたのよりも内容のある昼食をしているのを目にする。

　現物補助のそうした失敗によっては教育や医療の場合での達成が明らかにますます困難になるといえる。たぶん一部はこうした理由から、教育や医療分野でうまくいっていないのは、おそらくかなりの割合で現物補助によっているからであると説明されよう。

に従って判断される。社会が受給者の基準や嗜好を理解したいのであれば，いつでもまさに受給者に現金を与えるであろうことを思い起こしてほしい。

だからわれわれが求めているものは**測定の基準**（metric）なのである。それは経済的厚生に対する固有の増分，特定の大きさに，貨幣価値を付ける方法である。

(3) 教育事業の外部便益の測定——学力

私がかつてフィリピンで取り組んでいた実例に基づいた，きわめて実践的な例をとりあげてみよう。そこでの関心事は貧困家庭の子弟の**学力**（educational achievement）を最終的に向上させる事業の外部便益を測定しようということであった。われわれは教育上の分析表に関する公的調査のデータをもっていたが，そのデータは各所得十分位[7]の子弟1000名について，何人が4年生で，また5年生で，等々で学校をやめていき，何人が最終的に大学水準まで進学するかを示したものであった。また各教育水準まで教育が継続されたことに伴う**標準費用**（standard cost）についてのデータも有していた。そこである家庭の子弟が全住民の第1十分位に特有な教育到達水準に初めはいたが，教育事業の成果により，第2十分位に特有な教育到達水準に移動できた場合，この移動による外部便益には，まずそうした移動に関連する標準費用の50％が付与されるとしよう。すると第2十分位に特有な教育到達水準から第3十分位のそれへの移動については，標準費用の40％の外部便益が付与されるであろう。第5十分位から第6十分位に特有な教育到達水準に移動すると標準費用のわずか10％の外部便益しか付与されなくなるように，教育到達水準が上がるにつれて外部便益は次第に下がったものが付与されてくることがわかる。そして第6十分位を越えて移動すると，ここでのデータでは基本的要求の外部性には何も付与されなくなった。

われわれがここで示そうというのは，基本的要求の外部性を概念化して，その基本的要求を十分に満たす増分に対して，初めは高い価値をそして所与の要

---

[7] **分位数**（quantile）ないし分位点とは統計学で用いられるものである。データを小さいものから順に並べて，例えば下から10分の1の範囲のデータを第1十分位数，10分の2の範囲のデータを第2十分位数，…というように分類して用いる。

求の多くがすでに満たされてくるにつれて次第に低い価値を，そして最終的にはある点で零(ゼロ)になってしまう一連の価値を付与する方法である。誰がこのウエイト（ここでは基本的要求の外部性が標準費用の何％かということ）を付与するのか。政府か，教育省か，計画作成局か，あるいは予算局か。明らかにこれらのいずれかであるが，十中八九，政府の費用便益分析制度を管掌している部局の手中に最終的にはいきつくのである。そうした部局は，上述のいずれかあるいはすべての機関からの忠告（そして圧力）を巧みに操りながら，それを行うのである。

　受給者たちに対しての**教育の外部性**（education externality）が決定づけられる一つの方法は，そうした受給者たちの実際の所得が増加したか，例えば第1十分位から第3十分位へと移動がみられたかということである。こうしたことはすぐに起こりうるであろう。例えば，1000人の労働者を雇用している造船所が，（サンパウロの港町でブラジルの富の中心地にある）サントスではなく，（ブラジルの貧困に苦しめられている北東部の中心にある）フォルタレーザに立地しているとした場合に，である。こうした教育事業によって元々教育水準が低く所得水準も低いフォルタレーザのような地域では，政府賃金が支払われたことになりうるのである。それはサントスで労働者が働いていたら得られるのとちょうど同額であるが，フォルタレーザの労働者に支払われることになれば，かなりの**賃金割増金**(プレミアム)（wage premium）となりえよう。こうして教育事業を遂行したことによって，実際に第1十分位の所得から第3十分位の所得に所得が引き上げられることになろう。

(4) 教育事業の外部便益の測定——出席率等

　教育の外部性をもたらしうるいま一つの方法は，事業によって**学校への出席率**（school attendance）を上昇させることである。貧困地域でこうした目標を達成させる一つの方法は生徒への**完全学校給食**（full school lunch）を実施することである。この措置は出席率改善や退学・休学の先送りにかなり効果的であるとみられてきている。それは栄養への効果が半信半疑であるような場合でさえもそのようにいえる。最近，両親にその子弟の学校への出席率に基づいて**特定報奨金**（specific cash reward）を交付したことで顕著な結果が達成さ

れてきている。こうした補助金は，ここで持ち出されている基本的要求の枠組みの中で評価することが比較的容易である。こうして，標準的な学校教育の年間費用の50％までの補助金は，第1十分位の所得階層の地域での退学・休学等の状況が第2十分位の所得階層の地域のそれに一致するように変わってくれば，第1十分位の所得階層の地域での支出が正当化されるであろう。こうした変化がきわめてわずかな補助金によってもたらされ得ることはかなり適切といえるまでに推測できる。例えばそれが平均的な学校費の10％とすると，出席率補助金事業によって，平均的な学校費の40％（＝50-10）の**基本的要求の外部便益**（external basic needs benefit）が生み出される結果になるのである。

(5) その他の基本的要求の外部性の指標

上の例によって，正式な基本的要求の接近法(アプローチ)はきわめて実行可能であろうことが示されている。しかし確かにそれぞれの要求について（さまざまな所得階層十分位の退学・休学等の状況に類似した）ある種の指標を必要としている。これは住宅については比較的容易に手に入れられる。そこでは最も基本的な水準では，人数当たりの面積という指標が用いられるが，床や窓の型，そしてガラス窓があるかないか，水道水，室内便所等も含めた住宅の質の指標も容易に取り入れることができる。栄養摂取については同じように，カロリーのような栄養価の粗雑な測定値を使えるし，あるいは（全住民の各十分位所得階層で）代表的な食品が理論的基準の近似値にどれくらい近い値をとっているかというより洗練された測定値を用いることができる。医療は基本的要求の測定がおそらく最も難しい。一方では，指標は平均寿命（結果）と同じように簡単なものに基づいていよう。しかし指標はまた，各所得十分位階層の家族が医療技師，看護師，医師，街の診療所，大病院等（すなわち医療投入物の指標）に行く訪問回数に基づくこともありうる。

暗渠の下水道あるいは蓋なしの側溝のような下水道，飲むことのできる水，そして害虫駆除（蚊，蝿，鼠等）の度合いといった**公衆衛生**（public health）措置もまた私は含めたい。

基本的要求の外部性の考え方は，分配ウエイトの接近法(アプローチ)に対するように，（貧困層の）所得の増加に価値を与える効力を有しているのである。それは貧

困層の行動が，得た仕事と断念した余暇の関係について無差別であるときでさえも，効力を有しているのである。所得の増加のほかに合理的に予測できるものには，学校を子弟がすぐに辞めないで長期にわたり通学したり，家族の住宅の質が二階級引き上げられたり，家族の栄養事情が向上したり，また医療のさまざまな測定値が改善していたりといったことがある。こうした優位性が生み出てくる源泉は基本的要求の接近法(アプローチ)の核を形成する温情主義にその要素があると理解されるべきである。

第4章

主要道路事業への適用

第1節　基礎知識

(1) 主要道路事業の事業便益

主要道路事業(highway project)ばかりでなく，他の範疇(カテゴリー)の事業の多くも同様に，事業によりもたらされる本質的便益は何であるかを認識することが重要であり，そうした事業の本質的便益に焦点をあてようとするに違いない。このことを課題として一度とりあげると，たいていの場合は，きわめて簡単な答えが得られる。主要道路事業ではまさにそのとおりである。新たな輸送事業によって，人や物がA地点からB地点に移動できるというのが答えであろうが，それはいくらよくみてもあたりまえといわなければならない。いまさらその事業がなくても，人や物を地球上のほとんどのすべての場所からほかの場所に移動することがすでにできているからである。新たな**輸送事業**(transportation project)がなすべきことは，人や物をより安く移動させることである。しかしそれもすでになされており，輸送事業がさらにそれを進めて可能にすることなどもうできないともいえる。

この単純で，事業本来の意味を考えるようなやり方によれば，所与の主要道路事業を実施することにより輸送費用がどれだけ削減できるかが問題にされるので，費用便益分析に焦点をあてる際に，貨幣尺度で表せることはとても強みとなる。こうして貨幣尺度で表せることにより，費用便益分析はかなり単純な枠組みで表せるようになる。第一に，例えばA地点からB地点に行く既存の交通がある。もし「この」主要道路事業がいま着手されていないとしたら，現在の交通量それ自体の利点にではなく，その交通の将来的に道路整備を事業化

するための基礎としての現在の交通量に関心が持たれる。**交通量**（traffic volume）を V_{0t} としよう（V：volume）。それは，主要道路事業がなされていない t 時点で予測される交通量である。

この見積もりは重要である。なぜならば V_{0t} は事業便益の基礎的な主要要素を提供するものであり，**事業便益**（project benefit）は，$V_{0t}(C_{0t}-C_{pt})$ となる。これにより，t 時点で期待される費用の節約が示される。つまり C_{0t} は事業が実施されない場合の移動費用であり（C：cost，添え字 $_0$：事業が実施されない），C_{pt} は事業が実施される場合の移動費用である（添え字 $_p$：事業が実施される）。だから差額の $(C_{0t}-C_{pt})$ は，車両一台当たりあるいは一移動当たりの**費用節約**（cost saving）分である[1]。

(2) 新交通導入による便益と費用

事業便益の次の重要な要素は，新たにもたらされた交通量である。すなわち，その事業を実施しなかった場合には存在しえなかった交通であり，その事業の結果もたらされたのである。そこで，V_{pt} をこの主要道路事業を実施した場合の t 時点での**予測交通量**（volume of traffic anticipated）とすると，その時点で増加した交通量は $(V_{pt}-V_{0t})$ と表せる。

そして新たにもたらされた交通に与えられる便益は，$(\frac{1}{2})(V_{pt}-V_{0t})(C_{0t}-C_{pt})$ と表せる。われわれが新しい交通に旧来の交通と同じ便益を与えるのであれば，$(V_{pt}-V_{0t})(C_{0t}-C_{pt})$ となることは明らかであろう。すなわち，新しい交通によりもたらされる便益とは，t 時点で事業が実施された場合の交通量

---

[1] この説明は主要道路整備事業において実際に理論的になされるであろうことを簡単化している。例えば，概して現在あるいは過去の交通量に関するデータや，交通の構成のデータは存在している。したがって，おそらく重量トラック，軽量トラック，バス，大型車，中型車，そして小型車等のデータがある。おそらくわれわれは，全体に占める車両の型（タイプ）それぞれの割合が直近におけるものと将来のそれが同じものであるという仮定をとるであろう。しかし，それを特定の方法で変化させたいとしたら，**交通見通し**（traffic projection）に基づくことになろう。事業が車両の型で分類されると，われわれはもちろん，それぞれの車両の型に関する交通量 V_{0t} に対して，それに相応する費用節約 $(C_{0t}-C_{pt})$ を割り当てることになろう。

第4章　主要道路事業への適用　89

V_{pt} から t 時点で事業が実施されない場合の交通量 V_{0t} を引いたもの,すなわち t 時点で事業が実施されたために増えた交通量に, t 時点で事業が実施されない場合の費用 C_{0t} から t 時点で事業が実施された場合の費用 C_{pt} を引いたもの,すなわち t 時点で事業が実施されたことによる費用節約分,をかけたものである。そこで,なぜ新たに導入された交通に与えられる便益を $(\frac{1}{2})(V_{pt} - V_{0t})(C_{0t} - C_{pt})$ とわずか半分だけの大きさとみるのかが問題となる。その答えは以下のようになろう。まず何よりも,移動をするためにある人が C_{0t} よりも多く喜んで支払おうというのは,その事業が実施されなくてもすでに移動が当然となっているときである。したがって事業が実施されない場合の移動費用である C_{0t} は「喜んで支払う」最高額を表しているのである。あるいはこの場合,新たにもたらされた交通側でみると, C_{0t} は「喜んで負担する費用」を表しているのである。だから,事業により新しくなった道路を移動することで,新たにもたらされた交通は新しい費用 C_{pt} を最低でも喜んで支払うといえるが,それはこれと同じように考えられるからである。

現実の新規交通は「喜んで支払おう」という最低額の C_{pt} と,(導入されている交通についての)最高額の C_{0t} の間に拡散されるであろうというのがごく普通に設定される仮定といえる。新たにもたらされた交通に対して, $\frac{(C_{0t} + C_{pt})}{2}$ の粗便益を付与するのが,この「**拡散仮定**(spreading assumption)」である。その事業が実施されたときに実際に負担する(「支払う」)費用が C_{pt} である場合,その純便益は $\left\{\left[\frac{(C_{0t} + C_{pt})}{2}\right] - C_{pt}\right\}$ であり,計算すると上述のように, $\frac{(C_{0t} - C_{pt})}{2}$ になる。

(3) 主要道路事業の直接費用と時間費用

次に問題となるのが,どのようにして費用 C_{0t} と C_{pt} を決定するかである。それら費用の一部は,車両および車両の運行,維持および修理にかかわる費用からなっている。事業評価者は,さまざまな道路についてガソリン1ガロン(3.785リットル)当たり何マイル走れるかを,また1マイル(約1.6キロメートル)当たりどれくらい燃料費,タイヤ消耗費そして修理・維持費がかかるのかをも示してくれる調べ帯(テープ)を調べることができる。最後に,事業評価者は専らそれぞれの道路(土,砂利,アスファルト,コンクリート等々,また水平である,

険しい，直線，曲がりくねっている等々）で運転される場合，どれくらいの距離をその車は走り続けられるかというデータを入手することができる。これらの要素は物的単位（例えば，1ガロン当たりマイル，1タイヤ当たりマイル等々）で与えられているので，t期の（ガソリン，タイヤ，車両自体などの）期待実質価格を掛けることによって，実際の貨幣金額に変換することができ，**直接費用**（direct cost）が求められる。

まれに上述のような原材料費だけがC_{0t}とC_{pt}の大多数を説明することになる。しかしながら，費用C_{0t}とC_{pt}の差額の主要要素は，ほとんど常に，運転者や旅客によって負担される**時間費用**（time cost）なのである。

典型的なアメリカ合衆国の主要な**道路整備**（road improvement）を考えてみよう。道路整備は例えば，平均時速を25マイルから50マイルに増加させるといった形で，道路交通の迅速化に影響するかもしれない。乗用車の運転費用を普通に見積もると，1マイル当たりほぼ40セントとなろう。舗装道路の場合，事業の前後で共にこれにかなりの変化が出てくるわけではなさそうである。しかし，時間費用が例えば，1時間当たり10ドル（＝40セント×25マイル）であるとすると，車両の1マイル当たり時間費用は事業前には40セントで，事業後には平均時速が2倍になることから20セントとなる。これは本当に重要な変化である！

(4) 通勤者の時間費用

上の例は1車両につき運転手一人を想定している。そして（少なくとも暗黙裡に現在のアメリカ合衆国の状況では）運転手と通勤者は民間の旅客といえる。道路整備という現実世界の分析では，トラックやバスの運転手の時間を実際に彼らに支払われた金額（**付加給付**〔fringe benefit；労働者が雇用主から受け取る正規賃金以外の給付や経済的利益〕や租税純額を含む）でできれば評価したい。バスの乗客や自動車やその他車両の乗客にとっての**時間価値**（value of time）についてもまた別個に評価をしたいのである。しかしおそらく時間費用といったとき，民間車両の運転手の時間費用が最も大きな範疇といえ，そのほとんどは通勤者である。

このことは経済的な事業評価のために，**通勤時間の価値**（value of com-

(b) シカゴ郊外「スコーキー」の鉄道と道路

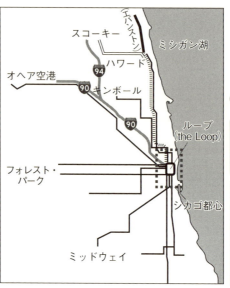

(a) シカゴ都心「ループ」の鉄道と道路

図4-1　シカゴ都心「ループ」と郊外「スコーキー」の位置関係
【出所】写真はグーグルマップ（Google Map）による。
（注）路線番号があるものは道路で，ないものは鉄道である。

muter time）をいかに設定するかという重要な問題を投げかけてくる。たいていの人は，（実働時間について）各運転手自身の時間料金を，時給などを用いてその人の通勤時間の適切な価額とみなしてまず捉える傾向にある。結局わかることであるが，それではかなり過剰評価になってしまい，実際の通勤者の行為と一致しえないのである。

　通勤時間の評価に関する文献への一つの重要な貢献をしたのは，私の指導の下で博士論文を執筆したトーマス・リスコ（Thomas Lisco）である。彼が用いた方法論は時宜を得たものであったが，**移動時間**（travel time）の評価方法として，それはいまなお標準的な接近法（アプローチ）となっている。その基本的考え方はとても単純なものである。あるところから別のところへ行くのに２つの相対的な方法がある場合，安上がりに済ませようとすると，概して移動時間がかかってしまうものである。したがって，ある意味，個々の通勤者は通勤にあたって，移動時間をかけるかあるいはお金をかけるかという自身の二律背反（トレード・オフ）に直面している。リスコの博士論文では，図4-1にあるように出発点がスコーキー

(Skokie) というシカゴの北西郊外で，目的地が「**ループ**（the Loop）」として知られているシカゴの中心ビジネス街である，多くの通勤者の移動習慣に関するデータが用いられている。これら通勤者の多くの代替的通勤方法の一つは自動車通勤である。所与の人について，駐車場から職場までの徒歩時間を含めると，**図4-2**にあるように，これは75分かかるのであった。自動車通勤している人たちの最も自然な通勤代替手段は電車通勤である。これによると電車の駅まで徒歩で行く（もしくはバスで行く）必要があり，電車の待ち時間があり，スコーキーからエバンストン（Evanston）のハワード（Howard）まで**スコーキースイフト急行**（Skokie Swift Express）に乗り，そこで（高架のために）**シカゴエル列車**（the Chicago El train）に乗り換える。明らかに乗り換え時間を含んでおり，それからエル列車はループに入り，そして（おそらく）職場まで歩くのである。その方法を選んだ人は，平均で，全行程115分を要するのである。

したがって，自動車通勤であると，1日あたり片道ほぼ40分の節約になるということになる。さて自動車通勤であれば（その時点で）1日当たり（駐車料も含めて）16ドルという**平均貨幣費用**（average monetary cost）が必要となり，一方，電車通勤の場合には1日8ドルかかるとする。このことから**図4-2**にあるように，8ドルに対して80分の二律背反(トレード・オフ)があることが明らかである。

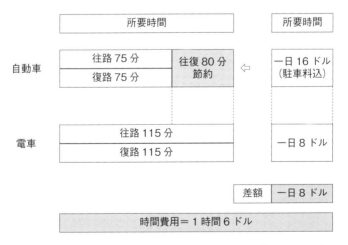

図4-2　シカゴ郊外「スコーキー」からシカゴ都心「ループ」までの通勤選択

つまりそれは1時間（＝60分）当たり6ドルという**時間費用**（time cost）を意味している。電車通勤を選択する，この二律背反(トレード・オフ)に直面している通勤者は1時間当たり6ドルよりも低くその移動時間を評価していて，自動車通勤を選択する人は1時間当たり6ドル以上でその通勤時間を評価していると推定できる。

　リスコは，さまざまな二律背反(トレード・オフ)に直面しているたくさんのスコーキーの通勤者に関するデータを持っていた。それは主としてそれぞれの駅から自宅および職場の距離にさまざまな場合があるためである。そのデータによって人びとが共通に持っている期待が確かなものとなった。それは低所得の人は列車を選択する傾向があり，高所得の人は自動車通勤を選択するということである。しかし，それにもかかわらず低所得の人でも自動車通勤していた。それは彼らが駅からかなり遠くに住んでいるという場合にその傾向がみられた。同様にお金があるにもかかわらず，電車通勤する富裕な人は駅近辺に住んでいるという傾向がみられた。

　おそらく，所得水準で通勤者をグループ化して，そして彼らが受け入れるか拒否するかという時間とお金の二律背反(トレード・オフ)の**ヒストグラム（柱状図）**（histogram）を書くだけで，移動時間の相対的価値についてとてもよい判断ができよう。リスコの手法は，ここで示したものよりもいっそう正確なものであり，データをすべて利用していた。彼はプロビット分析として知られている計量経済学のやり方を用いたのである。**プロビット分析**（probit analysis）は，この場合，**最頻値（モード）**（mode）の選択についての確率を取り扱ったものである。この手法を用いることで，リスコは所与の所得水準の人びとをそのモード選択で50対50とちらばるような時間とお金の潜在的二律背反(トレード・オフ)を引き出すことができたのである。だからその二律背反(トレード・オフ)は，所得水準との関係でみた通勤時間の価値であったのである[2]。

　通勤時間の価値は結果的に通勤者所得階層の平均時給よりもかなり低いもの

2）　P_c が自動車通勤を選択する確率であり，X_c は自動車通勤したために節約された1時間当たりの追加費用であり，また Y は家計所得水準であるとすると，
　　　$P_c = a - bX_c + cY$ という**プロビット回帰式**（probit regression）を得る。そこで，$P_c = 0.5$ と設定した場合，$X_c = \dfrac{(a - 0.5 + cY)}{b}$ と解ける。これによって，通勤時間の暗黙の価値である X_c が所得水準によってどれほど異なるかがわかる。

であった。この結果は同様の研究からも出てきており、交通経済学で一般に認められるようになってきているのである[3]。

(5) 発展途上国での時間価値

発展途上国では、慎重な計量経済学的研究をするにあたって必要とされるこの種のデータを見つけることが難しい。しかしながら、2つの重要な事実によってこの障害を克服することができる。第一は、発展途上国では（トラック、バス、タクシー等の）職業上の運転手が先進国よりも、交通の高い割合を占めているという事実である。これらの運転手については、その時間価値に彼らの時給を用いることができるし、用いるべきであろう。第二に、自動車所有者はトラックやバス運転手よりもかなり高い所得を有していると考えられる。われわれはこのことを**最頻数選択研究**（modal choice study）の結果に結びつけるのである。（最頻数選択研究ではこれらの人びとの移動時間は彼らの時給だけで評価されるはずである。）その最頻数選択研究では、単純にトラックやバスの運転手の時給を自動車所有者の移動時間の費用を表すものとしてみているのである。これはあまり洗練された解決策とはいえないが、実行可能な策ではある。

第2節 交通渋滞の外部性

(1) 交通の流れと結びついた外部性

自動車を所有している家族の割合は、発展途上国では先進国よりもかなり少ないが、交通渋滞の問題は経済水準がどの水準であっても蔓延しているようで

---

[3] 通勤者全員がシカゴのループのように、所与のまとまった地域で働くような場所ではどこでも、この考え方を各自で確認することができる。そのような場合には、中心街から遠くなればなるほど、より低い料金で一日駐車ができることがわかる。したがって、往復それぞれ2街区以上歩くことで1ドル節約でき、また4街区の平均歩行総時間が10分であるならば、その場合、歩行時間は近くに駐車した人については1時間当たり6ドル以上の価値があることになり、遠くに駐車した人については1時間当たり6ドルより低い価値しかないことになるのである。

ある。交通経済学では交通渋滞の外部性が特定の役割を演ずるので，この問題は重要である。

この問題については，われわれが**交通渋滞の外部性**（congestion externality）の存在に気づいていないときでさえあっても，それが存在していることをまず知っておくべきである。これをどう説明するか。よく目にする，しっかりと建設されているコンクリート道路では，交通量が少ないときには1時間当たり60ないし70マイルくらいで車が流れていると考えよう。しかし，われわれはみなこのまさに同じ道路で，1時間当たり20ないし30あるいは40マイルでの車の流れを経験している。そればかりでなく，なぜこのように遅い速度であるかも知っている。それは多くの車両がその道路を利用しているからである。したがって，2つの観察地点——一つは平均速度が速く交通量の少ない地点で，いま一つは平均速度が遅く交通量が激しい地点——だけでその基本原理が明らかになろう。道路で車両が多いと平均速度が遅くなる。主要道路(ハイウェー)の技師は，この関係を構想に入れて，連続曲線道路(カーブ)を設置する必要性を感じている。連続した曲線道路では，交通は1時間当たり車両500台までは時速60マイルで問題なく行ける。しかし500台を越えると時速30マイルに急に下がるのである。いや，平均速度と交通量の関係は，滑らかな曲線で表せて，その曲線では交通渋滞を認識するよりもかなり前に速度は落ち始めるのである。

このことは重要である。というのは，交通渋滞の外部性が存在していて「車が流れない」と感じるのは，いらいらするようなときばかりではないからである。事実，交通渋滞の外部性は車両が道路を使用しているときにはほとんどの時間で存在しているのである[4]。いまの交通に，車両がもう一台追加されると平均速度は時速60マイルから58マイルに，さらにもう一台追加されると時速58マイルから55マイルへというように車両が増えるにつれて減速する事態が

---

4) 私がほとんどの時間という時には，当該年の大部分の時間という意味ではない。そうではなくて，車両を使っている人が車両を使っている大部分の時間を意味している。かつて私はアメリカの5都市についての交通渋滞の外部性を研究した。そのデータにより，平日午前6時から午前10時の間に，また午後3時から午後7時の間にその都市に出入りするのは交通総量の4分の3ほどであることを明らかにした。こうした時間帯にはもちろん，車両が増えることで平均速度は落ちたのである。

発生する．最終段階まで，車両がどんどん車の流れに追加されると，平均速度は時速40マイル，30マイル，20マイルと減速していくのである．

こうしてゆっくりとなる車の流れ全体に対して，追加車両一台一台はごくわずかな影響しか及ぼしていないというのが，**交通の流れと結びついた外部性**（externality connected with traffic flow）である．このことは，連続曲線道路での平均速度と交通量の関係を考えれば，理解されよう．バケツの水が，水滴一滴一滴がしたたり落ちてたまり，たくさんの連続した水滴で満たされているのとちょうど同じように，交通でも全体の交通量は一台一台の車両によりなっている．いま，はじめに適量の交通量があって，そこに車両が追加されてくると他の車両はほんのわずかずつであるが減速してくる．もし車両100台が追加されて60マイルから58マイルに減速する場合，この車両1台それぞれが$\frac{2}{100}$，すなわち時速0.02マイルだけ，利用者全体の車両を減速させたと推測できる．時速60マイルで行くとき，時間費用が1マイル当たり10セントである場合，追加車両1台はこの時間費用を1マイル当たり10.02セントとするであろう．各運転手――「元々」の運転手も「追加車両」の運転手も，最終的には時速58マイルで行くことになる．追加車両の運転手はこの費用を認めるが，100名の彼ら新参者が来なかったら時速60マイルで進んでいたであろう1000名ないし2000名の「元々」の運転手はその費用を自ら負うことを認めはしないであろう．

(2) **時間の外部性**

この外部性をわかりやすい言葉でいいかえるべく，きわめて便利な近似値を用いることができる．それは必然的に**時間の外部性**（time externality）を控え目に見積もることになろう．この大雑把なやり方の重要な要素は路上の「**交通障害のない速度**（unimpeded speed）」とよんでいるものである．これは交通量がかなり少ないときの路上での交通の平均速度のことである．

これは泥道で時速20マイル，砂利道で時速30マイル，アスファルト道路で時速40マイル，2車線主要コンクリート道路で時速50マイル，4車線主要道路(ハイウェー)で時速60マイル，多車線高速道路(フリーウェー)で時速70マイルであろう．この交通障害のない速度を「a」とし，「s」をある時点での路上での**実際の速度**

(actual speed) としよう。そうすると，その時点での時間の外部性は $\frac{(a-s)}{s}$ に車両1マイル当たりの平均時間費用をかけたものと概算することができよう。

例をあげるために，普通のアスファルト道路を扱おう。そしてその道路での交通障害のない速度は時速40マイルであるとする（あるいは時速40マイルと推測する）。日曜日に運転するとなると，（上述の交通で移動する場合）平均速度が約30マイルになるのはわかっている。外部性は $\frac{(a-s)}{s}$，すなわち $\frac{(40-30)}{30}$ 掛ける1マイル当たりの平均時間費用というのが公式である。車両の通行が1時間当たり7.50ドルの価値を持つとすると，その時には1マイル当たりの車両の通行は25セント（= $\frac{7.50 ドル}{1 時間当たり 30 マイル}$）の価値を持つことになる。そこで時間の外部性は自家用車を運転していると1マイル当たり $8\frac{1}{3}$ セント（= $\frac{(40-30)}{30} \times 25$）となろう。もし1時間当たりわずか25マイルしか行けない交通事情である場合には，時間の外部性は $\frac{(40-25)}{25}$（= 0.6）に平均費用を掛けたものとなろう。すなわち， $\frac{7.50 ドル}{25}$ の60%，すなわち (0.6)(0.30) で，自家用車を運転していると1マイル当たり18セントとなる。さまざまな種類の道路で運転する，また車の混み具合の異なった道路で運転するといったとき，このようにしてそれぞれ計算ができるのである。それはかなり有益であり，主要道路経済学に関する直感を磨くのに確かに役立つのである。

(3) 道路整備事業と直接便益・外部損失

道路整備事業に戻り，事業による整備道路を道路Hと呼ぶことにしよう。道路Hの交通量は事業を実施すると，増加するであろう。しかしすでに道路Hに関する**直接便益**（direct benefit）がどれくらいであるかは算定されてわかっているはずである。いま調べたいのは，他の道路で何が起こっているかである。他の道路を道路Aそして道路Fとよび，道路Aは道路H（われわれの事業道路）の代替路とする。そこで道路Hが整備されると，道路Hでみられる交通の増加の一部は道路Aから来ることになろう。したがって，道路Aは道路H事業の結果，混雑が少なくなる。道路Aの利得は，それ自体の $\frac{(a-s)}{s}$ に道路Hに進路を変えた交通の時間費用を掛けたものによって測定される。

道路Fは道路Hへの支線道路であり，したがって，道路Hが整備されると，道路Fの交通は増加する。道路Fはより混雑するようになり，道路に関する

外部損失（external loss）が存在することになる。$\frac{(a-s)}{s}$ にその平均時間費用を掛けたものは1台当たりの数値であるから，それらに交通量の増加分を掛けたものが道路F全体の外部損失となる。

第3節　臨界交通量と段階的建設について

(1) 臨界交通量と道路整備段階の向上

　主要道路整備事業の便益が，その道路にすでに存在している交通量と，また事業が実施されない場合の将来にわたる年々の予測交通量と，いかに結びついているかをみてきた。まず泥道から始めていつ砂利道に変えるかというときには，こうした整備に「典型的には」どれだけ費用がかかるかということがきわめて大事になると思う。この典型的な費用に基づけば，砂利道を整備してよい道にするのを正当化するために，その道路の交通量がどれほどになるかを推計する基礎づけが技術的に可能となる。

　それは道路整備の各段階でなされる。泥道を砂利道に改良するのをきちんと説明づけするには，交通量が一日わずか200車両ですむかもしれない。しかし砂利道をアスファルト道路に変えるのを合理的に根拠づけるためにはたぶん一日500車両を要するであろう。特定の砂利道事業や特定のアスファルト道路事業を正当化するためにこうした台数が使われるべきであると論ずる者はいないであろう。しかしこうした台数が特に有用になりうるのは，より詳細に立ち入って検討するにあたってさまざまな対象の中から事前に選択するときである。どれくらいの車両が道路の所与の地点を通過するかという交通量を得ることはきわめて容易である。道路に敷設されている空気タイヤを備えた管によって交通量を捉える旧来からの技術はまだ完全に機能していて，かつとても安価である。電子感知器を使った新しい技術がより便利になってきていて，かつたぶんより安価にさえできるようでもある。

　泥道から砂利道へ，砂利道をアスファルト道路に，アスファルト道路をコンクリート道路に，2車線を3車線ないし4車線にする等々，既存の道路の態様を高めて整備するための測標には，**交通数**（traffic count）を用いるのがよいと考える。道路水準の各段階で，ある道路についてより重要な評価を選択させ

るような**臨界交通量**（critical volume of traffic）が存在している。フランスの主要道路当局が何十年もの間，かなりうまくこれを行ってきている。

(2) 段階的道路建設と区間建設

段階的建設にかなり似たものとして，同じ道路の区間で道路態様に変化があることがあげられる。**図4-3**のとおり，ロサンゼルス・サンフランシスコ間を**ハイウェー101**（Highway 101；日本でいうところの国道101号線）を経由して車で行く場合，区間によって，片側5車線であったり，片側4車線であったり，片側3車線であったり，また2車線だけであったりしている。そして私の記憶が確かであれば，2車線ないし3車線ある主要道路では分離帯のない道がよくみられる。このような道路整備の違いは，厳粛な経済的事業評価の体系から当然のこととして出てくるものである。ある道路区間といま一つの道路区間で交通量が違うことによって，こうした結果が生まれているのである。ハイウェー101の場合，ロサンゼルス周辺およびサンフランシスコ周辺では，交通量はかなり多い。ロサンゼルスやサンフランシスコの中心地から100マイル（約160キロメートル）ないしそれ以上離れると，交通量はかなり少なくなる。したがって，経済学的観点からすると，道路のさまざまな区間で異なった基準により道路建設をすることが目的にぴったりとかなったものとなろう[5]。

---

5) 主要道路技師はときどき一路線の絶対的な統一の基準をうるさく求める。その議論は，距離でたった1マイルないし2マイルの長さを考えるときには，適切なものである。ここで，2車線を4車線化すること，そして3車線に戻すことは，舗装道路の急激な変化や，車線数の急激な変化によって運転手が「驚かされ」て自動車事故を引き起こし，重大な費用をもたらす。しかし，例えば10マイルないし20マイル以上の道を考えるときに，その同じ議論にはほとんどあるいはまったくあてはまらないといえる。ここでは，道路態様の変化は事前にうまく告知されるから驚くには値しない。

(a) 片側2車線（サンタバーバラ郊外）

(b) 片側4車線（ロサンゼルス郊外）

(c) 片側5車線（ロサンゼルス市街）

図 4-3　ハイウェー 101（ロサンゼルス・サンフランシスコ間）
【出所】写真はグーグルマップ（Google Map）による。

第 4 章　主要道路事業への適用　　101

第5章

灌漑事業への適用

第1節　基礎知識

(1) 灌漑事業の便益

　主要道路事業の便益が交通量ときわめて結びつきが強かったのと同じように，灌漑事業の便益は何と結びつけられているか。類推してほしい。配水量に対してか，はたまた水の価値であるのか。しかしこれらのいずれの場合であっても，詮索の的となってやまないたくさんの外部効果に関する主張がみられる。さまざまな事業に関する便益について**二重計算**（double counting）されていることがしばしば見受けられる。まさに，かつて私がインドで精査したいわゆる事業報告書にそれについての記録があると思う。その報告書の中で，便益は次のものと等価であると指摘している。①水の価値，②（①に加えて）事業の結果生じる地価増加分，③（②に加えて）その土地で生産された穀物の価値の増加分，そして④（③に加えて）事業の結果生じる追加労働について支払われた賃金である。上述のように便益が生じたときはほぼいつでも，私は二重計算されているのをみてきたのである。しかし，これは二重計算どころか，三重計算でもあり，四重計算でもあったのである。

　まず，灌漑事業によって配水される水の価値から始める。水は農業にとっての**生産要素**（productive factor）である。生産要素にはほかに土地，労働，資本（柵，建物，牛，農場機械等々），肥料，揮発油（ガソリン），等などがある。これらの生産要素それぞれは，経済学者が**限界生産物**（marginal product）とよぶものであり，大まかにいって，**市場組織**（market system）はこの限界生産物の価値が，その生産要素に支払われなければならない**価格**（price）と等しくなる

ような状況を導くのである[1]。

　説明のために，農業賃金が一日当たり5ドルと仮定する。そして農業従事者がその労働力に労働者一人を追加すると，その農地の生産高に一日当たり6ドルもしくは7ドルの増加が見積もられると仮定しよう。こうした労働者を雇うことは明らかに価値があろう。なぜならばこうした農業の追加労働の便益（6ドルもしくは7ドル）は費用（5ドル）を超過しているからである。もう一人農業従事の労働者を雇っても市場賃金に（農業従事者に対して）目に見える効果がみられなくなるまで農業従事者は雇われるので，追加労働者の限界生産物が一日ほぼ5ドルに下がるようになるまで，農場の労働力に対する追加を維持するように経済的誘因が当然のごとく働くであろう。同じような過程が，市場価格で市場において自由に購入できる（あるいは用いることができる）各生産要素について機能する。これは労働，肥料，ガソリン，農場機械等についてもあてはまる。

　しかし灌漑事業での水には当てはまらないのである。この水は，事業と関連した「**水利権**（water right）」を有する農業従事者の持ち分に応じて分配される。これらの権利は普通，灌漑事業が実施される地域の1ヘクタール当たり（あるいは1エーカー）当たりの同量の水を基準にして設定される。しかし，どれくらいの水が設定されることになるかについては誰も予めわからない。それは自然の力（降雨，降雪等）に依拠しており，またどれほどの川の水が上流の人によって取水され，下流の人が使用するためにどれくらい残されているかにも依存している。所与の農場で灌漑事業による水の取り分は，こうして，1年に100立方メートル，翌年20立方メートル，そしてその後の年にはわずか5立方メートルということになるかもしれない。灌漑事業地の農業従事者が自

1）　このことは経済学の理論的基礎である。市場経済では企業は利潤極大化を目標に経済活動をしている。理論的に利潤が極大になるのは，企業の最終生産物（限界生産物）にかけた費用（**限界費用**；marginal cost）分を消費者が価格分支払って買いとり，生産に使われた資源が有効に使われた証を示すためにも市場にはこの生産物が残らない状態となる，限界費用と価格の差が零（ゼロ）になるときとされている。限界費用と価格の差が負（マイナス）になるのは赤字に陥ることになるし，正（プラス）の場合は黒字が出ていてさらに利潤が見込めるのである。この理論をよくわからない方は経済学の基礎理論を各自学んでほしい。

身で灌漑用水を取引できるのであれば，水が稀少なときには高い価格をつけ，水が豊富なときには低い価格をつけるという過程をたどる**市場原理**（market principle）が働く。経済学者は長い間，灌漑事業の範囲内でそして灌漑事業の範囲外でも，水取引の自由化について議論してきた。しかし水取引の自由化の歩みはかなりゆっくりしたものであった。その基準はいまだに，各農業従事者が利用できる「割当分」であり，その割当分は当然，月々，そして年々，自然に多くなったり少なくなったりし，またその他の利用者の優先権に影響するものである。通常，農業従事者はその水利権に対していくらかを支払わなければならないが，たいていは，実際に配水される1立方メートル当たりの価格ではなく1ヘクタール当たり**固定料金**（fixed charge）になっている。そして1立方メートル当たりの価格というときには，ふつうその水の生産価格よりもかなり低い価格となっている。だから，他の生産要素については，限界生産物が市場賃金ないし市場価格に一致する点まで生産要素をどんどん使う強い傾向があるのに対して，灌漑事業で配水される水についてはこのことがほとんどあてはまらないのである。

このように，農業従事者が灌漑用水に支払う額によっては**灌漑用水の限界生産性**（marginal productivity of irrigation water）を測定することができない。農業従事者はふつう，限界生産物より少ない額しか支払っていないからである。このようなわけで，（現行事業の事後的評価をしようというとき）灌漑用水の経済価値を確定する問題が残されてしまう。あるいは分析しようとしている新事業の経済価値を予測する問題が残されてしまうのである。ここで思い出さなければならないことは，われわれが求めている価値というのは，月々あるいは年々異なる水の市場価格と密接に結びついているということである。ただそれは灌漑事業がなされた地区の農業従事者が期間ごとに配水される水を，農業従事者間で，自由に売買できるという場合の話である。

(2) **残余価値方式（農地予算方式）**

灌漑用水の適当な価値を見積もる最善の方法は，間接的方法で得た見積もりで考察するというのではなく，断然，灌漑用水から常に目を離さないでいることであり，それを議論しようというのである。しかし初めに，実際に広く用い

られていて，そして経済学においてそれ自体が根拠となるような信頼できる主要な間接的手法を説明したい．これはしばしば**農地予算方式**（farm budget method）とよばれているが，私はそれを「**残余価値方式**（residual value method）」とよぶ方が良いと思う．なぜなら，この言い方の方がその方式が実際にどのように働くかをよりうまく伝えられるからである．

　残余価値方式の基本的考え方は２つの典型的な農地予算を確立するというものである．その一つは問題となっている灌漑事業が実施されない場合であり，他方は灌漑事業が実施される場合である．これら２つの予算はしばしばかなり違っている．第一の予算では多くの水を必要としない穀物について乾燥地域での輪作を扱い，第二の予算では，灌漑用水が存在するときになされるきわめてさまざまな輪作が取り扱われる．しかしまたしばしば，灌漑事業は既存の灌漑地に流れている川から水を引いてくる場合もある．こうした事業には概して，灌漑期に水をたくさん使えるように，また耕作期には，灌漑用水の割り当て分が農地に配水されたときに水を正確に制御できるように，川に堰（dam）を建設することが含まれる．既存の川の水による灌漑事業能力を堰によってただ増大させても，結果的には栽培方式にはほとんどあるいはまったく変化がないであろう．

　残余価値方式は典型的な農地の**損益計算書**（profit-and-loss statement）の見積もりに焦点を当てている．数量は年当たり生産されたさまざまな穀物についてであり，また労働，肥料，機械および生産のその他の要素も含まれる．見積価格は，（土地自体を除いた）これら生産要素の数量それぞれと結びつけられている．そこで，事業分析者は農地産出物すべての価値の総額を求める．そしてその総額から，土地および水以外の農地投入物すべての見積費用を差し引く．その結果求められたものが（その土地が所有されていようと賃貸されていようとそれとは関係なく，土地収益を含んだ）**農地の利潤**（farm's profit）である．こうすることによって，全事業期間にわたるすべての価値が見積もられる．それは，①灌漑事業が企図立案されていないと仮定したものと，②灌漑事業が実際に着手されていると仮定したものである．こうして，期待期間にわたる毎年（度）の，事業が実施された時の**残余所得**（residual income: 利潤）と，事業が実施されない場合の残余所得が得られる．各年（度）のこれら２つの所

得の流れの違いは,灌漑用水のその年の**期待価値**(expected value)を見積もったものになる。

こうした見積もり手法の複雑さや,特に各段階に含まれる錯誤や不確実性の度合いは容易に認識されうる。

表5-1は残余価値方式の弱点(アキレス腱)を明らかにするものである。私は同表を,**標準偏差**(standard deviation)や変数ではなく,「正ないし負」という範囲を用いて,単純に表している。なぜなら,そのほうが統計学の素養を持っていないような人にとって理解しやすいからである[2]。

このように算定された**残余価値**(residual value)は農地生産物に対して土地および水が貢献した分の見積もりを合計したものである。**表5-1**には灌漑事業によってもたらされる(所与の年度についての)追加200が示されている。また**図5-1**には残余価値,灌漑負担金そして地価上昇の関係が示されているが,**図5-1**(a)のように,いま事業当局自体が**灌漑負担金**(irrigation charge)として,農業従事者からこの額200を全額徴収するとしよう。そうしたときには明らかに,地価が上昇することはない。しかし灌漑負担金が徴収されないと,

---

2) **標準偏差**(standard deviation)とは,データの散らばりを示す尺度の一つであり,分散の正の平方根のことである。そして**分散**(variance)もデータの散らばりを表す尺度である。これは各データ(観測値)がその平均からどの程度散らばっているかを示すもので,平均値からどの程度離れているか(=平均からの偏差)の2乗で表す。統計学では,二つの独立的な分布変数の合計の分散はそれぞれの分散の合計であるということを学ぶ。たいていの学生はそこで,二つのこのような変数の差の分散もまたその分散の合計であるということを学んでかなり驚かされる。これらの観点から表を再加工すると,「穀物価値」そして「投入物の費用」について正・負で示された数値は標準偏差である。だから,「事業が実施される場合」の残余価値の分散は22,500+10,000 = 33,500であり,事業が実施されない場合の同じ分散は,10,000+4,900 = 14,900である。

表5-1の事業便益の見積もりは200(= 500-300)である。その200という数値に付随した分散は,ちょうど算定した数値を用いると,48,400である。そしてその標準偏差は220である。これは同表から出てくる±420と同じ大きさではない。しかし主張されていることはちょうど同じである。われわれが算定した価値が「違いの違い」に基づいているとき,その価値は,その差がもたらすいかなる構成要素よりも大きい,かなり大きな標準誤差に従っている。なお**標準誤差**(standard error)は標本から測定された統計量の標準偏差のことで算定された推定量の精度を表す指標とされる。

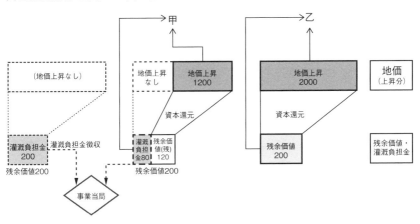

図 5-1　残余価値，灌漑負担金，地価上昇の関係

図 5-1(c)のように地価はおそらく，その事業期間の将来すべての期間にわたる「灌漑用水に起因する残余価値の差額」，つまり灌漑事業が実施される場合と実施されない場合の残余価値の差額，表 5-1 では 200 の現在価値全額分引き上げられよう。つまりいま割引率を 10% とすると，表 5-1 また図 5-1(c)にみられるように差額 200 が生じるときには，地価は 2000（ = $\frac{200}{0.10}$ ）だけ上昇するであろう。灌漑事業当局が灌漑負担金として年間 80 徴収した場合，図 5-1(b)のように地価の上昇は（同じような簡単な算定では）1200（ = $\frac{120}{0.10}$ ）となろう[3]。

こうして，図 5-1(c)の乙のように水の価値を年間 200 として，それに地価上昇分として（同じ灌漑事業有無の差額 200 を 10% で資本還元化したもので

---

[3]　なお，土地がどれだけ収益を生み出すか（土地の収益価値）はその土地の価格（地価）に土地の収益率を掛けることにより求まる。したがって，地価は土地が生み出す収益価値を収益率で割ることにより求められる。これを**資本還元**（capitalize）という。これをここでは灌漑負担金がない場合，灌漑事業により 200 の収益が生み出され，収益率の裏腹の関係にある割引率が 10% と設定されているので，$\frac{200}{0.10}$ で地価 2000 が求められる。また，灌漑負担金 80 がある場合，収益価値は収益から負担金が差し引かれた 120 となりこれを 10% で割り引くこととなり，$\frac{200-80}{0.10} = \frac{120}{0.10}$ で地価 1200 が求められる。

表 5-1 残余価格方式

	穀物価値 (農地生産物)	土地・水以外の投入物の費用	残余価値 (土地・水の 生産貢献分)
事業が実施される場合	1500 ± 150	1000 ± 100	500 ± 250
事業が実施されない場合	1000 ± 100	700 ± 70	300 ± 170
残余価値への土地・水の貢献分の差			200 ± 420

ある）2000 を加えたものと考えてしまうと，水の価値と地価の上昇の両方をともに数えてしまうという愚かなことをしていることになる。しかし図 5-1(b) の甲のように，灌漑事業による地価上昇時の便益は，実際に徴収された灌漑負担金（この例では年間 80）に，事業によりもたらされた地価上昇 1200（これは水について現金払いされない灌漑便益 120 に基づいたものである。なお灌漑用水負担金 80 は現金払いされている）を加えて算定しても，これは誤りではない。

(3) インドでの事業分析と経済レント

私が冒頭で述べたインドの事業分析でも，穀物価値の上昇がみられた。これは事業が実施される場合とされない場合を比較して，事業が実施される場合に（**表 5-1** で 500〔= 1500 − 1000〕という）追加便益があることとは関係ない。なぜならば，明らかに（**表 5-1** にある 300〔= 1000 − 700〕という）追加費用が存在するからである。われわれが正の残余価値を得たときには，当然のことながら関連諸費用は控除すべきである。それに対して実際には増加分として表れた残余価値を穀物価格の増加のためであるとしてしまった。それは明らかに **二重計算**（double counting）であり，これを正当であるとはいえない。

当該事業によって雇用の増大がはかられることになれば，その基本的考え方は **労働経済学**（labor economics）の標準的な考え方に従うことになる。**賃金**（wage）は「原則的には」経済的費用であり，経済的便益ではない。ときどき賃金は問題となっている **労働の真の経済的費用**（true economic cost of the labor）を超過するかもしれない。そのような場合は，まず賃金支払い全額を

表5-2　インドでの正しい事業分析

価値		算　定　方　法
灌漑用水の価値	年間　200	（灌漑用水負担金：年間80＋経済的レント：年間120）
地　価　増　加	2000	灌漑用水の年間価値200を10％で資本還元化
穀物価値の増加	年間　500	
労働使用の増加	年間　180	例えば，諸費用増加分300の60％とする。

費用とみなした後，そこに**外部便益**（external benefit）がもたらされていると考えられよう。（ここでの外部便益とは，例えば，この賃金に基づいて徴収される**租税**（tax）であったり，または労働者の真の供給価格を超過した現実の**課税後賃金**（net-of-tax wage）の超過分を表している「生産者余剰」であると考えられよう[4]。）

表5-1のデータを使い，そして私が体験した最悪ともいえるインドの実例での正しい説明を要約すると，表5-2のようにまとめられよう。

灌漑用水の価値は年間200であった。したがって地価は灌漑用水の年間価値200を10％で資本還元化して求められるので2000増加した。また穀物価値は年間500増加した。そして労働使用の増加は（例えば，諸費用増加分300の60％とすると）年間180と算定される。

灌漑事業で得られる唯一といっていいものは，表5-2の最初のもの，すなわち灌漑用水の年間価値だけである。灌漑用水負担金として現実に支払われる年間80に，発生した「**経済的地代（経済レント）**（economic rent）」年間120を加算したものである。なぜなら灌漑用水の価値はその全額を徴収されないからである[5]。この120は（**選好法**〔the preferred way；価格のない財の経済価値を測定する方法〕で）経済レントであるか，あるいはこの120は地価1200の増加分を資本還元化したものであろう。労働については，賃金全額を費用ではないとは決してしないはずである。ではどうするかといえば，単に追加労働の課税

---

[4] **生産者余剰**（producer surplus）とは，市場取引により売り手に発生する便益のことである。つまり，売り手が特定量の財を供給して得た収入と，それだけの財を供給するために最小限受け取る必要のある金額との差とされている。〔賃金（実際に得た収入）〕＝〔労働の真の経済的費用（最小限受け取る必要のある金額）〕＋〔外部便益（租税または生産者余剰）〕とみているのである。

後自発的供給価格を（外部性が付加されない）費用としてとらえるか，もしくはまず労働への支出総額を（財務分析におけるように）費用として捉え，次にこれら賃金に関連して支払われた追加租税にこの労働者が得た生産者余剰の見積額を加えたものを外部便益と考えるのが正しいやり方であろう。うまく機能している労働市場においては，当該事業は生産者余剰をそんなに生み出すわけではない。なぜならば，労働者はその生産がないときにはほかで雇用されることが見込まれるからである。

第2節　灌漑用水の価値の直接推計

(1) アルゼンチンでの灌漑事業評価の経験

かなり前，私はアルゼンチン当局にかなり小規模であったが，アルゼンチン西部のサンファン川の灌漑事業（**ウジュンダム**〔Ullum dam〕）の事業評価団を主導するよう要請された（図5-2を参照）。その評価団は教え子であるルシオ・レカ（Rucio Reca）そしてファン・アントニオ・サピタ（Juan Antonio Zapita）の二人と私とで構成された。大手土木企業であるシカゴのハーザエンジニアリングカンパニー（Harza Engineering Company）（土木会社）は，数か月間にわたる評価過程に精力的に従事していた。同社は農地予算研究に取り組んでおり，研究により得られたデータをわれわれに使うようにいってきた。しかしわれわれはその段階に至る前に，ウジュンダム地域の農業経済学，そして農業内部における灌漑用水の役割に精通したかったのであった。

幸運なことに，レカは以前，アルゼンチンの農業省（事務局）の地方職員として，サンファン市で2，3年過ごしたことがあった。したがって彼はこの地域の多くの重要人物を知っていたので，われわれは2，3日の間はホテルの

---

5) 地代（レント）（rent）は土地や他の天然資源のサービスの提供に対してその所有者が受け取る報酬のことをいう。この概念が拡張されたものが**経済的地代（経済レント）**（economic rent）である。これは実際に支払われる価格とある生産要素（土地，労働力，資本等）の供給への最低支払額の差，つまりある生産要素が獲得する収入の中で，その要素をほかの用途に移転させないで現在の用途にとどめて供給させるために必要とされる金額を超過する余剰部分，すなわち収入－機会費用をいう。

露台(テラス)に座って，地方の専門家の定期的な訪問を受けている状態であった。

灌漑事業評価団として任務を果たしていた初めのころ，われわれは，半世紀以上存続してきている既存の河川灌漑制度の状況説明を受けた。その状況説明で，約 120,000 ヘクタール（1 ヘクタール = 3,025 坪）が当該事業区域とされ，そして毎月利用可能な河川用水が，川の両岸で，（トメロス〔tomeros〕と呼ばれる）二人の技術者によって分配されるということを聞いた。彼らはサンファン川で，農地の水門を次々と開き，各農地の用水割当量が配水された後それを閉めるといった業務を遂行していた。

翌日，別の面会者と灌漑事案の話をしていた中で，その人は偶然「60,000 ヘクタールかそれくらいが灌漑される」といったのであった。そのちょっとした言葉により，当該事業の評価全貌の扉が開かれたのであった。われわれは彼に，

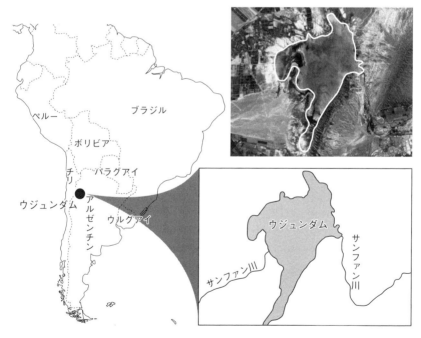

図 5-2　ウジュンダム
【出所】写真はグーグルマップ（Google Map）による。
(注) グーグルマップには「ウリュンダム」と書かれているが，文部科学省検定済教科書には「ウジュンダム」と記されているので，本書では後者の表記に拠った。

「当該灌漑事業は60,000ヘクタールではなく，120,000ヘクタールやるのではないか」と確認し直した。その答えは「60,000ヘクタールだ」というものであった。そう，120,000ヘクタールは灌漑権があるだけのことであり，各所有者に配水される水は，実際には灌漑権がある面積の約半分であるというのである。なぜ半分だけなのか。というのは，1ヘクタールの土地に4インチ（1インチ＝2.54センチメートル）の水を配水することで2ヘクタールの土地毎に2インチの水を配水することにより得られる以上のものを生み出せるからというのである。すなわち，**経済的最適戦略**（economically optimal strategy）は灌漑権のある地域の半分には灌漑用水を配水しないでおくというものなのである。このような特殊な場合には，土地がかなり肥えていて，土地の限界生産性が本質的に零(ゼロ)であるということを意味している。水は稀少性のある生産要素である。だから「土地に水を加えた」ことで残余価値がある場合，その価値は水そのものの**稀少性**（scarcity）のために増加したといえるのである。

(2) 灌漑事業と水利権

基礎経済学を学んだ者あるいは学んだはずである者なら誰もが学んだこの考え方は，この研究全体に鍵となるものである。「**水利権**（water right）を売買できるか」と問うと直ちに，その答えは「できない」ということであった。そこで，二区画の土地の所有者が水を一方の区画に配水させるために，もう一方の区画の水利権を利用できるかをきいてみた。これについては，二区画の土地が川の同岸にある場合には，できるということであった。どうしてそうなるのか。それは，左岸のトメロから水を取り上げて，それからそれを右岸のトメロに配水することはかなり複雑なことになるからである。「水の移転」が生じる場合には，移転する水双方が同じトメロにより取り扱われていなければならないのである。

次なる重要な問題は，最近売却された土地の中から，区画Bの買主の主たる目的である「区画Bの」水を所有している農地Aへと単に移せるような財産を見つけられるかということである。それは見つけられるということであった。そうした取引はかなりの数存在する。そこでわれわれは，家屋や納屋のような，重要な非土地資産等がのっている土地を除くべく，候補取引を入念に調

べさせたのである。**水利権の現在市場価値**（current market value of water right）を推計するにあたり，われわれの計画では問題の区画の売却時点での**地価**（land price）を用いることになっていたので，このように選び抜くことが必要であったのである。

　次の問題に行きたい。こうした財産の買主は事実上，水利権購入を当然と思っているが，実際にはどんな生産物に彼らは支払っているかである。確実に彼らは毎年，一定量の灌漑用水を得ているわけではないのである。繰り返すが確かにそうなのである。彼らが実際に購入しているものは，将来の各年各月について，一連の宝くじ券といってもよいような不確実性のつきまとうものなのである。アンデスで前年の冬に降雪が多かったときには彼らは多くの水を得て，降雪が少なかったときにはほとんど水を得られないのである。つまり宝くじの当落と同じく，必ずしも一定量の灌漑用水が確実に入手できるとは断言できないわけである。

　われわれはここで灌漑記録に戻り，過去50年間にわたる各年の用水配水の**度数分布**（frequency distribution）を示している柱状図である**ヒストグラム**（histogram）を作成した。その分布には，利用可能な最大水量が最小水量の約10倍ないし15倍あるといったように，かなり幅があった。農業従事者が10年か15年毎に一度だけもたらされるような大量の水には価値を置かないのは明らかであった。逆に，確実に利用できる水にはきわめて価値を置いているのである。確実性のある水量が半分だけ増加した場合，農業従事者は主要な耕作地，例えば葡萄畑やオリーブ畑の木の面積をさらにまた半分だけ増やすことができるからである[6]。

---

6) こうした植林は何年もの間続く。しかし，水がなくなると枯れ果ててしまうだろう。植林をうまく行かせるためには，利用可能な水が最少量であるようなときには，農業従事者が水をかなり節約して撒き，その木々をただ枯らさないようにするということになる。そうした間は（葡萄あるいはオリーブ）がほとんど実らなかったり，あるいはまったく実らないこともある。オリーブや葡萄の木が2, 3年で次々と枯れてしまうようなときには，オリーブや葡萄を植林する意味がなくなってしまうので，植林の全体像は利用可能な用水についての**確率分布**（probability distribution；分布数で表された度数分布）の期待最低水量によってほとんど決まってしまうといえよう。

(3) 感度試験（感度分析）

　過去50年にわたる配水実績がわかっているので，「確実に利用できる水」が「偶発的にしか利用できない水」よりも農業従事者にはよりいっそう価値があるという事実をいくぶんか考慮しなければならなかった。われわれは微妙な差異にかける時間はほとんどなかったので，灌漑用水を確実な水と偶発的な水に区別して容積で「ウエイトづけした」，きわめて確実な方式を採用した。まず指数[7] $I_1 = 0.4D_1 + 0.3Q_1 + 0.2Me + 0.1Q_3$ から始める[8]。ここで，I_1 は第一指数で，そして D_1 は柱状図（ヒストグラム）の第1十分位を，Q_1 は第1四分位を，Me は中位（メディアン）を，そして Q_3 は第3四分位を表す。この指数は偶発的な水と比べて確実な水に，明らかにかなり重いウエイトを与えている。しかしそれはまた恣意的なものといえるが，何が妥当なウエイトであるかを検討する類の博士論文を書いている暇などなかった。そこでわれわれは，費用便益分析のお決まりの出し物ともいえる巧妙なやり方——「感度試験」——に頼ったのである。費用便益分析ではこれまでみたように現実を完璧に数量化して表すことはきわめて難しい。そこで，不確実な要素をできる限り排除するために**感度試験**（**感度評価分析**: sensitivity test）ないし**感度分析**（sensitivity analysis）により，費用，便益，割引率などの前提条件や推定値を変化させて事業評価にそれらの変化によりどれだけ影響を与えられているかを定量的に算定することが求められる。この場合には，代替的な指数 $I_2 = 0.33D_1 + 0.27D_2 + 0.23Me + 0.17Q_3$ をあえて用いて感度試験を行ってみた。この指数 I_2 は「確実な」水に小さいウエイトを与えており，「偶発的な」水に大きいウエイトを与えていた。この研究の最後までずっと，I_1 と I_2 の双方を用いて類似の計算をした。幸いにも，当該ダム建設がまさに価値あ

---

[7] データをかいつまんで捉えるのに，データを相対評価して数量化したものを**指数**（index）（インデックス）といい，基準となるものと相対評価する際に用いる。

[8] 本書は入門書であるため細部にわたる計算内容については言及しない。ここでの計算のより詳しい説明に興味をもった読者はアーノルド・C. ハーバーガー（Harberger, Arnold C.）『事業評価（*Project Evaluation*）』Markham Publishing Company, 1972年（再版：シカゴ大学出版局, 1976年）の「第11章 ウジュンダム事業の費用および便益（Chapter 11 Costs and Benefits of the Ullum Dam Project）」（280-310頁）を参照されたい。

る投資であるという結論は，2つの指数いずれを用いても，同じであった。

次に，$120{,}000 P_H = P_{I1} I_1^0$ を設定した。ここで P_H は鍵となる取引での最近の地価（実質ペソ）であり，また I_1^0 は，過去50年にわたる灌漑実績を表しているヒストグラムに由来する，第一指数の算定値である。これによって，I_1 により測定された質調整水の単位当たりの価格 P_{I1} が得られた。次に同じ計算が I_2 についてもなされ，I_2 の質調整水の価格は P_{I2} と測定された。

この計算によって，ウジュンダムの価値を測定しようという次の段階に進むことができた。このウジュンダムの価値を明らかにすることにより，われわれはダムが建設された場合にはどれくらい利用できる水に変化がみられるかという合理的な予測をしなければならなかった。ここでは，過去50年にわたって，ダムがずっと存在していたとしたら，ダムはどのように機能したか模擬実験をする手法をとった。そこで，われわれは過去50年間にわたる月々の川の流量データに加えて，月々の灌漑配水データを入手した。この模擬実験については，かなり簡単な戦略をとったが，それは時間制約のために事実上そうせざるを得なかったからである。まず1年を灌漑期と非灌漑期の2期に分けた。そして非灌漑期にダムに水を溜めて，それを灌漑期に配水するというのが戦略であった。（その模擬実験での）各月ダムに溜められる水量は，その月の川の水量が下流利用者の水利権のために残さなければならない水量を十分満たす水量である。この貯水は非灌漑期の全期間にわたり，続けられるのであった。しかしながら，水量が豊富な過去の年をみると，ダムの容量である440立方ヘクトメートルに達すると，ダムの貯水を止めなければならなかった。

ダムからの配水についても，またちょっとした戦略を必要とした。選択した戦略は各灌漑期に毎月の自然界での水量に比例してダムからの配水をただ増水させて用いることを想定していた。ここで用水路の配水能力に加えて，この戦略が配水を求めている時点でさまざまな限界にぶちあたった。このような場合は模擬実験では，（用水路能力を超えてしまい）あふれてしまう水は次の灌漑期のために，溜めておいたのである。

この模擬実験では，過去50年の間に実際に生じた水よりももっと多くの灌漑用水の配水が必要とされることがきわめて明らかとなった。次に模擬実験で出された月々のデータまた年々のデータを用いながら，過去50年にわたりダ

ムが存在し続けたとしたときに，どのような値の I_1 と I_2 がとられてきたかを表している2つの新しいヒストグラム I_1^* と I_2^* を明らかにできた。この手法によって，ダムの便益に関する一つの要素がもたらされた。これは第一指数では P_{I1} $(I_1^*-I_1^0)$，そして第二指数では P_{I2} $(I_2^*-I_2^0)$ と表されるのである。この数値は，市場が「川の水」につけるのと同じように「ダムの水」に価値をつけるものである。

次の段階は，ダムの水が川の水よりもより価値があるということを認識することであった。これは，貯水を農地に配水するときにはダムの管理者がある程度管理することによる。明らかにダム管理者は，農業従事者が最も水を必要とするときに水をできる限り供給できるように配水する時間を調節しようとするであろう。したがって，彼らは，各年の自然の川の流量の比例的増量分を単に農業従事者に供給するだけで，きっとわれわれの模擬実験どおりにはしないであろう。彼らはかなりうまく水を使うであろう。どれだけうまく使うのか。実際のところわれわれにもわからない。そこでまた別の仮定をした。その仮定はともにかなり穏健なものである。これら仮定のうち最初の仮定の下では，ダムの水は川の水より5％価値があるものとされていた。そして第二の仮定の下では，10％価値があるものとされていた。しかしながら，この価値の増大は，P_{I1} $(I_1^*-I_1^0)$ あるいは P_{I2} $(I_2^*-I_2^0)$ にただ適用されるのではなく，P_{I1} I_1^0 あるいは P_{I2} I_2^0 に適用されるであろう。なぜか。というのはダムがもうすでにあるのであれば，灌漑期に最も良い時期を選んで配水することができるからである。ただしダムがすでに満水状態であり，自然の川の水が配水されなければならないような稀な状況は唯一の操作の限界といえる。さもないと当該事業地域に関する限り，水が無駄になってしまうからである。

結論として，ダムの便益の測定値は，現在のところ，

$B_{1a} = P_{I1}(I_1^*-I_1^0) + 0.05\ P_{I1}\ I_1^*$
$B_{1b} = P_{I1}(I_1^*-I_1^0) + 0.10\ P_{I1}\ I_1^*$
$B_{2a} = P_{I2}(I_2^*-I_2^0) + 0.05\ P_{I2}\ I_2^*$
$B_{2b} = P_{I2}(I_2^*-I_2^0) + 0.10\ P_{I2}\ I_2^*$

である。

まだこれで終わりではない。P_{I1} や P_{I2} は実測値である P_H（最近の地価）に

基づいて引き出されたものである。実測値 P_H は，川の流れによる灌漑から農業従事者が灌漑権ヘクタール当たり現在得ている私的便益の私的割引価値とみられるはずである。ダム事業の経済的便益全体に照準を定めているのであれば，2つの修正が求められよう。第一の修正は当該事業からもたらされるであろう**財産税**（property tax）と**所得税**（income tax）の増収見積額を考慮に入れて便益の流れを上方に調整することである。第二の修正は，事業の経済的純現在価値を算定するための適切な割引率が**私的割引率**（private discount rate）ではなく，むしろ経済全体の**資本の経済的機会費用**（economic opportunity cost of capital）であるということを認識することである。このように租税調整後便益の数値に私的割引率を掛けて，それをその国における資本についての真の経済的機会費用の最善の推計値で割ることで，粗い調整ができる。

現実の研究において，われわれはこれら2つの調整をした。幸いなことに検討した B_{1a} から B_{2b} までの代替的方法すべてで，事業便益の現在価値は事業費用の現在価値を超過していた。当該事業は実施する価値がきわめてあると考えられたのである。

(4) ポンプ灌漑の見積便益と見積費用

しかしながら，これではまだ終わったわけではなかった。当該事業の真の便益をいくぶん過大に評価しているかもしれない可能性が残されているのであった。もしここまでしてきた計算を確かめないと，この過大評価によって避けることのできない危険がまさしく存在してしまうのである。まさにこの場合，われわれには確かめる道が残されていた。それは例のホテルのテラスでなされた現地事業評価開始直後の面会でもたらされた情報である。この算定を確認する鍵は，ダムにより水が供給される地域では川の水による灌漑と併存して，**ポンプ灌漑**（pump irrigation）を広く利用していることにあった。

ここで重要な事実は，ダムの水が川の水よりもより価値があるということと基本的に同じ理由から，（水の化学的特徴が大きくは違わないと想定すると）ポンプ灌漑の水がダムの水よりも有益なものにちがいないということである。それは，農業従事者が水を最も必要とするときに（彼らの水道管や揚水器の能力の限界まで）ポンプ灌漑の水を汲み上げられるというのがその理由である。

これに対してダムの水の場合には，トメロが月々，配水の決まっている地域に配水する時まで順番を待たなければならないのである。したがって農業従事者は，水を最も必要とする2週間前までに水を得られるかもしれないしあるいは2週間後に得ることになってしまうかもしれないのである。だからこうしたダムからの配水はまったくもってできるだけうまく使用しなければならなくなるのである。こうして，ダムからもたらされる水の見積価値よりも安くてすむポンプ灌漑の水を得られる地域があるとしたら，その見積便益はかなり高いことを意味することになるであろう。

こういった考え方を追究すべく，われわれはこの地域のポンプ灌漑の状況についてかなり注意深く調査を実施した。地表が西から東へだんだんと緩やかに下がっているようなとき，地下水を含んでいる帯水層はかなり急に東下方に向かって傾いているということが判明した。このことによって，（西からもっとも遠くにある井戸で）最初の井戸は深さおそらく30メートルで水に到達している状況が明らかになった。こうした井戸はすでに1920年以前に使われていた。時が経ち，ポンプが技術的に改善されるにつれて，ポンプ灌漑で灌漑されている地域は，深さ50メートル，次に75メートル，そして100メートル等々となっていき，次第に東方に移動した。われわれが研究した時点で，掘削されている新しい井戸は深さ約200メートルであった。こうした井戸への投資は農業投資に対する一般的な私的実質収益率をちょうどもたらしていると推測された。幸いにも，ポンプ灌漑の水の費用の見積額はわれわれ自身が見積もったダムの水の価値よりもかなり高いものであった。こうしてわれわれのやり方は容易にこの最終試験に合格したのであった。

第3節　費用便益分析と現実世界での事業評価の小括

私は，費用便益分析の特色を伝えるために，現実世界の事業評価でなされていることを一歩一歩説明をしてきた。それは確かに多少とも知識を持っているような誰もが行いうるような決まりきったことをするのではないのである。それぞれの場合の特色に注意しなければならない。①現実世界でみられるこれら特色を**経済理論の教え**（lessons of economic theory）とかみ合わせなければ

ならない。次に，②その結果を得たうえで把握した結果を**経済学的な費用便益分析の枠組み**（framework of economic cost-benefit analysis）に適合させなければならない。それは，一般に**経済的機会費用**（economic opportunity cost）や経済価値が市場でみられるそれらに対応する価格とは違うという重要な点を具体的に示すのである。

　このようにしたことから得た知見をどれくらい広範囲にわたり灌漑事業に拡張することができるか。私はかなりできるといいうる。ウジュンダム事業の分析での重要な所見は，ある一定面積の農地売却での1ヘクタール当たりの支払価格は，その農地に付随している灌漑水利権に事実上支払われているものとみなされうるというものである。これによって，その推計値にかなり大きな違いが出てしまうという弱点をもつ，困難な農地予算方式を考えないですむことができるのである。（おそらくそれぞれの農地で違った穀物やちがった輪作ではあるが）穀物が実っていて，同じ質を持つ**非灌漑農地**（non-irrigated land）と**灌漑農地**（irrigated land）がある場合に同じようなことができると考えられる。灌漑農地と非灌漑農地で1ヘクタール当たりの価格の違いは，概ね，基本的取引面積の価格と同じ役割を演じるであろう。それはつまり，灌漑用水権を取得した時点に事実上手にしているものの，宝くじ券が当選するか否かのように，一定量の水が確実に入手できるという保証のない「一定枚数の宝くじ券」の現在価値を測定するようなものである。もし灌漑権を取得するのであれば，価格の比較されている2種類の土地が本当に同質の土壌であるという確信をかなり持てなければならないであろう。

　既存の灌漑農地では実施されているが，**乾地農業**（dry-land farming；水利の利かないまたは雨の少ない土地で乾燥に強い作物をつくる耕作法，米国西部などの耕作法がその例）に用いる土地では実施されていない**土地改良**（improvement）について調査しなければならないであろう。特にここで重要なのは，すぐにわかる痕跡を残さない大規模な資本投資の代表といい得る**整地**（land-leveling）であることは明らかである。しかし多くの場合，近接している非灌漑農地でなされるよりも，灌漑農地でそのような投資はなされる。非灌漑農地では存在していない**灌漑用水路**（irrigation ditch）を新設すること自体で別の資本費用がかかってしまうことになるからである。また，ある土地利用とは関

係があるが他の土地利用とは関係のない柵や農業用家屋の存在ももっともなことである。要するに、牧場に用いられる非灌漑農地は、きちんとした放牧ができるように、(また特に過剰放牧を避けるように、) 柵で分けられた区画に分割されている。われわれが主要取引の価格を用いたように、地価の違いを利用するためには、灌漑農地の価格それぞれおよび非灌漑農地の価格それぞれに対するこうした生産要素それぞれの貢献分を推計しなければならないであろう。こうした生産要素の貢献分について調整した後にのみ、水利権の現在価値について民間市場が評価したものとみている価格の違いをはじめて取りあげることができよう。明らかに、こうした生産要素がその比較にあたりきわめて重要な役割を果たす場合には、農地予算方式で直面するのと同じ問題に陥ってしまうのである。すなわち、見積額の大きな誤差に左右されてしまい、二つの別々の生産要素間の差額となってあらわれる、かなりの食い違いがもたらされる問題に陥ってしまうのである。

第6章

電力事業分析の基礎

第1節　基礎知識

(1) 便益の算定——公共部門と民間部門の差異

　費用便益分析の骨子を例示しようとする場合，それは**個人事業**（individual enterprise）で最もよく表現される。個人事業では，事業主は自身のお金だけが問題となっているからである。こうした個人事業では，個人事業主によって認識される便益は，（その資産の売却からの貨幣的流れも含めて）事業からの単なる貨幣的流れ(フロー)である。そして，個人事業の費用は事業の投資面および運営面の両面における貨幣的支出である。それに関連した割引率は，繰り返していうことになるが事業主の観点からすると，彼ら自身の問題となっている資金についての**機会費用**（opportunity cost）といえる。例えば，収益率があげられる。**収益率**（rate of return）は，事業主がその事業がなかった場合にこの事業資金を別の事業に合理的に用いた際に，その別の事業につぎ込んだ事業資金から得られる収益を予測しているものである。

　こうした簡単な自営業者による事業から現実世界の**公共部門投資**（public sector investment）事業に移ると，経済的費用や経済的便益といった公的事業(パブリック・プロジェクト)の費用や便益を評価するにあたって，また事業採用の有無を考える現時点での価値で考えるために求める必要のある事業の**純現在価値**（net present value）を算定する際に適用される**割引率**（discount rate）を設定するにあたって，いくつかの問題が付け加わってくる。

　たいていは，民間部門の特徴が最もよく示される事業主経営の投機的事業の分析と代表的な公共部門事業の分析の差異は，**便益の算定**（valuation of benefits）に焦点があてられている。ほとんどの事業費用は，ちょうど**営利事業**（business venture）の事業費用のようにまさに現金支出である。しかしこれは便益の側面では一般的には決してそうではないのである。例えば，公園や（有料道路以外の）主要道路はめったに現金流入という収益をもたらさない。そこで問題になるのは，それらの便益の真の経済価値を見積もる方法を見い出すことである。他の例（例えば，灌漑事業や有料道路）では，普通その事業の産出物を利用する時には何ほどかの**料金**（charge）が存在するが，しかしその料金は概して，事業の真の便益を測るにはきわめて貧弱な尺度でしかない。もう一度いうが，ここでの問題はその事業の真の便益を測定することなのである。

(2) 最小代替費用の原則

電力事業は異なった範疇にあるようである。それは利用者が電力事業から享受する現実の便益を測定しようとはほとんどしないからである。しかし矛盾しているように思われるかもしれないが，われわれは依然としてこうした便益の価値を定量化しようといっているのである。この明らかな矛盾は**「最小代替費用」原則**（least alternative cost principle）とよばれているもので説明される。この原則は，事業を実際に行うにはさまざまな方法が考えられるが，いまと別の（代替的）方法を選択していま採用されている事業の便益と同じ大きさの便益を提供しようとするとき，その便益の価値を負担することになる最小費用（最小代替費用）を使っていま採用されている元々の方法によるよりも大きい便益が生じても，それを新たな（別の）事業の結果生じた便益に含めるべきではないとする考え方である。

この原則は十二分に当たり前のことではあり，詳しい説明はしばしばかなりくどいように思われる。けれども本書は入門書であるので以下やや詳しくみていくことにする。要するに灌漑事業は，耕作地域に一定量の水を供給しようとするが，その一定量の水を適当な代替的方法で供給することはなかなか目論めないのである。この場合，（例えばトラックによってその水を運んでくるときに要する費用である）代替費用は，かなり高価となり，近隣の川から水を引いてくる事業と関連させての分析には不適当である。そこで，川の水を灌漑事業

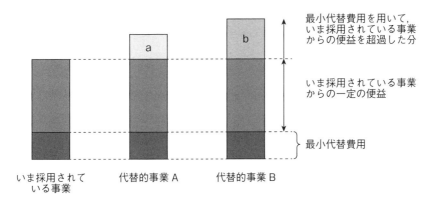

図 6-1　最小代替費用の原則

で使うときには川の水自体に経済価値をつけて比較しようとする。他方，川から水を引く方法のかなり理にかなった代替方法である（地下帯水層からの）汲み上げ灌漑という灌漑事業に出くわすのである。こうしたときに，汲み上げ灌漑によって川の水と同じ量の水を得るのに，その川の水の便益に要する費用（この場合，この費用が最小代替費用）で川の水と等量の水を得る便益を超える便益（図 6-1 の a，b といった部分）が生じたとしても，それを川の灌漑事業のおかげで生じたものとするのは正しいことではないのである。つまり最小代替費用によって得られる便益は，例えば図 6-1 での最小代替費用によって得られる川の水の量とそれによる便益が得られればよいように，こうした一定の便益が得られればよいのである。そして，例えばある時点では水の量は一定量までしか必要とされないが，その一定の水の量を超えたことからの便益も（図 6-1 の a，b の部分のように）一定量の便益を超えること自体はここでは問題としないのである。あくまで最小代替費用により一定の便益が得られればよい。これが最小代替費用の原則の含意である。

このように最小費用原則はときどき灌漑事業にあてはまるが，電力事業の便益を見積もる際には事実上いつも，この原則は決定要素になるといえる。その理由は，電力事業の場合には同じ電力量を供給するにあたり，合理的費用でやれる次善の別の供給方法がほぼ常に存在するからである。さらにたいていの場合，こうした次善の別の方法で電力を供給するということは，電力事業にあっ

てはまったくもって普通のことなのである。だから，そうした場合に分析されている事業は，別の普通の方法よりも新しいかまたは違ったもっとよい電力供給方法を見つけ出そうとしているのである。電力事業でそういった「新しいかまたは違った」事業に実際に着手する場合，「新しいかまたは違った」方法でもたらされる便益は，そうした場合に節約されるであろう，つまり同じ電力量を生むために費用削減された**標準費用**（standard cost）により測定されるのである。

(3) 別の方法による電力供給を想定しない場合の費用便益分析

　この接近法（アプローチ）のより深い意義を理解するために，同じ電力量を供給するために取りうる別の普通の方法をともかくここでは考えないとして，どんなことが起こるかを考えてみよう。私が講義で何年もの間用いてきた例は，きわめてお粗末で，電気を供給する標準的な代替できる方法よりもかなり高価になってしまう電力事業を考察するものである。ここでしばらくの間，ともかく同じ電力量を供給する標準的な代替方法を考えないで，この事業の費用便益分析をすることを考えてみよう。こうすると必然的に，「この」事業しか選択肢はないものとなろう。このように設定すると，そうした電力事業はおそらく既存の電力組織で最新の事業となるであろう。しかし時が経つにつれて，この発電組織の古い発電所が**陳腐化**（wear out）してきて，発電組織の発電容量が年々減少することになる。そして古い発電所から順次，取り壊されることとなろう。発電組織の全体的な発電容量は，こうして時とともにどんどんと減少するであろう。

　エネルギー需要が増大しないときでさえ，発電所の陳腐化によって電力の市場価格ないし経済価格は次第に上昇していくであろう。電力需要が次々と増大していきそうなときには，こうした価格の上昇傾向はさらに異常に大きくされさえするであろう。発電所の経済的耐用期間を通じて，急激に上昇している価格によって産出物である電力が評価されるようなときには，費用便益分析の試験に失敗して，ひどい事業を認めてしまうことになろう。こうした仮定の下で費用便益分析をすると，事実上，適切な事業と適切でない事業の区別をまったくできなくなってしまうと，ほぼいうことができる。エネルギー価格がずっと上昇していることを考えると，すべてがよくみえてしまうものなのである。

(4) 発電事業存在の背景

　ここで現実の世界に立ち戻ろう。われわれの町の電力供給組織（ネットワーク）における発電所 E 設置事業で発電所 E が建てられておしまいと考えるのでは，明らかに何の意味もなくなってしまう。そこで発電所 E 設置後も発電組織が適切な方法で運営され続けると考える必要がある。まず，発電所 E は，発電所 A，B，C，そして D からなる既存の発電組織に追加されているものである。時が経つにつれて，最も古い発電所 A が最初に除却されるであろう。それはたぶん発電所 F に「置き換え」られる。しかしその発電所 F の置き換え時点までに，この地域のエネルギー需要は，例えば発電所 G というさらに多くの電力容量の追加を正当化するに十分になる直前まで増大するであろう。そしておそらく 5 年ないし 10 年将来には，発電組織は発電所 B，C，D，E，F，G で構成されるようになるであろう。さらに発電所 B および C もまた耐用年限に達して除却され，発電所 H，I，J，および K が加えられることになろう。発電所 E 自体が耐用年限に達し発電組織から除却されるときには，（「われわれの」発電所 E 設置事業の分析は）最終段階を迎えることになる。その時点で，発電所 E 設置事業の費用便益分析表には，おそらく発電所の**残存価値**（salvage value）に相当する一時的な追加便益と，（例えば原子力発電所について）その残存したものを安全に処理するための一時的費用が記載されて終わりを迎える。

　ここで私の眼前に浮かぶのは，発電所 E に起因する費用と便益を表している，大画面に映し出されるような映画の映像（イメージ）である。それは発電所 E 一施設だけがぽつんと存在しているものではない。そうではなくて，発電組織の中に残っていると便益よりも費用を要するようになるため，まず他の発電所が除却されようとしている。そして費用便益原則にそのまま従いながら発電組織に新しい発電所が加えられる場合に，新しい発電所 E がうまく稼働してその発電組織の中にぴったりとはめ込まれている映像（イメージ）である。こうしたものすべてが事業分析の基本的手段を展開していく背後にはあるのである。つまりわれわれの事業，つまり発電所 E 設置事業が「存在する場合」に，発電組織がいかに稼働するかという「大画面映画」が背後にあるといっているのである。

(5) 発電事業が実施されない場合の発電予測

しかしこれで終わりというわけにはいかない。発電所 E 設置事業の費用便益分析表を得るためには，この事業が実施されない場合には発電組織がどのように稼働されるかを予測しなければならない。こうした筋書きでは，発電所 E 設置事業を実施することはないが，電力供給組織を稼働すべく別の戦略によることとなる。それはどんな戦略か。ここでは 2 つしか適切な答えはないといえよう。それは①もしそういった戦略を特定条件で明らかにできるのであれば，最善の別の発電方法である。あるいは②「ごく普通と考えられる」別の電力供給方法であり，それは（一日のうちの時間によって，年間の季節等々によって異なる）典型的なエネルギー費用を最もよく見積もったものであるとわれわれが考えている見積額で明示されよう。そしてその最善の見積もり額は，適切な費用便益分析を適宜，継続して適用している中で明らかにされてこよう。

解答①は，とにかくひたすら電力組織が洗練されてきていて，現代的なものになっていれば実現可能であろう。そのような電力組織の操業は，発電組織全体の最小費用戦略を練りだすために適切な要素をすべて考慮に入れるように設計された最新式のコンピューターシステムで管理されている。より現実味を帯びているのは解答②である。それは設備費，燃料費およびその他の原材料投入費，労働費およびその他のサービス等の費用といった，一般に知られていることに基づいている。このように，最も簡単な例からより複雑な例に次第に移って行くのが，本章で考究していく方向性なのである。

第 2 節　最も簡単な場合——同種の火力発電

本節では読者に電力経済学のいくつかのかなり基礎的側面を紹介するつもりである。基礎的側面に言及するので，全身を没頭させるのではなく，まずは試しにやってみる程度にとらえていただきたい。このようにするにつき，われわれは一つのごくふつうの代替的な発電方法——同種の火力発電所——を検討していくことになるであろう。同種の火力発電所であることから，発電所 A，B，C，D，そして E で用いる実際の機械はすべて，（使用経過年数は違うが）物理的に同一であり，この発電所すべてが（エネルギーを発生するために燃料を

用いる）火力発電所であると仮定している。このごく普通の発電装置を使用するにあたり，**キロワット時（kwh）当たりの費用**（cost per kilowatt hour）を用いていくことになる。

　現在の燃料価格が所与の場合，この標準的な発電設備の稼働費をキロワット時当たり4セントとするデータがあるとしよう。この稼働費には主として燃料自体の費用が網羅されているほか，発電設備の実際の稼働に含まれる労働やその他の投入の費用もまた考慮に入れられているのである。けれども現段階ではそこには投資資本に対する収益はまったく含まれていない。これは後の段階でわれわれの構図に入れることになる。

　さしあたり，エネルギーが最大電力時間外に生産されているときに，発電所で測定されたキロワット時当たり4セントがエネルギーの妥当な費用であるという考えにだけ焦点をあててみよう。なぜエネルギーを生み出す設備自体の使用料金を加えないのか。最大電力時間外に追加電力を単に生産するだけの場合には，すでに存在している以上の資本設備は必要でないからである。

　発電組織は同質の火力発電所の追加をいつ求めてくるであろうか。きわめて当然ではあるが，既存の発電所で配電できるエネルギー水準を超えて電力需要が伸びるような勢いをもっているときである。キロワット（KW）で容量を測定し，そしてまたキロワットに言及するために専門用語の「**電力**（power）」を用いる。俗にいえば，電力とは，まったく使わないでも，またそれを十分に使わないでも，所有することができるものである。しかし経済学者は，発電組織が発電需要を満たすのに必要以上の容量（電力）があるとき，その余分な容量を使うのになぜ支払いを求められるのかを疑問視する。発電組織に超過容量がまだあるときに，使われていない容量を使用したとしても誰も何も失わない。だから，遊休容量が存在している場合には，エネルギーに対する妥当な料金は機械などの資本費用（**固定費用**〔fixed cost〕）ではなくて，機械を追加して稼働するのに必要となってくる**維持費**（running cost）（**可変費用**；variable cost）であろうと経済学者はいうのである。

　この一連の考え方によると当然，**電力料金**（electricity charge）は最大電力時には高くて最大電力時外には低くなるという，時間によって異なる電力料金を考えるようになる。（容量を生み出している）資本設備と結びついた料金は，

最大電力時に適正に焦点をあてて設定すべきである。なぜなら発電需要がこうした時間帯に集中的に増加した場合，その需要に合わせるにあたり実際に追加容量のための装置を備えつけておかなければならないからである。そしてそうした場合に備えた新しい容量のための設備を据えつけないとしたら，既存容量の限度内に需要を抑制するために，最大電力時のエネルギー価格を引き上げざるを得なくなろう。

　これらの概念を実際にどのように用いるかを明らかにするべく一つの例を示そう。（同種の火力発電所の）新しい容量がキロワット当たり800ドルかかり，適切な割引率 r が10％であり，そしてこの設備の適切な**減価償却率**（depreciation rate）δ が年当たり5％であると想定しよう[1]。この時，新しい電力の追加容量を正当化するため求められる**必要便益**（necessary benefit）は〔(0.15)・(800ドル)〕，すなわち年当たり120ドルである。もしそのような年間便益を生じさせない容量が追加されると，その投資は正当化されなくなる。それゆえ，1年あたり120ドルの便益を生むことが新しい容量増から期待されるべき目標収入であると念頭に置く必要がある。どのようにしたらこの収入を得ると考えられるか。それは最大電力時のエネルギーの売上からである。こうして，この電力組織の最大電力が1年あたり3000時間であるとすると，必要とされる**最大電力時課徴金**（サーチャージ）（peak-time surcharge）はキロワット時当たり4セント（$= \dfrac{120 \text{ドル}}{3000 \text{時間}}$）となろう。

　そして最大電力時が2000時間であったとすると，適切な最大電力時課徴金（サーチャージ）はキロワット時当たり6セント（$= \dfrac{120 \text{ドル}}{2000 \text{時間}}$）となるであろう。

　最大電力時2000時間という後者の仮定を続けよう。エネルギーの「**標準費用**（standard cost）」は最大電力時外にはキロワット時当たり4セントであり，

---

[1] 本章冒頭で述べたように新たな投資をする場合，その資金を別の事業に合理的に用いた際得られる収益かそれ以上の収益をもたらすか否か，その収益率を考えねばならなかった。この収益率を広くみたものが割引率であった。また，建物，設備などの固定資産はその使用や時の経過によりその価値が減少（減価）する。これを費用として計上し，各期に配分していく手続きを**減価償却**（depreciation）という。この減価償却分も投資をした場合には回収すべきものであることから減価償却率分も，割引率と同様に，新たな投資で生み出された便益で賄う必要がでてくるのである。

また最大電力時2000時間では10セント（＝稼働費の4セントに最大電力時課徴金（サーチャージ）6セントを加えたもの）である。次の段階はこの仮定をさまざまな水力発電事業に対して適用することである。（ここまでは表題の修飾語「同種の」を反映した火力発電所をまだわずかしか扱っていないことを注意しておいてほしい。）われわれは順に，流れ込み式水力発電事業，貯水池式水力発電事業，そして季節的水力発電堰事業を考察していく。

第3節　流れ込み式（自流式）水力発電事業

(1) 流れ込み式（自流式）水力発電事業とは

　流れ込み式（自流式）水力発電事業の重要な特徴は表題に事実上含まれている。すなわち，エネルギーが「流れる」川の水を使って生み出されるのである。概して，**流れ込み式（自流式）水力発電**（run-of-the-stream hydro）事業は，水が丘を下って流れていたり，滝を通じて流れていたりするような傾斜面の状態にある。こうした水力発電事業は通常は，水を傾斜面の上部から下部に運ぶ大きな管（ダムから発電所への導水路）を通じて運ぶものである。そしてそれによって，丘の麓にある1つかそれ以上の**流体のエネルギーによる回転式原動機（タービン）**（turbine）を直接動かす。その流れている水がタービンを回転させて，そして電力エネルギーを発生させるのである。

(2) 流れ込み式（自流式）水力発電の便益と費用

　こうした流れ込み式水力発電事業の便益を評価するために，通常は，年間8760時間（＝24時間×365日）すべてを通じて，その事業の**タービン容量**（turbine capacity）が完全に用いられるという純粋な仮説から始める。次に，この時間を最大電力時使用の2000時間と最大電力時外使用の6760時間に分ける。この事情は後掲の**図6-3**に部分的に図示されている。この情報を用いると，われわれはタービン容量のキロワットについて**表6-1**の数値を得る。すなわち，最大電力時には2000時間・キロワット時当たり10セント＝200ドルを，最大電力時外には，6760時間・キロワット時当たり4セント＝270.40ドルを生み出し，年間では合計キロワット当たり470.40ドルとなる。

表 6-1　流れ込み（自流式）水力発電からの便益

電力状況	稼働時間	標準費用 （キロワット時当たり）	便　　益 （キロワット当たり）
最大電力時	2000 時間	10 セント	200　ドル
最大電力外時	6760 時間	4 セント	270.40 ドル
合　　計	8760 時間		470.40 ドル

いま年間キロワット当たり 470.40 ドルとは，取りつけられた容量によって生み出されるものであり，それが常時完全に用いられたときのことである。もちろん，実際には決してそうならないのである。降雨そしてあるいは雪解けの変化が反映し，主として，年間のうち季節によって，川の流れは常に著しく変化するからである。したがって，概ね，取りつけられたタービンはその全容量の一部だけを用いられることになろう。われわれの例では，簡単にその一部使用が 60％ であると仮定しよう。したがって，

　　見積もり便益 = 0.6×470.40 ドル = 282.24 ドル

となる。これらの便益を流れ込み式水力発電事業の分析表に取り入れ，その事業の建設期の資本費用を控除し，その稼働期間の維持費と（かなり少額ではあるが）稼働費用を加算する。その結果は最大電力時課徴金 6 セントに由来している同一の割引率（ここでは 10％）をもちろん用いて，われわれが評価しうる事業分析表に掲げられる。

(3) タービン容量と処理される川の流量の関係

読者は上述のように考えると，分析は発電のために取りつけられている容量の「キロワット当たり」でなされ，年間用いられると期待される容量の一部（この場合 60％）しか使われていないことに気づくかもしれない。しかし，この特徴に焦点をあてると，なぜ 40％ あるいは 80％ ではなくて 60％ なのかとすぐに疑問に思うであろう。この疑問こそがいま取りかかろうとしていることである。

第一に，現実世界ではいかなるところでも，その答えが問題となっている川の流れ（そして立地）の水文学（水の発生・循環・属性を取り扱う地学の一部門）的特徴に依拠していることを認識する必要がある。川の流れがかなり安定

していて，年間を通じた一日の流量の最低と最高の差がわずか20％あるいは30％という河川があるかもしれない。こうした場合には，どれくらいのキロワットのタービン容量を取りつけるかについて，そう広範な選択幅はいらないことになる。

　しかし現実世界でこうした場合を見い出すことは困難であろう。たいていの河川やその流れは，雨期（あるいは大規模な雪解け期）にはかなり激しい流れになりやすい。いくつかの河川や川の流れは年間の乾期には完全に干しあがりさえする。そしてほとんどについて，最低量の流れは最高量の流れのごくささやかな部分にすぎないのである。

　したがって，代表的な流れ込み式（自流式）水力発電事業の立案者たちは，選択という深刻な問題に直面する。彼らが年間の川の流れをほとんどすべて使用するべく事業を創設した場合，大雨の季節の川の流れを処理するのに耐えうるタービン容量を据えつけなければならない。しかしそうなると，年間の（ほとんどの期間となる）残りの時期には，川の流れがもっと低位になり，取りつけたタービンの大部分は稼働期間の多くで使用されないままとなるであろう。反対に，事業立案者がタービン容量の使用割合を高くしたい場合には，年間のうち主として乾期における川の流量に合わせたタービン容量を取りつけなければならなくなる。そうすると，最終的にはほとんど常時，タービンを使用することになるだろう。しかしこれでは川の流れの年間水量の多くを無駄にしてしまうであろう。こうして葛藤が生まれてしまう。つまり，タービン容量を大きく設定してしまうと，多くの時間，タービン容量の多くを使用させないことになってしまう。また，タービン容量を小さく設定してしまうと，問題はタービン容量の一部を使用しなくなるというのではなく，むしろ川の水を処理できるタービンを単に持っていないという理由で多くの水が（電力を発生させるために）使われずに流れて行ってしまうのである。

(4) タービン取り付け費用とタービン容量の最適化

　この葛藤は，便益を費用と比較検討するという経済的な問題を提示することになる。この問題は，どれくらいのタービン容量を取りつけるかでいかなる選択がなされようとも，タービン容量が**最低の経済的費用**（the lowest economic cost）で取りつけられるように，立案段階で最もよく検討されることとなる。この問題を解決するために必要とされる重要な事実は，①年間を通して期間ごとに（たぶん日々）期待される川の流れ（見通し）の図表(グラフ)である。このグラフはおそらくもっとも雨の降る季節に山が1つあり，そして（もっとも乾燥した時期に）谷があることになるであろう。タービン容量の追加による便益は，タービン容量の追加を連続的に増加させようとするにつれて，だんだんと小さくなってくる。川の流れが期待最低量よりも少ない限り，最初のタービン容量の電力は100％の使用が約束されるであろう。逆に容量を追加する最終段階のタービン容量の電力は，川の流れがまさに最高位である期間の2，3日だけしか使用が約束されないであろう。だから同じように，タービン容量の電力が使い始められたころでは，便益は十分に費用を超えるであろう。一方で，年間のわずか2，3日だけしか使用されないと見込まれるタービン容量を追加する場合には，費用がほとんど確実に便益を超過してしまうであろう。そこで，これら極端の間のどこかに，**タービン容量の最適水準**（optimum level for turbine capacity）が見い出されうるはずである。それはタービン容量を連続的に増加していくときに便益が費用を超過するまでの時点と，連続的に増加していくときに費用が便益を超過しない時点である。これはいかなる流れ込み式（自流式）水力発電事業を立案するにあたってもなされるはずの算定である。明らかに，それは本節の最初の部分で述べた手法を繰り返して適用することである。そしてそうした最大の期待**純現在価値**（net present value）（すなわち，便益の現在価値が費用の現在価値に対して最も大きな超過が期待される超過分）を生み出すタービン容量を選択することが究極の選択なのである。

第4節　貯水池式水力発電事業

(1) 流れ込み式水力発電事業の生み出す価値

貯水池式水力発電事業（daily reservoir hydro project）は，立案段階かもしくはそれ以降の段階のいずれかで，流れ込み式（自流式）水力発電事業に対して付け加えられる事業の一種と考えられる。ここでまず，すでに稼働している流れ込み式（自流式）水力発電事業があると仮定しよう。さらに，この既存の流

れ込み式水力発電事業が上で述べた原則に従って，その目的に照らしてうまく立案されているとしよう．

　流れ込み式（自流式）水力発電事業の場合においては**表6-1**に示されているように，取りつけられた設備によって年間の2000時間にわたり最大電力時のエネルギーが生産され，また年間の残りの6760時間で最大電力時外のエネルギーが生産されると期待された．これは，年あたり川の水の流量の約22％（$=\frac{2000}{8760}$）がキロワット時当たり10セントの価値のある電力の生産に用いられ，残りの78％（$=\frac{6760}{8760}$）がキロワット時当たりわずか4セントの価値しかない電力の生産に用いられることを意味している．

(2) 貯水池式水力発電の便益・費用

　貯水池式水力発電事業は，以下の2つの原理的目的を有している．①流れ込み式（自流式）水力発電事業では最大電力時外のエネルギーを生産するために普通に使っていた水の多くを最大電力時の生産に変換することである．そして②（流れ込み式〔自流式〕水力発電事業の場合には）無駄になってしまった水を活用することである．目的①を達成するために，流れ込み式（自流式）水力発電事業の上流に小規模な堰（ダム）が建設される．それは最大電力時外の間に貯水される．そして貯水されてから最大電力時に放水をする．このようにすると，同じ水でありながらそれはキロワット時当たり10セントのエネルギーを生産する．この水は最大電力時の生産のために変換されなければ，キロワット時当たりわずか4セントの価値しかないエネルギーを生み出して終わってしまったであろう．キロワット時当たり6セントの実際上の**純利得**（net gain）は貯水水力発電事業による主要な便益といえる．

　しかしながら，この便益はかなりの**費用**（cost）を伴う．何よりもまず，ダム自体の費用がかかる．そしてたぶん，安定した流量を下流の使用者に配水するために，この事業によるダムの下流を規制する費用がかかる．また貯水池式水力発電事業のタービンの容量の大きさが増大しないと，最大電力時の追加エネルギーの便益は，流れ込み式（自流式）水力発電事業のタービン容量がその日の川の流量で決められてしまう流れ込み式（自流式）水力発電の発電量に達するまでの大きさに制限されてしまうであろう．要するに，5メガワット（=

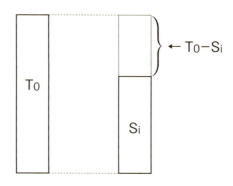

図6-2　一時間当たりタービン容量と一時間当たりの川の流量

5000キロワット）のタービン容量を持った事業が，一年のうちある時期に川の流量が上限に達せず，各最大電力時間帯に2000キロワット時しか生み出せない川の流れで発電をしているかもしれない。この5メガワットのタービン容量を持った事業は，最大電力時の1時間当たり5000キロワット時までは生み出すことができるが，タービンの容量が変化しないままであるとそれ以上の電力を生み出すことはできない。こうした便益のすべては①によるものである。明らかに，川の流れ自体が1時間あたりで5000キロワット時発生させるに十分な流量のある時期には，取りつけられている容量は流れ込み式（自流式）水力発電事業ですべて用いられることになるであろう。だから，そうした時期に貯水池式水力発電事業を追加して，最大電力時外から最大電力時に水（ゆえにエネルギー産出物）利用を移しても何も効果をもたらさないであろう。

こうして，以下の通り仮定される。

T_0 = 当初のタービン容量（キロワット表示）

S_i = 川の流れにより生じうるキロワット数で表現された i 日の一時間当たりの川の期待流量

H_{pi} = i 日の最大電力時の時間数

H_{ni} = i 日の最大電力時外の時間数（= $24 - H_{pi}$）

そこで，$H_{pi}(T_0 - S_i)$ を得る。図6-2にみられるように，$T_0 - S_i$ はタービン最大容量から現在一時間当たりの川の流れで生み出せるキロワット数を差し引いたものであるから，いまの川の流れでは一時間当たり生み出せない電力量

を示している。だから H_{pi}(T_0-S_i)はタービン容量 T が不変である場合，最大電力時外から最大電力時に変換されうるキロワット時の最大値を表している。これが最大値である。なぜならば，川の流れがかなり低位の時期には，一日を通じての川の流れが低位であるので，最大電力時には $H_{pi}T$ の電力量に達しないかもしれないからである。

最大電力時外から最大電力時に移して利用できる水量は $H_{ni} S_i$ だけであり，これは最大電力時外の水の流れの総量である。このことすべては，$T_0 > S_i$ の場合，既存の流れ込み式水力発電事業で実際に生み出される最大電力時外のエネルギーを表している。$S_i > T_0$ の場合には，処理可能能力よりも川の流量が多すぎるということで，差額 (S_i-T_0)H_{ni} は，元来の流れ込み式水力発電事業での電力をまったく生み出すことなく，ただ流れて行ってしまう水を表していることになる。タービン容量が増大して，その容量増大分 ΔT によって H_{pi}($T_0 + \Delta T$) > 24 S_i となる場合，24 時間の流量をタービン容量の増加で処理できるようになったことを意味し，ΔT の容量増大の場合には一日の川の流量全体（= 24 S_i）が最大電力時の間，発電に使われうることを意味している。これには，最大電力時外のエネルギーを生み出す必要がないためこれまでは無駄になっていた水をすべて移したものと，タービン容量が限られていたために，「無駄になってしまった」水を加えたものが含まれている。**貯水池式水力発電事業の i 日についての便益**（benefit for day i of the DR project）は，したがって，元来の流れ込み式（自流式）水力発電事業が生産したであろうエネルギー価値を超過した価値といえる。

H_{pi}($T_0 + \Delta T$) が 24 S_i よりも小さいような日，つまり最大電力時のタービン最大容量が一日の流量より小さい日には，ΔT 容量を増やした事業によっても，最大電力時にその日の水の流れすべてを使い切れないであろう。しかし，最大電力時に最大電力時外の時間を加えると，川の流量すべてを利用できそうである。この場合，**貯水池式水力発電事業の i 日についての総便益**（gross benefit for day i of the DR project）は，したがって，H_{pi}($T_0 + \Delta T$)，つまり最大電力時に最大容量で処理する川の流量にエネルギーの最大電力時価格を掛けて，それに，〔24 S_i-H_p($T_0 + \Delta T$)〕にエネルギーの最大電力時外価格を掛けたものを，加算したものによって測定されるであろう。〔24 S_i-H_p($T_0 +$

ΔT）〕で表されているのは，利用可能な川の水量（$= 24\, S_i$）から最大電力時エネルギーを発生するために用いられたその量$= H_p\,(T_0 + \Delta T)$を差し引いたもの，つまり最大電力時外に処理される川の水量を表している。ここから，前と同じように，元々存在していた流れ込み式（自流式）水力発電事業が生産しているエネルギーの価値を差し引かねばならないのである。

　流れ込み式（自流式）水力発電事業について，タービン容量の最適水準 T を決定するために**別の最適化**（separate optimization）がなされなければならなかったのとちょうど同じように，ここでもタービン容量の増加分，つまりΔTの最善の水準を決定するために同じ過程を踏むことになるはずである。

(3) 電力需要と維持費の関係

　これまでの流れ込み式（自流式）水力発電事業あるいは貯水池式水力発電事業のいずれの分析にも，**電力需要**（electricity demand）の考え方が入っていないことに特に注意しなければならない。こうする理由は，それがそうした事業をたいていの電力組織の稼働に適合させる方法といえるからである。後で詳しくみるように，電力組織の運営を支配している原則は，電力需要が低いときはキロワット時当たりの**維持費**（ランニング・コスト）（running cost；企業が景気変動に耐えて経営を続けていく際に，コストの上限や下限を予め考えておく費用）が最低となるエネルギー源のみを使用するというものである。だから，エネルギー需要が増大すると，タービン容量が追加される。すでに最も安価なものは使われているので追加されるのは，最初にキロワット時当たり二番目に安価なものから始まり，続いて三番目に安いものへと向けられ，そして次々に残りの中で安いものが続いていく。発電組織は，発電需要がかなり高い（最大電力の）時だけ，最も高い維持費のかかる発電機の助けを求めることになる。

　流れ込み式（自流式）水力発電事業をいかに稼働するかだ考えているだけであれば，事実上，維持費は零（ゼロ）ということになる。エネルギーを発生させるために所与の時間に流れている水は，タービンを経て，実際に水路を通って確実に運ばれていさえすればよいのである。なぜならば流れ込み式（自流式）水力発電事業によるエネルギーはかなり安いので，発電需要が低い場合には，概ねいつも初めに用いられるからである。そして，維持および修繕時だけは中断す

るにしても，**図6-3**にみられるように，流れ込み式発電事業は一日のすべての時間，年間通じてすべて，用いられているのである。流れ込み式（自流式）水力発電事業の容量は典型的な電力組織の総容量のほんのわずかな部分を占めているだけなので，現実に常時用いられていて，エネルギー生産が発電需要に比べて不足しているという部分的な状況の時だけ用いられることなど実際的見地からは決してないのである。

貯水池式水力発電の場合にはもう一度いうが，維持費は零（ゼロ）に近い。しかし貯水池式水力発電による電力の大部分は最大電力時に使われる。だから貯水池式水力発電は，発電組織内で他のエネルギー源のすべてあるいはほとんどと，また（流れ込み式水力発電の設備とともに）維持費が最も低いような他のエネルギー源のすべてあるいはそうしたエネルギー源のほとんどすべてと一緒に機能しているのである。したがって，最大電力需要のどんな変化に対しても，貯水池式水力発電ではなく最大電力時エネルギー供給をするような他の費用のかかる発電方法によって対応してきたのである。このように，貯水池式水力発電のこれまでの分析では電力需要が考慮されなかったことを説明できるのである。

第5節　季節的水力発電堰（ダム）

(1) 季節的水力発電堰（ダム）とは

貯水池式水力発電は，所与の日あるいはそういった時の中で，水がエネルギーを生み出す必要がある時に管理者にそうした発電を使うかの意思決定させる効果をもっているのに対して，**季節的水力発電堰**（ダム）（seasonal hydro dam）は一年のある時期から別の時期にというように，水利用の時期を移すことに狙いがある。季節的水力発電堰（ダム）が注目される典型的な時期は，所与の川の流れにより生み出されるエネルギーが高い価値をもつような季節とその価値がもっと低い季節である。要するに，エネルギー需要が年間通じてかなり安定しているけれども，一年のある時期には川の流量がかなり大量になり，またある時期にはかなり少量になるのでいくつかの場合が考えられうる。また，川の流れはかなり安定しているが，おそらく冬場には照明や暖房のために，そして夏場には空気調整装置（エアコン）のために発電需要がかなり集中して生じるような場合も考えられ

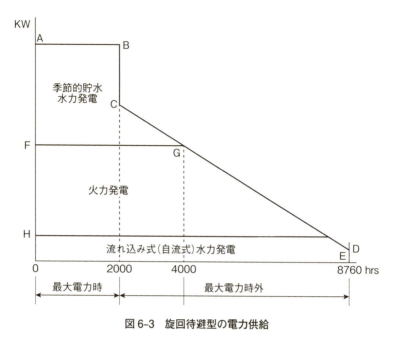

図 6-3　旋回待避型の電力供給

〔出所〕Harberger, Arnold C., *Project Evaluation*, Markham publishing Company, 1972, p. 241 の Figure 9.3.

うる。

　ここでは前節のように，同種の火力発電の容量を通じて電力を生み出す「標準的」方法である発電組織の一つとして，季節的水力発電堰(ダム)を分析する。そこでまた，この季節的水力発電堰(ダム)の標準的な容量をキロワット時当たり 4 セントの維持費，そして年間 5% の減価償却率で，キロワット当たり 800 ドルの資本費用を持つと仮定する。費用便益分析にあたっての適切な割引率は，前と同じく，10% である。

(2) 電力需要と各水力発電・火力発電の関係

　答えを出さなければならない第一の問題は，**季節的貯水式発電事業**（seasonal storage project）に用いられたエネルギーを「基底負荷」容量と考えるべきなのか，あるいは「最大電力時」容量と考えなければならないかということである。すでに貯水池式水力発電が発電組織の最大電力時エネルギーの供給

を増大させるために建設されるのであり，流れ込み式水力発電の容量が当然この発電組織の「**基底負荷**（baseload）」であるとみてきた。上述の簡単化された，同種の火力発電容量の例では，**図6-3**にみられるように，流れ込み式水力発電が基底に位置しており，同種の火力発電容量が中間を占めて，そして貯水池式水力発電がその上部を占めている，いわゆる「**旋回待避型**（stacking pattern）」であった。旋回待避とは着陸待機中の数機の飛行機が高度差をとって旋回していることで，これに例えたものである。このことは，電力需要がとても低いときには，流れ込み式水力発電だけが使われることを意味している。電力需要が流れ込み式水力発電による容量を超えるとき，その流れ込み式水力発電容量がまず完全に使用されて，そしてそれを同種の火力発電所の**電力**（output）によって必要とされる電力需要を補足するであろう。その日で電力需要が最も多い時間帯だけ，貯水池に貯水された水が流れ込み式水力発電や同種の火力発電に由来するエネルギー供給の「不足を満たす」ために用いられることになるであろう。

(3) 最大電力需要と季節的水力発電の利用背景

ここで，この旋回待避型ではどの時点で季節的水力発電容量が用いられるかという問題にやがて至ることになる。すでに，流れ込み式水力発電容量が基底に属し，そして貯水池式水力発電容量が最大電力時に使われるはずであることはわかっているので，同種の火力発電容量と季節的水力発電容量とではどちらが先に稼働されるかという問題に神経を集中できる。特に，季節的水力発電は電力供給の基底として考えられるべきなのか，あるいは最大電力時の電力需要を満たすのに妥当な方法として考えられるべきであるのか。

この問題に焦点をあてるためには，すでに1つもしくはそれ以上の季節的水力発電堰（ダム）がすでに建設されていると仮定することが最も良い方法といえる。その季節的水力発電堰（ダム）は雨期に水を貯水し，そして乾期にエネルギー源である水を配水するのである[2]。この分析をきわめて明確にそして確実なものにするた

---

[2]　あるいはまた，季節的水力発電堰（ダム）を電力需要が少ない季節（例えば冬場）に水を貯水し，そして電力需要が多い季節（例えば夏場）にそれを配水するものと考えることができる。

表 6-2　季節的水力発電の使用──基底か補完か──

事例	火力発電	水力発電	全体
A	800MW	200MW（基底）	1000MW
	↓ △400MW	↓ +400MW	
B	400MW	600MW	1000MW

めには，季節的水力発電堰（ダム）の貯水容量自体を変化させないで，その堰（ダム）をどう使うかで生み出される電力が変わってくることを心に留めておかなければならない。季節的水力発電堰が貯水できる水量は，その建設時に決定されている。しかしながら，時間帯によって生み出す必要のあるエネルギー量は概して変化しやすいものである。だから，季節的水力発電堰（ダム）は（ある限度まで）タービンを付け加える余地を残すように設計されているのである。季節的貯水式容量に同種の火力発電容量を加えたもので構成されている簡単化された発電組織では，**最大電力時電力需要**（peak demand）が，例えば1000メガワット（1メガワット〔MW〕＝1000キロワット〔KW〕）であるとしよう。季節的貯水式水力発電の容量が基底として使われる場合，その貯水は，1日24時間にわたって例えば年間9か月間，放水されるであろう。このように水を使うには，たぶん専ら200メガワットのタービン容量は必要であろう。（なぜならこの容量であれば，**表6-2**の事例Aのようにして，事実上，連続稼働できるからである。）他方，季節的貯水式水力発電堰（ダム）が最大電力時に用いられるとすると，その発電堰は限られた日だけ使われるのかもしれないし，またその限られた日のさまざまな時間帯に使用されるのかもしれない。この場合に必要とされるタービン容量は，**表6-2**事例Bにあるようにもっと大きく，例えば600メガワットとなろう。すでに掲げられている**表6-2**では，季節的貯水式水力発電を基底として用い，その基底には水力発電による200メガワットのタービン容量がついていてそれを同種の火力発電800メガワットで補完しているものを事例Aとした。あるいはまた，400メガワットの同種の火力発電容量に，すでに示したように水力発電堰（ダム）で600メガワットのタービン容量を付加できるように据えつけなければならないものを事例Bとした。事例Aから事例Bに移行するとき，われわれ

は同種の火力発電容量を400メガワット減らして，季節的貯水式堰(ダム)に400メガワットのタービン容量を加えている。ここでは費用便益分析は頭脳明晰であるとはいえない。第一に，発電所そのものに加えてその関連タービンの建設を必要とする1メガワットの同質な火力発電容量を付け加えるよりも，追加のタービンの設置場所がすでに用意されている既存の堰(ダム)に1メガワットのタービン容量を付け加えた方がより安上がりになるからである。また第二に，最大電力時に同種の火力発電容量を使うと始動費用および停止費用を伴うが，水力発電堰(ダム)ではボタンを押すだけあるいは開閉器(スイッチ)を入れたり切ったりするだけでタービンが始動したりあるいは停止するだけなので，そうした費用は零(ゼロ)なのである。

(4) 雨期の発電

　季節的水力発電の容量が，雨期にどのように使用されるかは川の流量あるいは水力発電堰(ダム)の貯水容量のような物理的条件に主として依拠している。雨期を含めて一年中，最大電力時に季節的水力発電堰(ダム)を使うことをまず考えよう。こうした季節的水力発電堰(ダム)は，処理しきれずに流れてしまう川の水が，最大電力時の電力需要を満たすために必要であることに加えて，後に使うべく貯水しておく必要があることから，使用されるのである。しかし，雨期が終わる前に堰が満水になってしまうことを想定してほしい。そのような場合，使い切れなかった水を無駄にしてしまうよりも，最大電力時でない時間帯に使う方がもっとよいのである。そのため，雨期にはいくつかの火力発電所を一部もしくは全部閉鎖して，その代わりに水力発電堰(ダム)のタービン容量を使うことをこれは意味しているのである。

　季節的水力発電と火力発電の二律背反性(トレード・オフ)に関して，もう一つ追加しなければならない点がある。表6-2の例では，選好された解は，600メガワットの季節的水力発電タービン容量に400メガワットの火力発電容量を加えたものであった。こうした事情（事例B）の下では，水力発電のタービン容量が使用されている年間のほとんどの時間で，発電組織の火力発電は容量目いっぱいで稼働されていることが明らかである。容量目いっぱいで火力発電が稼働している時間数は，「**火力発電最大電力**（thermal peak）」とよばれる。これは，われわれが前に年間2000時間と仮定した「発電組織最大電力」もしくは「発電需要最大

電力」よりも断然多いであろう。

(5) 電力需要増と火力発電容量の追加・最大電力時課徴金(サーチャージ)

いま話を前に戻し,年間発電組織最大電力の 2000 時間にわたって適用され,キロワット時当たり 6 セントの最大電力時課徴金(サーチャージ)が課されるという考え方の背後にある論理を問うてみよう。その論理は,(同質な)火力発電のタービン容量がさらに必要になるのは,最大電力時に電力需要が増大するからというものであった。したがって,最大電力時エネルギーの**稀少価値**(scarcity value)に対しては火力発電容量の維持費(キロワット時当たり 4 セント)ばかりでなく,資本費用も含まれるはずである。そこでわれわれはキロワット時当たり 6 セントの最大電力時課徴金(サーチャージ)を得たのである。それはまず,火力発電容量の年間資本費用をキロワット当たり 120 ドル(= 0.15 × キロワット当たり 800 ドル;資本費用を 800 ドル,0.05 は減価償却率,そして 0.1 が割引率と設定したことを思い起こされよ)と算定し,それからこの 120 ドルを発電組織の最大電力時間 2000 時間で割ったものとして求められる。この算定によって,もはや季節的水力発電容量は相当量あっても意味がないものということになる。いま火力発電の最大電力期がかなり長く,**図 6-3** のように例えば年間 4000 時間になっているとする。というのは,季節的水力発電堰(ダム)がちょうど発電組織の最大電力量を超える電力を生み出す容量しか有していないからである。したがって,(最大電力時でない時間帯だけでなく最大電力時間帯にも)電力需要が増大する場合,所与の水力発電貯水容量はなお最大電力あるいはそれ以上を満たすであろうが,(われわれの仮定の下では)そうした電力需要の増大があると,発電組織に同種な火力発電発電機を加えることで不足分の乖離を満たす余地が残っていることになるのである。こうして,火力発電容量の増大によって,発電組織の最大電力あるいは電力需要最大時の 2000 時間ではなくて,(また同じく火力発電が同種であるというわれわれの仮定の下では)火力発電の最大電力時の 4000 時間で稼働することになるのである。

したがって,**最大電力時課徴金**(peaktime surcharge)の算定に用いる最大電力時間は,2000 時間ではなく 4000 時間である。そして結果,課徴金(サーチャージ)は $\frac{120\text{ドル}}{2000}$ ではなく $\frac{120\text{ドル}}{4000}$ と計算されるので,キロワット時当たり 6 セントで

はなく，3セントとなるのである。最大電力時間は 2000 時間ではなく 4000 時間に引き伸ばされはしたが，資本費用を賄うために徴収される総額は，以前と同じように，年間キロワット当たり 120 ドルとぴったりと同額になる。なぜか。なぜならこの時間というのは新たに付け加えられた同種の火力発電所の稼働が見込まれる時間数であり，資本費用とは直接関係がないからである。

第6節　現代電力経済学の教え

(1) 時間帯価格の採用

　ここまで，最大電力時でない時のエネルギー価格がその維持費（ここではキロワット時当たり4セント）と同額であり，そして最大電力時のエネルギー価格が維持費にキロワット時当たり（季節的水力発電のない場合）6セントもしくは（季節的水力発電のある場合）3セントという最大電力時課徴金(サーチャージ)を加えたものと同額であるという仮定に基づいて議論を進めてきた。こうした仮定は経済学的に意味があり，1950 年代初頭にフランス電力で働きまた研究していたフランス人経営・管理職にある専門技術者によって始められた経済分析の一部門である**現代電力経済学**（modern electricity economics）の教えをわれわれは簡単な例でみてきたといえよう。彼らは**電力の真の経済的限界費用**（true economic marginal cost of electricity）が当然，その日の時間帯によって，その週の日によって，そしてその年の多くの季節によって異なるという重大なことを見抜いたのである。そしてこうした電力費用の変化が電力エネルギーの使用者によって支払われる価格に反映されるはずだと勧告したのであった。フランスでは 1950 年代に電力の**時間帯価格**（time-pricing）をすでに始めていた。この革新的ともいえる時間帯価格は，（おそらく現在までにほとんどとさえいえる）国々で採用された。時間帯価格は当初，大規模産業の電力使用者や大規模商業の電力使用者によって概して採用され，そして次第に国内顧客に部分的に広がった。しかし今日までに，家庭向けのエネルギーにも時間帯価格はかなり広がっている。私はカリフォルニア州の大手電力会社の一つである**サザンカリフォルニア・エジソン社**（Southern California Edison）に最大電力時間帯の使用と最大電力時外の使用と別々に，1990 年代半ば以来，年間さまざまな

季節についてさまざまな料金で，支払いをしてきている。

(2) 発電事業の便益の測定値

しかし，時間帯価格が使われておらず，それゆえに価格体系が**真の経済的費用**（true economic cost）を反映していない場合にはどうするか。答えはきわめて簡単である。電力使用者の支払う価格がエネルギーの真の経済的費用を反映していないという事実によっては，電力エネルギーの真の費用は変化しないのである。最大電力時エネルギーが何人かの使用者に無料とされても，われわれの例での最大電力時エネルギーには（季節的水力発電のない場合）キロワット時当たり10セントの費用を要し，あるいは（季節的水力発電のある場合）キロワット時当たり7セントの費用を要するという事実は変えられないのである。

そして（発電事業が流れ込み式水力発電もしくは貯水池式水力発電あるいは季節的貯水発電いずれであっても）水力発電事業の**便益の測定値**（measure of the benefit）は，結局は節約することになる火力発電から生じる費用額に基づいているので，「電力価格」が4セント，10セント，そして7セントであると仮定した算定はすべて有効なままなのである。しかしここで，そのように仮定された電力価格は適切な仮定条件の下で発電組織の電力の限界費用を測定した値と認識されるべきである。当該事業の直接便益の測定値は，新しい事業を遂行した際に加算される費用の節約分として得られるのである。

電力経済学に取り組んで不安なくいられるには一定の努力を要することを本書の読者はすでに理解されているであろう。本章でわれわれが歩んできた道は，電力に関する費用便益分析という課題の複雑さに挑む扉をかろうじて開くだけである。しかし私は本章で分析してきたような導入がこうした課題を直感的に理解しようとしている人にとっては必要であると確信している。現実世界に近い場合をもたらすような仮定を設定すると，本章はさらに現実に近いものに深められていくであろう。

第7章

電力事業の費用便益分析への追加

　本章は第6章の「電力事業分析の基礎」に基づいており，第6章で簡単化された状態を現実世界に近づけるべく，設定する際に多くの場合に問題とされる簡単化された状態への一連の追加要素を紹介している。しかしながら，こうすると分析の複雑さを増してしまうが，そうした犠牲を払ってでもこうした追加をすることには妥当性がある。前章で，電力事業の費用便益分析に関する直観的な認識力を十分に身につけられると思われるので，ここで加わる複雑さを読者に難なく受け入れてもらえると私は思っている。

第1節　異種の火力発電の容量──特徴が最もよく表れる接近法

(1) 現実的な異種の火力発電での検討

　火力発電容量を同種にするという第6章での仮定によって，同章では分析した水力発電事業それぞれに対する「標準的な他の発電方法」を容易に説明できた。この仮定を本章ではやめる。そしてより現実的に仮定して，**異種の火力発電容量**（heterogeneous thermal capacity）を採用する。しかし各火力発電容量を異種のものとする仮定を導入するにあたっては，2つの別々のやり方をとる。一つは発電組織に追加される**火力発電所**（thermal plant）の特徴が時の経過とともに変わっていくと考えるやり方である。そしていま一つは，発電組織内でさまざまな機能的役割を持つ火力発電所のさまざまな設計上の特徴に注目するやり方である。

　本節では，第一にあげた火力発電の異種性を問題にする。ここでは，火力発電組織を形成する発電所は始動開始年がさまざまであり，その発電能力はやが

て弱まっていくと仮定される。最も古い火力発電所は「火力的には最も効率的」ではないとされ，そのためにキロワット当たり最も高い**維持費**（running cost）がかかるのである。最も新しい火力発電所は最も効率的であるとされていて，そのためキロワット当たりの維持費は最も低いのである。

　こうした仮定によって，（流れ込み式水力発電の発電容量が完全に用いられた後，）最新の火力発電所が最初に稼働される火力発電所となる，第6章で述べた「旋回待避型」が導入されるのである。これに二番目の新しい火力発電所，そして三番目の新しい火力発電所，そして四番目の新しい火力発電所と続いていくであろう。そして，始動時期の古い火力発電所が次々と稼働するにつれて維持費は徐々に上がるのである。ここまでは理解するのが難しいということはない。電力需要の水準がいかなる水準であっても，最低の維持費で電力需要を満たすような電気を生み出す設備を組み合わせて使おうとする考え方をまったくもって適用したにすぎないからである。

(2) 最大電力需要，発電能力の維持，そして維持費の節約

　しかしいま，第6章で基盤に置かれていた脚本を修正しなければならない。そこで，新たな発電所を加えるというとき，その当然の機能は新たに発電所を追加しないと満たされない**「火力発電最大電力時」**電力需要（"thermal peak" of demand）を満たすことであった。追加設備は既存の火力発電所と完全に同種であるので，この追加発電所を，現時点で稼働する最後の発電所と考えるのが適切であった。しかしながらいま，最新の発電所が最古の発電所よりもいっそう効率的なものであると仮定している。したがって発電所を新たに設置した場合，それは効率性の観点からすると，現時点で稼動している最後の発電所ではなく，最初の火力発電所ということになるのである。

　このような機能の転換は新しい可能性を生み出す。すなわち，新しい火力発電所（例えば発電所E）を発電所A，B，C，そしてDで当初構成されている発電所に加えることは意義あることになろう。それはたとえ発電組織へのエネルギー需要が（例えば時の経過とともに増加していないで）同じままであったとしてもである。このような場合，こうした発電所を追加する動機は専ら**維持費の節減**（saving of running cost）にある。「新しい」発電組織が「古い」発

表7-1 発電組織への電力需要が一定で，新規火力発電所の正当化される場合

パネル1	「古い」発電組織				
		生産電力量 (メガワット時)	維持費 (キロワット時当たり)		維持費総額 (発電所当たり)
発 電 所	D	300,000	3	セント	9 百万ドル
発 電 所	C	240,000	$3\frac{1}{2}$	セント	8.4 百万ドル
発 電 所	B	180,000	4	セント	7.2 百万ドル
発 電 所	A	120,000	5	セント	6 百万ドル
火力発電所維持費総額					30.6 百万ドル

パネル2	「新しい」発電組織				
		生産電力量 (メガワット時)	維持費 (キロワット時当たり)		維持費総額 (発電所当たり)
発 電 所	E	300,000	$2\frac{1}{2}$	セント	7.5 百万ドル
発 電 所	D	240,000	3	セント	7.2 百万ドル
発 電 所	C	180,000	$3\frac{1}{2}$	セント	6.3 百万ドル
発 電 所	B	120,000	4	セント	4.8 百万ドル
火力発電所維持費総額					25.8 百万ドル
維持費の節約 =					4.8 百万ドル/年
発電所Eの資本費単価 @ 600ドル/KW × 50 MW =					30 百万ドル

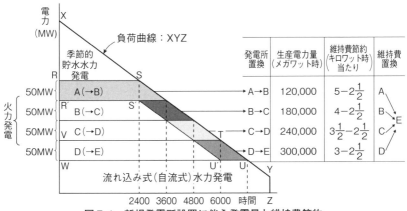

図7-1 新規発電所設置に伴う発電量と維持費節約

(注) 図の「A (→B)」は表7-1のパネル1の発電所Aをパネル2の発電所Bに代替することを表している。以下同様に使用。

○新規発電所Eの設置前には発電所A，B，C，Dで，□RSUWの発電量があった。新規発電所Eが設置されると発電所Aが除却され，元来の発電所B，C，Dは□RSTV発電するが，残りの□VTUWの発電は新規発電所Eが担うことになる。この□VTUWは□RSUU'S'R'(彩色部分)と等しく，新規発電所E設置前の発電量□RSUWのうち，新規発電所Eが□VTUW発電し，これにより発電量は同じままで，維持費が新規発電所E設置に伴い節約されていることが，図7-1から明らかになる。

第7章 電力事業の費用便益分析への追加

電組織をこえたエネルギーを生み出さないとすると，そういった時には，キロワット時の値は変化しないが，維持費の節減が発電所Eの建設を正当化することになろう。

　表7-1ないし図7-1は，発電組織へのエネルギー需要が増大しない場合でさえあっても，新しい発電所（ここでは発電所E）の設置がどれほど正当化されるかを説明するものである。表7-1は発電組織の火力発電部分のみを問題としている。そこでは図7-1により明らかなように，流れ込み式水力発電の容量が**基底負荷**（baseload）として役目を果たしている。貯水池式水力発電の容量もしくは季節的貯水式発電の容量は最大電力時にその役目を果たすかもしれないが，発電組織の発電需要が変化しているわけではないので，それら発電容量の役目は同じままとされるのは至極当然といえよう。

　表7-1の「古い」発電組織（"old" system）（パネル1）は発電所Eがこの時点で建設されなかった場合に何が起こるかを示しており，一方「新しい」発電組織（"new" system）（パネル2）は発電所Eが実際に建設された場合に何が起こるかを表している。数値は，投資がなされた場合に発電所が稼働する第一年の値を示している。

　パネル1には発電所Eが建設されない場合に一般的といえる**旋回待避型**（stacking pattern）が示されている。各発電所は50メガワットの**発電容量**（capacity）を有していると仮定されている。そこでパネル1では，発電所D（最新の発電所）が6000時間，発電所Cが4800時間，発電所Bが3600時間，そして発電所Aが2400時間稼働しているとされる。これらに50メガワットを掛ける。それはパネル1の第1列に示された**メガワット時**（megawatt hour）を得るためにである[1]。キロワットあたりの**仮定された維持費**（assumed running cost）は第2列に示されていて，また各発電所の**維持費総額**（total running cost）は第3列にある。（なお1メガワット時が1,000キロワット時に等しいことを思い起こしてほしい。だからパネル1の発電所Dの維持費総額9百万ドル＝キロワット当たり3セント×〔3,000キロワット時×1,000〕ということになる。）

　パネル2には，発電組織の電力需要が少しも増大しないときに，発電所E建設事業が企図された場合に起こりうることが示されている。図7-1のように，

発電所はすべて50メガワットの容量を有していると仮定されていて，また発電組織の電力需要は不変のままとされているので，発電所Eを追加した純効果は，発電所Aが除却される（か，あるいはその役割を待機させられる）ものとなろう。こうして発電所Eは稼働している発電所では第一位の火力発電所となり，発電所Bは最下位の火力発電所となる。その結果，発電組織維持費はパネル1におけるよりも結局低くなり，表7-1に掲げられているように，年間維持費節約額は4.8百万ドル（＝30.6百万ドル－25.8百万ドル）となる。発電所Eの建設に係る資本費用がキロワット当たり600ドルである場合，50メガワット発電所には総額30百万ドルかかることになり，第6章で適用した基準（割引率10％＋同発電所の減価償却率5％）を用いると，発電所E建設事業は価値あるものだということが明らかにされよう。要するに現実の収益が4.8百万ドルと見積もられるのに対して，発電所Eに求められる年間資本収益は4.5百万ドル（＝30百万ドル×〔0.1＋0.05〕）となるのである。

(3) 新発電所置き換えに伴う便益と費用節約総額との関係

この4.8百万ドルの便益の構成がどうなっているかに言及するために時間を割く価値は十分にあろう。**表7-1**の2つのパネルを一見し，**図7-1**をあわせてみると，パネル2において，発電所Eはパネル1で発電所Dが演じている役割を占めており，発電所Dはパネル1の発電所Cの役割を，発電所Cは前のパネルで発電所Bが演じていた役割を占めており，そして発電所Bは前パネルで発電所Aが演じていた役割を占めていることがわかる。これは2つの

---

1) 第6章でもふれたが，メガワットは電力の単位であり，100メガワットは10メガワットの10倍の電力が流れることを表している。メガワット時は電力量の単位であり，10メガワットの電力を10時間使用した時と100メガワットの電力を1時間使用した時の電力量はともに100メガワット時であり，諸条件を一定した電気代で考えると同額になるといえる。このようにして，表7-1のパネル1の数値は，発電所Dは50メガワット×6,000時間稼働で300,000メガワット時，発電所Cは50メガワット×4,800時間稼働で240,000メガワット時，発電所Bは50メガワット×3,600時間稼働で180,000メガワット時，そして発電所Aは50メガワット×2,400時間稼働で120,000メガワット時と算定されるのである。

パネルの違いをきわめて正確に説明している。しかし，新規発電所 E がそれまで発電所 D の占めていた場所に代わってただ据えられると考えるのでは，その変化を十分に説明したとはいえない。重箱の隅に至るまで洞察するためには，ここで発電組織に導入されたのは発電所 E であるという事実に焦点をあてなければならない。次に，発電所 E が 300,000 メガワット時発電するにあたり，電力を生み出すためにどのような源泉が事実上，置き換わっているかを問わなければならない。その答えは，ここでパネル 1 からパネル 2 に移動するときに，**図 7-1** をみるとその他の発電所それぞれの**電力量**（output）にどんな変化がみられたかを考えることで明らかにできる。発電所 A が 120,000 メガワット時すべてを失う一方で，発電所 D，C，そして B はそれぞれ電力量 60,000 メガワット時を「失う」というのが答えであり，それは**図 7-1** では彩色部分として示されている。これら損失分を合計すると（120,000 + 60,000 × 3）= 300,000 メガワット時となり，パネル 2 で発電所 E により発電された 300,000 メガワット時ぴったりとなるのである。

しかしこれは始まりに過ぎない。発電所 E が発電所 D の 60,000 メガワット時にとって代わるとき，維持費の節約はキロワット時当たり $\frac{1}{2}$ セントすなわちメガワット時当たり 5 ドルである。発電所 E が発電所 C と代替されると，メガワット時当たり 10 ドル費用節約となる。発電所 E が発電所 B と代替されたときには，**表 7-1** によると，発電所 E の維持費は $2\frac{1}{2}$ セントで，発電所 B の元々（パネル 1）の維持費は 4 セントであるから，発電所を置き換えることで，維持費はキロワット時当たり $4 - 2\frac{1}{2} = 1\frac{1}{2}$ セント節約となる。これはメガワット時当たり 15 ドルの節約ということになる。そして最後に，発電所 E と発電所 A の置き換えによる維持費の節約はキロワット時当たり $2\frac{1}{2}$ セントで，これはメガワット時当たり 25 ドルである。ここであたかも魔法にかかったかのように，計算上の維持費節約は〔(5 ドル × 60,000) + (10 ドル × 60,000) + (15 ドル × 60,000) + (25 ドル × 120,000)〕となるので，結果は〔300,000 ドル + 600,000 ドル + 900,000 ドル + 3,000,000 ドル = 4,800,000 ドル〕であり，それは**表 7-1** で直接計算した維持費の総額節約分の 4.8 百万ドルとちょうど（そして必然的に）等しくなるのである。

こうして，**t 年における費用節約**（cost saving for any year t）は，

$$\sum_j H_{jt}(C_j - C_n)$$

と表すことができる。ここで C_n は新規発電所 n のキロワット時当たり維持費であり、C_j は旧来の発電所 j のキロワット時当たり維持費であり、そして H_{jt} は t 年中に発電所 j が新規発電所 n の建設によって置き換えられる際のキロワット時当たりの数値（電力量）である。

第2節　最大電力エネルギーをもたらす経済的費用

(1) 電力需要不変の場合の電力供給

　上の分析は，すべての場合について，発電需要総量が新規発電所の「設置されないとき」と「設置されたとき」で同じであるとして，修正をされないでなされている。しかしながら，それはむしろ特殊な場合といえる。一般的な場合にどうなるかという手がかりは，第6章では新規発電所での電力量が，100%火力発電最大電力時のエネルギー生産に向けられていること，また**最大電力時課徴金**（peaktime surcharge）が正当化された（火力発電最大電力時の需要増を賄うことをもくろんだ）新規発電所の投資にはどんな課徴金がふさわしいかを実際に考えて算定されていることを思い出してもらうと得られるのである。

　表7-2 および**表7-4** では，発電所 E への投資は発電組織への電力需要が増えない場合には正当化されないが，発電組織への電力需要が十分に増大している場合には正当化されるとしている。**表7-2** は，**表7-1** の計算を繰り返しているだけなので，説明を要しないであろうが，各発電所での電力量が**表7-1** より低い場合が掲げられている。いま**表7-2** のパネル1では，発電所 D は**表7-1** のパネル1の 300,000 メガワット時より少なくなり 200,000 メガワット時しか生み出していない。同様に，その他の発電所それぞれが，**表7-1** にある電力量の $\frac{2}{3}$ だけになっている。これは発電組織でのさまざまな電力需要の特性を明快に反映したものといえよう。**表7-2** のパネル1では発電所 D は**表7-1** の年間 6000 時間稼働して 50 メガワット×6000 時間＝300,000 キロワット時電力量が生まれるのではなく，4,000 時間稼働して 50 メガワット×4000 時間＝200,000 メガワット時の電力量が生まれるのである。そして発電所 A は**表7-1**

の2400時間ではなく，表7-2のパネル1では1600時間稼働していて，50メガワット×1600時間＝80,000メガワット時電力量が生まれ出るのである。

(2) 電力需要増大の場合——最大電力時課徴金（サーチャージ）と最大電力時価格

このような発電組織で，発電組織への電力需要がその期を通じて一定であるとすると，発電所Eは不要であるという判断が費用便益分析によって下されるであろう。しかしながら，電力需要が増大していると考えてほしい。発電所Eの設置を認められないという場合，発電需要を発電所A, B, C, そしてDの合計容量内におさめるために，電力需要を抑えようとしなければならない。これをどのようにするか。もちろん，**最大電力時課徴金**（サーチャージ）(peaktime surcharge) を通じてということになる。

簡単化のために，火力発電の最大電力は，表7-2のパネル1で発電所Aが稼働していた1600時間と同じと仮定しよう。これは表7-1に比べて，表7-2は電力供給量が $\frac{2}{3}$ になるので，表7-1で発電所Aが2400時間稼働されていたことからその $\frac{2}{3}$ の1600時間と考えるわけである。そこで，いまの容量に追加する「次の」容量を正当化するためには，どれほど最大電力時課徴金（サーチャージ）をとることになるかをここで問い，最大電力時課徴金がいくらになるかを求めてみよう。

表7-2の状況に図7-1の数値を修正すれば，同図によって同じように発電組織の全体像と本章で問題としている火力発電の状況が概観できる。われわれが使ってきた10％の割引率と5％の減価償却率を用いると，第6章の脚注1)の考え方に従って，発電所Eの投資（30百万ドル）に対して，「求められる」収益は4.5百万ドル（＝30百万ドル×〔1＋0.5〕）となる。そして発電所D, C, Bの費用節約は，表7-2のパネル1からパネル2に移ることで，表7-1で求めたように表7-2でも算出すると，$\frac{1}{2}$ セント，1セント，そして $1\frac{1}{2}$ セントとなるであろう。またこれら費用節約は発電所E設置に伴い旧来の発電所それぞれの40,000メガワット時の電力量削除分に適用される。したがって，発電所D, C, Bは発電所Eが設置されて古い発電組織から新しい発電組織に移行することにより，発電所Dが200,000－160,000，発電所Cが160,000－120,000，発電所Bが120,000－80,000と表7-2のパネル1からパネル2に移ることになり，それぞれ40,000メガワット時（＝40百万キロワット時）電力量が削減される

表 7-2　発電組織への電力需要が一定で，新規火力発電所の正当化されない場合

パネル 1　「古い」発電組織

	生産電力量 (メガワット時)	維持費 (キロワット時当たり)	維持費総額 (発電所当たり)
発　電　所　D	200,000	3　セント	6　百万ドル
発　電　所　C	160,000	$3\frac{1}{2}$　セント	5.6 百万ドル
発　電　所　B	120,000	4　セント	4.8 百万ドル
発　電　所　A	80,000	5　セント	4　百万ドル
火力発電所維持費総額			20.4 百万ドル

パネル 2　「新しい」発電組織

	生産電力量 (メガワット時)	維持費 (キロワット時当たり)	維持費総額 (発電所当たり)
発　電　所　E	200,000	$2\frac{1}{2}$　セント	5　百万ドル
発　電　所　D	160,000	3　セント	4.8 百万ドル
発　電　所　C	120,000	$3\frac{1}{2}$　セント	4.2 百万ドル
発　電　所　B	80,000	4　セント	3.2 百万ドル
火力発電所維持費総額			17.2 百万ドル
維持費の節約 ＝			3.2 百万ドル/年
発電所 E の資本費単価 @ 600 ドル/KW × 50 MW ＝			30 百万ドル

ことになる。そして，それに伴う維持費の節約額自体は発電所 D と発電所 E が代替してキロワット時当たり $\frac{1}{2}$ セント＝メガワット時当たり 5 ドル，発電所 C と発電所 E が代替してキロワット時当たり 1 セント＝メガワット時当たり 10 ドル，発電所 B と発電所 E が代替してキロワット時当たり $1\frac{1}{2}$ セント＝メガワット時当たり 15 ドルであるので，それぞれ 200,000 ドル，400,000 ドル，そして 600,000 ドルとなり，その合計は 1.2 百万ドルとなる。こうして，最大電力時（1600 時間）の発電所 E のエネルギーは，発電所 E への投資が価値ある場合には，新しい電力の追加（ここでは発電所 E の設置）を正当化する必要便益 4.5 百万ドル（＝発電所 E 設置の資本費用 30 百万ドル×〔割引率 0.1 ＋減価償却率 0.05〕）から新しい電力の追加に伴い，既存の発電所の維持費節約分の合計額 1.2 百万ドルを差し引いた 3.3 百万ドルの資本収益を生じるはずである。そして発電所 E が稼動すると，1600 時間×容量 50,000 キロワット，す

なわち80百万キロワット時の電力量が生み出される。そこで（発電所Bの維持費4セントに加える）最大電力時課徴金（サーチャージ）は，3.3百万ドル÷80百万キロワット時＝キロワット時当たり4.125セントとなるはずである。**最大電力時価格**（peaktime price）はキロワット時当たり8.125セント（＝4.125セント＋4セント）となるであろう[2]。

(3) 新規発電所導入の時点と維持費節約

電力組織の最大電力が例えば（1600時間ではなくさらに縮まってその8分の5に当たる）1000時間となると，その算定はまた違ったものとなろう。この1000時間にわたる最大電力の間には，発電所Aのタービンは容量いっぱいで用いられ，電力量も8分の5となる50,000メガワット時生産されると仮定しよう。発電所Eはこの期間にわたっては発電所Aに代替されることはないが，（**表7-2**のパネル1に示されているように）発電所Aの電力量80,000メガワット時の残りの30,000メガワット時になって，（発電所Eが建設されることになれば）発電所Aは発電所Eに代替されるであろう。こうして**図7-2**に示されているように，新たな発電所Eが建設されて各発電所が置き換えられる際の電力量 H_{jt} は，発電所Bの電力量が H_{bt}，発電所Cのそれが H_{ct}，そして発電所Dのそれが H_{dt} であり，H_{bt}，H_{ct}，H_{dt} はそれぞれ40百万キロワット時（＝40,000メガワット時）である一方，発電所Eが建設されて発電所Aが置き換えられるときの電力量 H_{at} は30百万キロワット時（＝30,000メガワット時）である。こうした代替をすることによる維持費の節約額は合計1.95百万ドル（＝発電所D，C，そしてBについて200,000ドル〔＝40MW×5ドル〕＋400,000ドル〔＝40MW×10ドル〕＋600,000ドル〔＝40MW×15ドル〕，それに前のように，ここに H_{at} について算定された30,000メガワット時を償う

---

[2] 第6章ですでにみたように最大電力時のエネルギーの稀少価値は，可変費用である発電のための維持費と資本費用から求められる収益（最大電力時課徴金（サーチャージ））からなるといえる。最大電力時価格を求める場合の維持費は，発電のために最も費用を要する最も古い設備を稼働させることが最高額といえるので，ここでは最も古い発電所Bの維持費4セントを加えている。

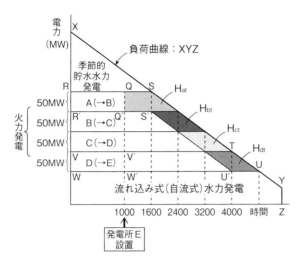

図 7-2 新規発電所設置時点と維持費節約

○図 7-2 において，発電時間 1000 時間で新規発電所 E を設置すると，元来の発電所 B，C，D は，発電所 E 設置後，▱QSTV′ の発電量をするが残りの▱V′TUW′ の発電を新規発電所 E が担うことになる。この▱V′TUW′ は▱QSUU′S′Q′（彩色部分）と等しく，図 7-1 の場合と同じように，発電量は同じであるが，維持費が節約されることになる。ただし図 7-1 との比較で，新規発電所導入時点により，維持費節約額に違いが出てくることがわかる。

発電所 A の 750,000 ドルを加えたもの[3]）と計算されよう。発電所 E への投資を正当化するのに必要な 4.5 百万ドルの便益を生み出すために，（発電所 A の維持費 5 セントを超える）最大電力時課徴金(サーチャージ)は，2.55 百万ドル（= 4.5 百万ドル − 1.95 百万ドル）の便益を生み出さなければならないであろう。そしてこの「課徴金(サーチャージ)」はキロワット時当たり 5.1 セントである。したがって，この場合の最大電力時のエネルギー価格はキロワット時当たり 10.1 セント（= 5.1 セント + 5 セント）となろう[4]）。

---

[3]　発電所 E を発電所 A と置き換えると維持費の節約は表 7-2 より，キロワット時当たり $2\frac{1}{2}$ ドルで，メガワット時当たり 25 ドルであるから，25 ドル × 30,000 メガワット時 = 750,000 ドルとなる。

(4) 最大電力時価格とそのエネルギー価値

ここで算定した最大電力時「価格」がどのような場合にも，実際に用いられる（例えば，電力会社の顧客から実際徴収される）必要があるわけではないことに読者は気づくはずである。8.125 セントあるいは 10.1 セントというように，算定された**最大電力時価格**（peaktime price）は，実際には発電所 E を建設するために適正規模で最大電力エネルギーをもたらす真の経済的費用の見積もりだからである。そして 4.5 百万ドル（＝投資 30 百万ドル×[1＋0.5]）という数値は，発電所 E に投資された資本の経済的費用を反映している。発電所 E が最大電力時に稼働するだけならば，資本費用であるこの 4.5 百万ドル全額を，最大電力期間に割り当てられなければならないであろう。しかしここでは，発電所 E が建設されることで最大電力時ではない期間の維持費が節約されてこの資本費用の大半は賄われてしまうのである。算定した最大電力時価格は，この費用の残額であり，したがって，発電所 E の投資を通じて最大電力エネルギーを供給する真の費用を反映しているといえるのである。

こうして，われわれは，発電組織最大電力 1000 時間のときに貯水池式水力発電事業がエネルギーを供給する追加便益を測定するつもりで，もしくは発電

---

4) この計算において，その電力組織に発電所 E を導入する最も良い時機は，たとえ発電所 E がすでに存在する場合であっても，発電所 A と E が発電組織最大電力の 1000 時間にわたりめいっぱい利用されるときであると想定される。このことは問題を引き起こす。電力組織の最大電力需要が 200 メガワット（＝発電所 A，B，C，そして D の容量の合計）を超過するものの，（5 つの発電所すべてが容量いっぱいで稼働している）250 メガワットには不足する間には，どのようにその電力組織を稼働させるかということである。この問題に対する経済学者の解答は，最大電力時のエネルギー価格が 3 セント（＝発電所 A の維持費）から 8.4 セント（発電所 E の導入が正当化される水準）に次第に上昇するであろうというものである。そうした最大電力時価格を引き上げる目的は，発電所 E の導入が最適になる時点までは，200 メガワットの制限内に最大電力時の発電需要をおさえるためである。しかしながらこの解答では，現実世界ではかなりの微調整を要することになる。そこで現実的解決策は，発電組織の最大電力需要が 3 セントの価格で 200 メガワットを超えそうなときはすぐに，7.9 セントで最大電力時価格を設定してしまうことである。そしてそれから発電所 A に完全に代替できる時点で，発電所 E を導入するのである。

組織最大電力1600時間のとき季節的水力発電事業がエネルギー供給を増加させる便益を測定するつもりで，最大電力時価格を用いるであろう。それゆえ，火力発電費用に基づいた最大電力時価格を算定する基本目的は，電力供給にあたり火力発電の代替エネルギー源で賄われる最大電力時エネルギーに**費用基準**（cost-based）での価値を付与することなのである。

第3節　発電所の型（タイプ）により異なる火力発電容量

(1) 火力発電の資本費用と維持費

本節では，物理的（土木工事上の）特徴に基づく火力発電所の**資本費用**（capital cost）および**維持費**（running cost）の違いを考察する。簡単化のため，われわれは3つの設備に火力発電の具体例を限定する。すなわち，**大型火力発電**（big thermal），**コンバインドサイクル発電**（複合発電;combined cycle），そして**ガスタービン発電**（gas turbine）である。石炭火力発電所の規模が異なっていたので，資本費用と維持費に著しい変動があったために，昔は設備の型によってかなり変動がみられた。この種の変動は，コンバインドサイクル発電を導入したため，かなり減ってきている。コンバインドサイクル発電は燃料に石油または天然ガスを用い，そしてエネルギーを発生するために，第一サイクルで**噴流推進機関**（ジェット・エンジン）（jet engine）あるいは同種の設備を用いる。次に第二サイクルでは**蒸気**（steam）を生み出すために第一サイクルで生み出された**熱**（heat）を用いる。こうして，第二サイクルで追加エネルギーが生み出される。コンバインドサイクル技術が登場すると，それが広範な電力需要条件の下で，最も安価に電力を生み出す方法であることがわかった。こうして，電気を発生するまさに3つの設備について，どの設備を選択するかということは現代的火力発電産業の現実をかなり忠実に反映しているのである。

3つの設備の特徴は**表7-3**のとおりである。

大型火力発電の維持費が**キロワット時当たり基準**（per-kilowatt-hour basis）ではなく，**容量キロワット当たり年基準**（annual basis per KW of capacity）で表現されていることに読者は注目するであろう。この理由は，大型石炭火力設備は発電組織の電力需要の変動に合わせて点火や消火ができないからである。

表7-3　3つの火力発電設備

発電の種別	資本費用 (K)	年間資本費用 (=0.15 × K)	維持費
大型火力	2,000ドル/KW	300ドル	年間キロワット当たり200ドル
コンバインドサイクル	1,200ドル/KW	180ドル	キロワット時当たり5セント
ガスタービン	600ドル/KW	90ドル	キロワット時当たり9セント

原子力発電の場合のように，大型火力発電の点火や消火にはかなり費用がかかるので，維持と修繕の場合のみ消火する基底負荷容量としてその特徴を生かして使っている。

表7-4では，さまざまな持続期間のエネルギー需要を満たすために，これら3つの発電での容量を用いた年間費用の総額を検討している。**表7-4**によれば，大型火力発電は7500時間継続して（取りつけられた容量のキロワット当たりで）年間エネルギー需要を満たすのには最も効率的な方法である。一方，コンバインドサイクルは年間5000時間に及ぶ電力需要について最善な方法であり，また3000時間に及ぶ場合もまた最善な方法である。しかしながら，2000時間そして1000時間継続する電力需要については，ガスタービンが最も効率的な解を示しているといえる。

(2) 発電方法選択のための臨界時間数

発電容量の型（発電方法）がさまざまあってその最善となる稼働時間数が異なるとしたら，2つの発電方法の「境界線」を区分する**臨界時間数**（critical number of hours）が存在するはずである。こうした境界線は2つの近接の容量の総費用が等しくなるところとされる。したがって，**表7-4**で例えば臨界時間数6400時間をみてみると，コンバインドサイクル発電容量の年間費用総額は年間資本費用180ドル＋年当たり維持費〔0.05ドル・(6400)〕＝500ドルであり，これは大型火力発電の容量のキロワット当たり年間総費用（年間資本費用300ドル＋年当たり維持費200ドル）とちょうど同じである。こうして，電力需要が6400時間より長い持続期間になると，**表7-4**から大型火力発電によってもっとも安上がりに電力を供給することができる。一方で電力需要が6400時間よりいくぶん短い時間継続する状態では，コンバインドサイクル発

表7-4　3つの異なった型の発生電力の場合の電力発電組織投資の意思決定

	年間資本費用/KW	年当たり維持費	総費用/KW・年当たり
年間 7500 時間使用			
大　型　火　力	300 ドル	200 ドル	500 ドル
コンバインドサイクル	180 ドル	5 セント×7500 = 375 ドル	555 ドル
ガ ス タ ー ビ ン	90 ドル	9 セント×7500 = 675 ドル	765 ドル
年間 5000 時間使用			
大　型　火　力	300 ドル	200 ドル	500 ドル
コンバインドサイクル	180 ドル	5 セント×5000 = 250 ドル	430 ドル
ガ ス タ ー ビ ン	90 ドル	9 セント×5000 = 450 ドル	540 ドル
年間 3000 時間使用			
大　型　火　力	300 ドル	200 ドル	500 ドル
コンバインドサイクル	180 ドル	5 セント×3000 = 150 ドル	330 ドル
ガ ス タ ー ビ ン	90 ドル	9 セント×3000 = 270 ドル	360 ドル
年間 2000 時間使用			
大　型　火　力	300 ドル	200 ドル	500 ドル
コンバインドサイクル	180 ドル	5 セント×2000 = 100 ドル	280 ドル
ガ ス タ ー ビ ン	90 ドル	9 セント×2000 = 180 ドル	270 ドル
年間 1000 時間使用			
大　型　火　力	300 ドル	200 ドル	500 ドル
コンバインドサイクル	180 ドル	5 セント×1000 = 50 ドル	230 ドル
ガ ス タ ー ビ ン	90 ドル	9 セント×1000 = 90 ドル	180 ドル

火力発電とコンバインドサイクルの境界線

$$300 \text{ ドル} + 200 \text{ ドル} = 180 \text{ ドル} + 0.05 N_1$$
$$320 \text{ ドル} = 0.05 \text{ ドル } N_1$$
$$6400 = N_1$$

コンバインドサイクルとガスタービンの境界線

$$180 \text{ ドル} + 0.05 N_2 = 90 \text{ ドル} + 0.09 N_2$$
$$90 \text{ ドル} = (0.09 - 0.05) N_2$$
$$2250 = N_2$$

電によって最も効率的に電力が提供されるのである。こうしたやり方は，①新しい発電需要がそれしか存在していないとき（例えば，この発電需要をちょうど満たせるだけの発電所を建設しているとき），そして②新しい発電需要がすでに最適化されている発電組織で満たせるときに，あてはまる。

　同じようにして，コンバインドサイクル発電の容量とガスタービン発電の容

量の境界線は2250時間であることがわかる。この時間数では，コンバインドサイクル発電の容量の年間総費用は，180ドル＋（2250×5セント）で，292.50ドルとなり，それはガスタービン発電の容量の年間総費用90ドル＋（2250×9セント）＝90ドル＋202.50＝292.50ドルとちょうど同じになる。そこでまた，前述の独立型の発電需要か，もしくはすでに最適化された発電組織内での新規需要のいずれかの場合であると，2250時間未満の発電需要についてはガスタービン発電容量を据えつけることになるであろう。そして2250時間以上の発電需要についてはコンバインドサイクル発電容量を据えつけるであろう。

(3) 現代電力価格形成の基本原理

表7-5では，すでに最適化されている発電組織に容量を追加しようという場合を検討している。表7-5の発電組織の限界費用にあるように第一段階は**発電組織の限界費用**（system marginal cost）を確認することである。大型火力発電が（例えば，発電組織への電力需要がかなり低い時間中）最も高価な容量で稼働しているとき，発電組織の限界費用はキロワット時当たり3セントであり，それは大型火力発電の**限界維持費**（marginal running cost）と同額である。同様に，コンバインドサイクル発電が最も高価な容量で稼働しているとき（例えば，中間発電組織で電力需要をまかなっている段階では）発電組織の限界費用はキロワット時当たり5セントである。さらにまたガスタービン発電の容量が限界であるときには，発電組織の限界費用はキロワット時当たり9セントである。これは発電組織の大型火力発電所とコンバインドサイクル発電所がすべて容量いっぱい稼働していて，それゆえ発電組織の全需要に見合うようにガスタービン発電により不足を補わなければならないときである。こうした状況にあり，かつ発電組織のガスタービン発電の容量が完全に使用されていないとき，例えば発電組織がまだ最大電力需要でないときは，発電組織の限界費用は9セントとなる。

いま，ガスタービン発電所がその全稼働時間にわたり仮にキロワット時当たり9セントの**収入**（revenue）を生むとして，これによって維持費をちょうど賄うが，その資本費用までは賄いきれないという場合を考えてみよう。した

表 7-5　最適最大容量と発電組織最大電力 1000 時間の場合の発電組織内の投資政策

≪発電組織の限界費用≫

大型火力最大容量　−6400 時間あるいは 6400 時間超のときの稼働。大型火力発電
　の稼働が限界容量のときの発電組織限界費用　　　　　　　　　　　　　= 3 セント/kwh
コンバインド最大容量　−コンバインド発電が発電組織の限界容量のときの 2250
　時間以上 6400 時間未満で稼働。
　発電組織限界費用　　　　　　　　　　　　　　　　　　　　　　　　= 5 セント/kwh
ガスタービン最大容量　−年間 2250 時間未満で稼働。ガスタービン容量が（発電
　組織の最大電力時ではなく）部分的にのみ利用されたとき，発電組織限界費用 = 9 セント/kwh
最大電力時課徴金　−発電組織の最大電力 1000 時間にわたりガスタービン容量の
　資本費用を網羅するのに十分な額。
　年間資本費用 90.00 ドル ÷ 最大電力 1000 時間　　　　= 最大電力時課徴金 9 セント/kwh
　最大電力 1000 時間時の発電組織の限界費用
　　　　　　　　　　　= 維持費 9 セント + 最大電力時課徴金 9 セント = 18 セント/kwh

事例 #1　新需要の発生（一日 3 交代で稼働する新工場），年間 7000 時間稼働

解答：新需要を満たすために大型火力発電容量を建設する。以下の金額がもたらされる。
　最大電力時間 1000 時間で 18 セント/kwh　　　　　　　　　　　　= 180 ドル
　ガスタービンが限界容量のとき，1250 時間で 9 セント/kwh　　　　= 112.50 ドル
　コンバインドサイクルが限界容量のとき，
　(6400−2250) = 4150 時間で 5 セント/kwh　　　　　　　　　　　= 207.50 ドル
　大型火力発電が限界容量のとき，1000 時間で 3 セント/kwh　　　　= 30 ドル

"収益" 総額　　　　　　　　　　　　　　　　　　　　　　　　　　= 530 ドル

この新容量の費用 = 年間資本費用 320 ドル + 維持費 210 ドル　　　　= 530 ドル
大型火力発電の費用は最大電力時課徴金を含む発電組織の限界費用によりちょうど賄われる。

事例 #2　新需要の発生（一日 2 交代で稼働する新工場），年間 4000 時間稼働

解答：新需要を満たすためにコンバインドサイクル発電を建設する。以下の金額がもたらされる。
　最大電力時間 1000 時間で 18 セント/kwh　　　　　　　　　　　　= 180 ドル
　ガスタービンが限界容量のとき，1250 時間で 9 セント/kwh　　　　= 112.50 ドル
　(4000−2250) = 1750 時間で 5 セント/kwh　　　　　　　　　　　= 87.50 ドル

"収益" 総額　　　　　　　　　　　　　　　　　　　　　　　　　　= 380 ドル

この新容量の費用 = 年間資本費用 180 ドル
　　　　　　　　+ 維持費 200 ドル（= 5 セント × 4000 時間）　　　= 380 ドル

事例 #3　新需要の発生（人口増加により新たな居住需要 + 商業用需要および街灯を要する），
　年間 1500 時間稼働

解答：新需要を満たすためにガスタービン発電を建設する。以下の金額がもたらされる。

最大電力時負荷時間 1000 時間で 18¢/kwh	= 180 ドル
ガスタービンが限界容量のとき，500 時間で 9¢/kwh	= 45 ドル
"収益"総額	= 225 ドル
この新容量の費用＝年間資本費用 90 ドル＋維持費135ドル（＝1500 時間で 9 セント/kwh）	= 225 ドル

がって，第6章では，最大電力時課徴金（サーチャージ）を最初の例で6セントに設定し，そして新規の同種の火力発電発電の年間資本費用を賄うために後の例で火力発電最大電力課徴金（サーチャージ）を3セントと設定した。それと同じように，年当たり1000時間の発電組織の最大電力期間にわたるガスタービン容量の年間キロワットあたり90ドルの資本費用を賄うべく，ここではいま，最大電力時課徴金（サーチャージ）を9セントと設定する[5]。

　表7-5では，3つの事例を取り扱うが，それぞれの事例は，発電組織が新しいエネルギー需要にいかに対応すべきかを取り扱うものである。事例1は年間キロワット当たり7000時間の新規需要を考える。事例2は年間キロワット当たり4000時間の新規需要を考える。事例3は年間キロワット当たり1500時間の新規需要を考える。これらの事例ではわれわれが研究している最適発電組織

---

[5] 本章で最大電力時を取り扱う場合，適切な容量（ここではガスタービン発電）が最大電力需要について仮定された期間（ここでは1000時間）にわたり完全に使用されているかのように扱う。現実には，電力行政はきわめて適切な方法（例えば，冬場の点灯最大消費電力の時間帯は午後5時から午後11時であり，夏場は午後8時から午後11時である）で最大消費電力時間を明示するであろう。その際，発電組織のガスタービン部門が最大消費電力時間帯にはまったく完全な容量では稼働しないことをしっかりと認識おく必要がある。しかしながら，発電組織の残りの部門（大型火力発電およびコンバインドサイクル発電）は容量目いっぱいで稼働するであろう。最大電力時課徴金（サーチャージ）を正確に9セントとすることは，**表7-5**に示されているように，大型火力発電容量およびコンバインドサイクル発電容量の観点から，「正しい」ことがわかる。それはガスタービン発電の容量の観点からも，それが1000時間の最大電力時についてまさに完全に使われるのであれば，「正しい」のである。これがここでわれわれによって仮定されたことである。最大電力時課徴金（サーチャージ）を上方修正することは，大型火力発電およびコンバインドサイクル発電に過剰な報償をもたらすこととなろう。

とでもいうものの中で，①各新規電力需要がどのように妥当な容量によって満たされうるかを説明する。また，②①が満たされそして新たな容量をその各稼働時間について発電組織の限界費用で賄っているとき，収益総額によって妥当な容量の年間資本費用と年間維持費の合計額がどのようにしてぴったりと負担されることになるかを，これらの事例で説明していく。

上に述べたように，事例1では，大型火力発電が年間7000時間の新規需要を満たすのには**「最も適した」容量**（the "right" capacity）である。大型火力発電容量が発電組織の**限界費用**（marginal cost）であるのであれば，最大電力時1000時間にわたりキロワット時当たり18セントであり，最大電力時1250時間にわたってキロワット時当たり9セントであり，最大電力時4150時間ではキロワット時当たり5セントということになる。そして最終的に，大型火力発電が発電組織の限界容量になると，最大電力時1000時間でキロワット時当たり3セントとなる。事例1に示されているように，こうした限界費用での支払いによって，火力発電の年間資本費用をここではキロワット当たり320ドルとしてこれに（7000時間での）年間維持費7000×3セント＝キロワット当たり210ドルを加えたものがちょうど賄われる[6]。

同様に，事例2では，年間4000時間連続稼働する新規需要に見合うように建設されているコンバインドサイクル発電の容量が示されている。ここでは発電組織の限界費用での支払いによって，1000時間がキロワット当たり18セントで賄われ，1250時間が9セントで賄われ，加えて1750時間が5セントで賄われている。こうした「収益」の総額は年間キロワット当たり380ドルであり，それは年間4000時間稼働するとき，キロワット当たり180ドルの年間資本費用に，キロワット時当たり5セントの維持費である200ドルを加えたものにちょうど等しいのである。

最後に，事例3では，1500時間連続稼働する新規需要を調べる。それは新たにガスタービン発電の容量を追加することで満たされる。ここでガスタービン発電の容量は，年間キロワット当たり総額225ドルのとき，1000時間にわたりキロワット時当たり18セントで180ドルを「生み出し」，そして500時間

---

6) 事例1では計算の便宜上，これまでと数値を一部変更してある。

にわたりキロワット時当たり9セントで45ドルを「生み出す」。またしてもこの額は，年間1500時間稼働するような，キロワット当たり90セントのガスタービン発電の年間資本費用90ドルに，キロワット時当たり9セントのガスタービン発電の維持費135ドルを加えたものをぴったりと賄える額になるのである。

完全に最適な発電組織において，それぞれの容量の資本費用と維持費をともに満額賄うためには，唯一の**最大電力時課徴金**（サーチャージ）（peaktime surcharge）は必要とされる発電組織の限界維持費に対する追加分にすぎないことがわかる。これはほとんど「奇跡」のようである。

私はこの問題を「**現代電力価格形成の基本原理**（the fundamental theorem of modern electricity pricing)」と強調してよんできた。少なくともそれは電力経済学史において注目に値する発見であった。

(4) 限界費用価格形成原理と発電組織の最適化

電力などの公益事業の料金決定に際しては，料金（価格）を限界費用に等しくするという**限界費用価格形成原理**（the rules of marginal cost pricing）が主張されることがある。電力事業は設立当初は巨額の整備投資を必要とするものの，その後は生産規模の拡大に伴い比較的低い費用での生産が可能とされる**費用逓減産業**（decreasing cost industry）の一角を占めている。こうした産業では資源の稀少性や規模の経済などが要因となり，自由競争の末，一社がその産業を牛耳ってしまう**自然独占**（natural monopoly）となりやすい。そのため，政府による価格規制が必要になってくるのである。図7-3は費用逓減産業の状況を示したものであるが，利潤極大を求める営利企業ではサービス生産の限界費用MC（追加費用）と限界収入MRが等しい点aで生産を行い，価格はP_2となる。しかし，電力事業のような費用逓減産業の場合，社会的に最適な資源配分は，平均収入ARすなわち価格P_1をサービス生産の限界費用MCに等しい点bに定めることである。ところが，点bでは平均費用ACがARを超えてしまい，四角形wxyzの赤字が発生する。そこで政府が介入して点bで社会的に望ましい生産量Q_1を生産させ，ここで生じる赤字（損失）を租税収入から補塡しなければならないというのがその主張である。限界費用価格原

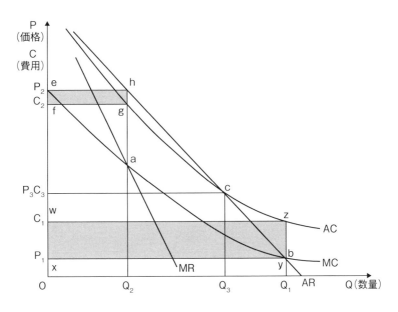

図7-3　電力事業での限界価格形成原理

理は経済的厚生の極大化の観点から支持され，ここから生ずる企業の赤字補塡はそのものとして正当化されるという考え方である。

(5) **発電組織の非最適性と新たな容量追加による費用最小化**

　われわれがみるように，限界費用価格形成原理に従う発電組織は，時の経過とともに最適水準に接近する傾向があろう。しかし世界の発電組織の多くは，現時点では最適水準にはとても達しているとはいえない。そしておそらく未来のある時点になってもまだ最適化されないままであろう。こういった**発電組織の非最適性**（non-optimality of the system）はほとんど2つの原因から起こる。それらは，①経済的耐用期間まで稼働して当然除却されるであろう古い蒸気発電所やガスタービン発電所がまだ存在していること，また②コンバインドサイクル発電技術は完全に最適化された発電組織に必要される水準に到達するだけの十分な歳月を経ていないという事実があること，である。**表7-6**では，2つの事例を検討する。両者とも純益をあげていないが，コンバインドサイクル発電の容量が最適である発電組織を扱うものである。この2つの事例では，長期

稼働期間（7000時間）と短期稼働期間（1000時間）での電力需要の増加をそれぞれ扱う。こうした新規需要は「いつもは」（例えば，完全に最適化された発電組織においては）（7000時間の需要増加については）大型火力発電の容量を，そして（1000時間の需要の増加については）ガスタービン発電の容量を，それぞれ追加することによって満たされるであろう。しかしながら，その発電組織が非最適状態であるために，ここでのかなり長期稼働期間の電力需要増そしてかなり短期稼働期間の需要増に対してまでもが，コンバインドサイクルの容量を追加するのが最善の対応であることが判明する。この戦略は，新規需要に適合させる最も安価な方法であるばかりか，発電組織を最適性により近づけるようにするものだからである。

　表7-6の事例4では，稼働期間7000時間の新規の電力需要が示されている。一見して，この需要が大型火力発電で満たされることは当然であるように思われる。大型火力発電はこの時間の電力需要には最も効率的な容量である。それは最適化された発電組織でいえることである。しかし最適化されていない発電組織では，（最適に）稼働するはずのない大型火力発電の容量がすでに稼働しているのである。このことは事例4で明らかとなる。事例4には，年間わずか4500時間の電力需要しか満たしていない大型火力発電が示されている。ここでの適切な解答は，（大型火力発電がふさわしくない）いまの場所からこの大型火力発電容量を外して，それを7000時間の新規電力需要を満たす（のにふさわしい）場所に移し，さらに4500時間の稼働を要する場所にはその稼働時間のときには最適であるコンバインドサイクル発電容量に置き換えるというものである。表7-6に示したように，この一連の移動によって，新しい大型火力発電容量で新しい電力需要を満たすよりも低い総費用（資本費用と維持費の合計額）で新しい電力需要を満たせるのである。

　同様に，稼働期間がちょうど1000時間の場合の新しい電力需要を示したのが事例5である。これは最大電力時で示されている。というのは，それが最大電力時を外れてしまったとしても，この新しい電力需要は発電組織の既存容量をより徹底的に使うことで満たされるからである。ここで甘くみている人は，新しい電力需要に応じるためには新たにガスタービン発電を追加することが最善の方法と考えるかもしれない。発電組織が最適状態で発電を始めているので

表7-6 「かなり小規模な」コンバインドサイクル発電の場合の最適化されていない発電組織での投資政策

- 発電組織は「かなりの規模」の大型火力発電を有していて，それが最終的には4500時間あるいは4500時間超の需要を満たす。
- 発電組織は「かなりの規模」のガスタービン発電を有していて，それが最終的には3000時間あるいは3000時間未満の需要を満たす。
- 発電組織は「かなりの小規模」のコンバインドサイクル発電を有していて，それが最終的には年間3000時間から4500時間の需要を満たす。

> ○コンバインドサイクル容量が（資本費用および維持費に基づいた）**経済的優位性**（economic advantage）を有していることを思い起こしてほしい。その経済的優位性は年間2250時間から6400時間のすべてにわたる需要についてである。だから至極当然ではあるが，2250時間から6400時間の範囲の中で新需要が生じた場合，それはコンバインドサイクル容量を加えることで満たされるはずである。しかしながら，当該発電組織の非最適性のために，需要のいかなる増加に対してもコンバインドサイクル容量を付け加えるというのが答えであることがわかる。というのはこれがその発電組織を最適に近づけるからである。以下の事例はなぜそうなるのかを示している。

事例 #4　年間7000時間の新需要が発生

解答：年間4500時間で「限界」となる大型火力発電を取り外して，それを7000時間稼働を要する新しい需要を満たすところに移動させ，この新たな発電需要を満たす。この容量はいずれの場合も目いっぱいで稼働するので，資本費用あるいは限界維持費は含まれていない。

いま移動により生まれた4500時間分の空白を埋めるためにコンバインドサイクル容量を加える。これは

年間資本費用 180ドル ＋ 追加維持費 225ドル ＝ 4500×5セント　　　　　　　　＝ 405ドル

新しい需要を満たすための総費用　　　　　　　　　　　　　　　　　　　　　　＝ 405ドル

この目的で直接大型火力発電を建設することにより，この新需要を満たすための総費用＝年間資本費用 320ドル ＋ 年間維持費 210ドル　　　　　　　　　　　　　　　　　＝ 530ドル

したがって，この新しい需要を満たすためには，新しい大型火力発電を設置するよりもコンバインドサイクル発電を付け加えるほうが安価である。

事例 #5　ちょうど最大電力時1000時間の新需要が発生
（例えば，夜間点灯のための需要が加えられた商業施設）

解答：3000時間で「限界」となるガスタービン発電を取り外して，それを新しい最大電力時1000時間の需要を満たすために移動することによってこの新しい電力需要を満たす。資本費用はなく，維持費の節約（3000-1000）がある。

(3000-1000) ＝ 2000時間×9セント/kwh　　　　　　　　　　　　　　　　　　＝ -180ドル

しかしながら，いま，コンバインドサイクル発電の資本費用（＝180ドル）＋コンバインドサイクル発電の維持費（＝3000×5セント＝3000時間については150ドル）が存在している。

コンバインドサイクル発電の総費用　　　　　　　　　　　　　　　　　　　　　＝ 330ドル

新しい需要を満たすためにコンバインドサイクル発電を建設するキロワット当たり純費用	= 150 ドル
この目的のために直接ガスタービン発電を建設して新しい需要を満たす総費用 = 資本費用 90 ドル + 維持費 90 ドル（= 9 セント × 1000 時間）である。 よって総費用	= 180 ドル
したがって，新たな需要を満たすために新しいガスタービン発電を据えるよりも コンバインドサイクル発電を付け加える方が安価である。	

あれば，前と同じように，これは適切な答えといえるであろう。しかしここでは非最適な状態でガスタービン発電を 3000 時間にわたり稼働させている状態であるので，このガスタービン発電を新たに 1000 時間稼働する場所に移動させるというのが最善の解答である。こうすると，移動した容量のキロワット当たりガスタービン発電の維持費について 9 セント × 2000 時間分を節約できるのである。この移動された 3000 時間稼働のところにガスタービン発電容量に置き換わるものとして，新たにコンバインドサイクル発電容量を導入するのである。そのコンバインドサイクル発電には年間資本費 180 ドルおよび年間維持費 150 ドル（= 3000 × 5 セント）がかかる。このコンバインドサイクル発電の稼働には総費用を年間 330 ドル要する。しかし，ガスタービン発電容量を移動することによる維持費節約分を控除することで，純費用は 330 ドル − 180 ドル = 150 ドルとなる。この 150 ドルは，新たなガスタービン発電容量を追加することにより新たな 1000 時間稼働を要する電力需要を満たす費用である 180 ドルよりも明らかに低いのである。

コンバインドサイクル発電容量がほとんど存在していない最適化されていない発電組織においては，そうした特定の容量を加えることが，本質的にいかなる稼働期間の新しい電力需要に対応するのにも，費用最小化する方法であることを，事例 4 と事例 5 は示しているのである。

第 4 節　太陽光発電と風力発電へのいくつかの覚書

(1) 太陽光発電および風力発電とその待機発電

太陽光発電（solar power）と**風力発電**（wind power）を流れ込み式水力発

電の現代版とみなすことがこうした発電を考えるにあたっての適切な方法であるといえる。これらの発電はすべて，究極のエネルギー源がわれわれの直接支配の及ばない自然変動によるものであるという特徴を有している。流れ込み式水力発電の場合，発電組織でエネルギーの流れを調整する点で，貯水池式水力発電を加える可能性がある。最大電力時の時間帯に水力発電タービンを通じて電力を生み出すつもりで，貯水池式水力発電に相当するものが，低いところから高いところに水をポンプでくみ上げるために風力エネルギーもしくは太陽光エネルギーを使うことになろう。これは**揚水式水力発電**（pump storage）として知られており，タービンのために水が流れ下る斜面の上と斜面の下に2つの堰（調整池）を有している。揚水式発電事業は，少なくとも1930年代から存在してきている。しかし，揚水式発電は要する資本費用が高いために，それほど広範囲には普及しなかったのである。揚水式発電に加えて，風力要因および太陽光要因から電力の流れを制御するいま一つの手段には，**電池**（バッテリー；battery）によるものがある。それは風や太陽による発電の状況が整えば電力を生み出すが，電力量キロワット時当たりの価値が高いときに使えるようにするために，そうしたエネルギーを蓄えるべく電池を用いるのである。ただ，われわれが知る限りでは，電池をそのように使うことはまだ決して費用効果的であるとはいえない。

　だからこうした風力エネルギーおよび太陽光エネルギーの議論は，直接的には流れ込み式水力発電事業に類似している，標準的な場合に集中することになるであろう。そうした場合には当該事業によって生じた電力は自然の気まぐれで決められた時と分量で，発電組織に配電されることになる。

　太陽光事業および風力事業は，所与の場所に風車もしくは太陽光パネルを据えつけることで必ずしも**収益逓減**（diminishing return）になるわけではないという点で，流れ込み式水力発電事業と異なる。10基の太陽光パネルは1基の太陽光パネルの10倍の日差しを受け取るであろう。そして10基の風車は（特別な方法で風を伝える渓谷などでは例外もあるが）1基の風車の10倍の風を受け取ることになろう。太陽光事業や風力事業の発電容量は，それゆえ，風車もしくは太陽光パネルをより多く設置する費用によって，また電力発電組織の必要性によって，主として決定されるであろう。

この種の容量を取り扱う標準的方法は，その発電量に対して適切な発電組織の限界費用を割り当てることである。**表7-5**の事例に戻って，太陽光事業あるいは風力事業によって10メガワットの**最大発電量**（maximum output）を生み出せると仮定する。将来のある年の期待発電量を評価するために，われわれはまず各稼働時間にわたる発電組織の限界費用を決定するであろう。こうして**表7-5**に従って，（大型火力発電が限界容量であると見込まれたとき）限界費用零(ゼロ)で，2360時間（＝8760－6400）稼働している。そして（コンバインドサイクル発電が限界容量であると見込まれるとき）限界費用5セントで4150時間稼働し，そしてガスタービン発電容量の限界維持費9セントで2250時間稼働するであろう。これらを合計すると，年間キロワット当たり410ドルとなる。しかしながら，太陽光事業あるいは風力事業は，風や太陽光の利用可能性が変動するので，容量の部分的割合だけで稼働することが見込まれよう。ここでわれわれはその適切な割合が30％であると仮定すると，容量キロワット当たり123ドル（＝410ドル×0.3）に便益を減らすことになるのである。

　上の算定には風力事業ないし太陽光事業に最大電力時課徴金(サーチャージ)がまったく付与されていない。これは，双方の場合で，その事業の発電量が零(ゼロ)となってしまう最大電力時間がかなり存在するからである。そのようなときに最大電力時の需要を満たすために，ある種の他の**待機発電**（standby capacity）を使えるようにしておかなければならないであろう。これは当該発電組織から大概は除却されたがちょうどこの種の不慮のできごとのための待機目的で保有されていた古い発電容量ということになろう。まさに表7-5の枠組みでは，待機容量はガスタービン発電容量であった。風や太陽が発電エネルギーをきわめて確実に生み出し，最大電力時間帯に，風や太陽をほぼあてにできる場所があるかもしれない。その確かさを最大で20％と仮定した場合，上の123ドルという数値に対して，最大電力時課徴金(チャージ)9セントの20％に最大電力時の使用時間1000時間をかけたものと等しい額を付け加えることになるであろう。これによって18ドルが加算され，それはキロワット当たりの便益総額は141ドル（＝123＋18ドル）となる。

(2) 予備容量と「分離可能成分」の原則

　風力発電および太陽光発電には，(前に示したガスタービン発電のような) 最大電力の予備容量でこれらの事業を補完する「必要性」を主張する議論がある。こうした議論は，最大電力時の電力を供給するためのこうしたエネルギー源の不確実性に議論が集中している。この役割をまさに果たすために，**予備容量**（backup capacity）を考えることになる。けれどもそのような「発電本体と予備発電の一体化」は不要であると感じる。この結論に至るにあたり，われわれは**事業評価**（project evaluation）の基本原理に依拠する。すなわち，「**分離可能成分」の原則**（the principle of "separable component"）である。この原則は，2つの事業 X そして Y がある場合，(現在価値での) これらの結合便益は B_{x+y} と定義され，それら個々の，単独の便益は B_x そして B_y と定義される。そしてそれぞれの便益はほかの存在を条件として，$B_{x|y}$ そして $B_{y|x}$ と定義できる。

　これは以下のようにみると簡単である。

$$B_{x+y} = B_x + B_{y|x} = B_y + B_{x|y}$$

同様に，費用については以下のとおりである。

$$C_{x+y} = C_x + C_{y|x} = C_y + C_{x|y}$$

いま「**合弁事業**（joint project）」（X+Y）が最善の選択である場合，これは以下のような意味を持っている。

$$(B_{x+y} - C_{x+y}) > (B_x - C_x)$$
$$(B_{x+y} - C_{x+y}) - (B_x - C_x) > 0$$

そしてそれゆえ，

$$B_{y|x} > C_{y|x}$$

である。

　すなわち，合弁事業が受け入れられるならば，事業 Y は限界事業として試験にきっと合格するであろう。つまり，事業 X だけで構成されている当初事業一括に事業 Y を付け加える値打ちがきっとあるということである。

　同様に，合弁事業が最善であるならば，事業 X は限界事業として試験にきっと合格するであろう。つまり，事業 Y だけで構成されている当初事業一括に事業 X を付け加える値打ちがきっとあるということである。

この議論は綿密な数的論理から逃避しているわけではない。事業一括が風力発電事業とガスタービン事業で構成されているのが最善の選択である場合，これら二つの構成要素それぞれが**限界事業**（marginal project）として費用便益分析にきっと合格するであろう。それは，他の事業が存在しているとき（便益そして費用それぞれに）追加するものを貢献するものとみているからである。それゆえ，われわれは風力発電事業あるいは太陽光発電事業を，「一体化する」べき事業であると議論されているいかなるガスタービン発電事業にも，あるいは最大電力時のほかの待機事業にも，追加されるべき事業であると評価するにちがいないのである。

第5節　費用便益分析による効率的限界費用および便益の探究

(1) 電力発電組織の効率的限界費用

　本章および第6章では，電力エネルギー供給を特徴づける基本的経済原則を理解しようというのが主要目的であった。出発点は**キロワット時の価値**（value of the kilowatt hour），すなわち電力を顧客が購入し消費する標準的な「電力量」が普通，その日の時間帯によってそして年間の季節によって，広範に変動するであろうということである。標準的な電力量である120ボルトで60サイクルのキロワット時であることが，発電設備それぞれが物理的に同種であることを示しているにもかかわらず価格変動は起こるのである。価値が変動する理由は，さまざまな時点でエネルギーを供給する**効率的限界費用**（effective marginal cost）が違っていることに由来している。電力発電組織が最大容量で稼働していないときには，効率的限界費用はその時点で稼働しているさまざまな発電所にかかる維持費のうち最も高いものということになる。発電所が稼働し出して維持費が上昇してくると，効率的限界費用は発電組織の資源に対する電力需要が低い時期には低くなり，また発電組織の資源にかなりの需要がある時期には高くなるであろう。発電組織の限界費用は最大電力時に最も高くなる。なぜならば，ここで真の費用はまた，最大電力時の需要が増加する際に拡大しなければならない容量の資本費用回収分を賄わなければならないからである。

(2) 新発電所の便益

新たに電力を生み出す容量への投資を評価する鍵は,「発電組織の限界費用」であり, 稼働が見込まれる各時期でその**期待発電量**(expected output)を評価することである。いい換えれば, 新しい発電所から期待される**便益**(benefit)はその発電組織が存在するために節約される費用である。これは確実にまた容易に理解できるものと思われる。しかし現実には, 少しも簡単なものとはいえない。新しい発電所の発電量は将来何年にも及ぶので微妙な違いが生じる。そのため費用節約の大部分は将来生じるのである。こういった将来の費用節約を見積もるのに役立つ方針は, 年々そして将来に, 古い発電所を除却しそして新しい発電所に投資するにあたり, 発電組織に適切な費用便益原則が適用され続けることであろう。いかなる所与の発電所もほとんど疑いなく, 高い便益をもって始まり, 時の経過とともに便益が下がってくる運命をたどることになる。火力発電所については, 新たに発電所を追加する方が既存の発電所よりもさらに効率的になることが期待できる。そのため, 今日の新しい発電所は, その種の発電所では最も効率的なものとして始まるかもしれないが, その種の発電所では最も効率的でない発電所としてその稼働期間を終えるかもしれないものでもある。そして時の経過とともに, 稼働期間の初期における重い負荷要因(使用時間が長い)からより短い使用時間にとって代わってくるのである。ついに, その発電所が待機容量に追いやられ, そして究極的には廃物のぽんこつへと追いやられることになろう。水力発電の用水堰の便益も同じような運命をたどる。この場合はそれは避けることのできない泥土と沈土の堆積から生じるのである。泥土や沈土が堆積すると, 効率的な揚水式(ポンプ)発電容量は必ず低下する。たぶん(かなり容易に浚渫できる)流れ込み式水力発電と貯水池式水力発電では, 浚渫ができるので時とともにその便益の流れが低下してしまうのを当然のことながら回避することになろう。

(3) 減価償却控除と収益率(資本の機会費用)

所与の事業の便益が次第に低下する傾向を示してくるのは, われわれの分析では, **減価償却控除**(allowance for depreciation)を通じて具体化される。価

値を減じない資産への投資は，求められる**収益率**（rate of return）（**資本の機会費用**〔opportunity cost of capital〕）をその資産がちょうど得られれば，正当化され得る。求められる収益率以上に最初の便益がもたらされるのは，便益が逓減する（あるいは究極的には便益がなくなる）ことが見込まれるときである。事業稼働期間の第一年（度）に必要とされる収益率に減価償却率を加えて説明しているのは，ここで言及した収益率以上に便益がもたらされるという微妙な事柄すべてをうまく説明するためである。

　電力事業の将来収益がその費用の期待節約額によって測定されるという事実は，いま一つの可能性を引き起こす。それは，問題となっている電力発電組織が**費用管理**（cost control）と**将来投資実施計画**（future investment programming）について，現代的でそして高度に洗練された体系をすでに持ち合わせているということである。すなわち，そうした企業ないし**公共企業体**（public authority）は，少なくとも将来の数年にわたり，時間毎にまた年々，所与の新しい発電所が発電組織にどのように適合するか，そして節約できそうな費用はどの特定費用かをみきわめるために，必要とされる多くの作業をすでにしてきているのである。費用便益分析にあたる者として，われわれがしなくてもよい骨折りをしなくてすめば有難いことであるというのが，ここでいえるすべてである。

第8章

応用厚生経済学の実際

——費用便益分析の「原理および基準」の枠組みについての覚書——

第1節　本章の位置づけ

　本章は，費用便益分析の「原理および基準」の枠組みを設定しようとする誰もが心に留めておくべき一連の要点からなっている。読者はすぐにそのような枠組みの必要性を認識するはずである。それはさまざまな問題に挑もうとするときに，その場かぎりの解決策を次々とつかみ取ろうとする罠に陥ることを避けるためである。このようなことはほとんど不可避的に，不一致と矛盾につながるのである。一つの問題をその場しのぎに解決してしまうと別の問題が生じるからであり，その別の問題のその場しのぎの解答は最初のものと矛盾するからである。

　ある意味で本章は5つの論考で始めた連続ものの第8の論考として考えることができる。この5つの論考とは，本書の第1章から第5章にあたり，2008（平成20）年12月に開催された米国国際開発局職員の短期講座を基盤にして形成されてきたものである。そしてそれは本書の第6章から第7章にあたる電気事業に関する費用便益分析を取り扱った2010（平成22）年に執筆した2つの論文へと続いている。本章はこうした連続ものにさらに続くものであるが，米国国際開発局職員短期講座を始めた頃は費用便益分析の分野のまったくの初心者向けを意図したものではなかった。むしろ発展途上国において，あるいは発展途上国の各省庁においてこれから費用便益分析をしようとする組織を設立する人びとにとってより意義深いものになるように，程度をやや高めに設定していたといえよう。けれども，UCLA等で現実社会を経験していない学生向

けに講義をし，またその他で費用便益分析について教授するうちに，次第に初心者をも包括するようになっていった。費用便益分析の基礎を身につけるにあたり，本書で学んできた基礎概念を再確認する便宜のために，あるいはそれらを補強する意味も含めて，本章を設けたのである。

こうしたことから，本章は別個の要点を一章にまとめて構成されている。その別個の要点それぞれは，ある要素あるいは明らかに費用便益分析の原理および基準の枠組みの一部を形成するはずの要素を強調している。もしくは明らかにそうした枠組みを設定しようとするときに回避されてしまうまた別の要素や接近法(アプローチ)を強調したものである。

第2節 費用便益分析の各要素

(1) 伝統的二分法

経済学研究を「**実物面**（real side）」と「**貨幣マクロ面**（monetary-macro side）」に分けるという伝統的分割は，かなり有力な手段である。**実質数量**（real quantity）と**相対価格**（relative price）の均衡を決定しようとするときに，世の中は何と複雑なことであるかと思い知らされる。実質数量と相対価格，および価格の絶対水準そしてあるいは失業水準の相互作用に入り込もうということになれば，ますます複雑になるのである。

われわれはこれらの後者の相互作用を無視すべきではない。しかし価格の絶対水準や失業水準の相互作用については本書では完全に別の章を設けて議論するに値するものである。そのため本書の各章の大部分は厳格に，実質数量と相対価格の世界に限って話を進めているはずである。そしてこうした手法は費用便益分析では標準的なやり方となっている。それは，当該事業で用いられる資源がどこからやってきたかということ——例えば，その資源の代替的な使いみちがあるのか，機会費用があるのかというようなことを意味しているのである。投資事業の世界においては投資自体さえも，費用便益分析がなされた後に，概してかなり時間をかけて行われるであろう。そして，事業期間は費用便益分析後，25年から50年かけて展開されるかもしれない。この長い将来の期間にわたり，当該事業が「あった場合」と「ない場合」に経済がどのように徐々に

発展するかというわれわれの構図の中に，周期的な考え方を取り交ぜても意味はないのである．

(2) ニュメレール（価値尺度財）の選択

相対価格の世界において，われわれは何に対して相対的なのかと当然問うことになろう．原油価格を**ニュメレール**（**価値尺度財**）（numeraire）として選んだ場合，いかに混乱を来してしまうかが想像できよう．1998（平成10）年後半に原油は1バレル当たり10ドルでしかなかったことを思い起こされるとよい．原油のバレルで測定したGDP（国内総生産）はそのときは絶頂(ピーク)となり，そして原油が1バレル当たり100ドルになった時に深い，深い景気の谷間となった．原油価格がニュメレールである場合，相対価格はすべて同様にかなり大きな乱高下を経験するであろう．この問題を深刻に考えてきている人は誰もが同じ結論に至るであろう．現実問題を研究するにあたり，意味をなすニュメレールは，**GDPデフレーター**（GDP deflator）と**消費者物価指数**（consumer price index）の2つだけである．

第一のGDPデフレーターの場合，われわれは**生産者バスケット**（producer basket；生産財一括）にあるすべてのものを測定する．第二の消費者物価指数の場合は**消費者バスケット**（consumer basket；消費財一括）にあるすべてのものを測定する．ニュメレールの必要性と，価格変化の影響を取り除いて各時点における価格×数量という変数の大きさを測定する**実質単位**（real term）で費用および便益をいい表そうとする必要性は，費用便益分析の枠組みを設定しようとするいかなる企図においても強調されるはずである．われわれは，将来10年または20年にわたり実質賃金がどれだけ増加するかということを推定できるが，われわれの科学では，**名目賃金**（nominal wage）を同じように適切な基準で予測することはできないのである．

(3) ニュメレールと割引率

消費者バスケットあるいは生産者バスケットの中の費用および便益を測定する際，その費用および便益は各便益および各費用が変換された単位でいい表されることを思い起こしてほしい．事業分析表で作成された便益の流れの純額は

すべて，ニュメレール単位で表現されている。**割引率**（discount rate）は，消費者バスケットの中身を異時点間で測定しようというようなとき，例えば時点 t の消費者バスケットを時点 0 の消費者バスケットに，どのように移動するか，あるいはその逆に時点 0 の消費者バスケットを時点 t の消費者バスケットに移動するかといったようなときに，その時点で評価すべく時点間の変動をいかに変換させるかという比率とでもいうものである。

例えば，消費者バスケットの投資費用が 1000 である投資事業があるとき，これらは過去の投資から，あるいは過去の消費（貯蓄の増加），あるいは過去の借入からのいずれかからもたらされているに違いない。これらそれぞれは**異時的機会費用**（intertemporal opportunity cost）である。例えば 1000 のうち 700 は 12％ の収益のある過去の投資からきており，100 は課税後供給価格が 4％ である貯蓄の増加からきていて，また 200 は 6％ の実質限界費用での新規海外借入純額からきているとする。（これらはすべて実質の比率である。）これら費用は合計すると，$(0.7 \times 12\%) + (0.1 \times 4\%) + (0.2 \times 6\%) = 10\%$ になる。

ここでの要点は，当該経済が資金調達をやめてしまうのは 10％ であるが，こうした機会費用 10％ を賄う収益をもたらさない場合には，費用便益分析原理自体によって，この事業が価値のないものと示されるということである。ここで重要な点は，事業で使われる資源は，投資局面におけるにしても，進行中の営業費であるにしても，どこかからもたらされるものでなければならず，私は**資本市場**（capital market）を，資源が必要とされるときにはそれらを手放し，また資源が発生したときには余剰を吸収する「海綿（スポンジ）」として用いてきている。

政府事業（government project）ということになっても，日々，一週一週，月々，そして年々，資本市場がまさに資金の限界源泉の場でありまた限界使用の場であるということに何ら疑いはない。

(4) 限界効用とニュメレール

すべての財やサービスのさまざまな数量については，**需要価格**（demand price）そしてあるいは**供給価格**（supply price）がある。これら価格はそうした財やサービスの各人の**限界効用**（marginal utility）と結びついている。われ

われは効用を測ることができないが，各人の「貨幣」に関する限界効用を使いながら，効用を実質貨幣（ニュメレール）単位に変換することにより，**競争的需要価格**（competitive demand price）および**競争的供給価格**（competitive supply curve）に行きつくのである。この事実は，第1日から第N日までの，**消費者余剰・生産者余剰分析**（consumer／producer surplus analysis）の根本に，そして財の価格変化により，消費者の需要の変化が所得効果と代替効果に分かれることを数学的に定式化したスルツキー方程式などの**スルツキー・ホテリング・ヒックス一般均衡応用厚生経済学**（Slutzky-Hotelling-Hicks general equilibrium applied economics）の根本にあるものである。学問のこの全体の長い歴史を無視することも，またそれに取って変わろうとすることも誰にもできないはずである。

(5) 分配ウエイト等

これまで私が何度も述べたりあるいは書いたりしてきたように，（所得あるいは富の増加につれて減少するという）**分配ウエイト（分配上のウエイト）**（distributional weight）は一見してほとんどすべての人びとに対して魅力的なものである。費用便益分析に分配ウエイトを用いる根拠は，分配を修正できる手段として使えるか否かにある。しかしそれは費用便益分析に関する限り，かなり袋小路に入ってしまう感がある。第3章で述べたように，1.1と0.9の間で変化するウエイトでは分配ウエイトのない1に限りなく近いため議論する意義は薄いといえる。そのため私は，最適課税の文献やその他の経済学の文献で多くのところに出てくる**指数ウエイト関数**（exponential weighting function）を論じるのである。**表8-1**の事例1のように，問題は，ある人のウエイトが2で別の者のウエイトが$\frac{1}{2}$である場合，（ウエイトづけされた費用が50となる）$\frac{1}{2}$のウエイトの人から100を取り上げて，そして（ウエイトづけされた便益が52となる）2のウエイトの人にはわずか26だけを与えるという「事業」を（首尾一貫した状態で）認めなければならないということである。それはこうすることで74（=100-26）の**経済的効率費用（ないし無駄）**（economic efficiency cost〔or waste〕）が出るにもかかわらずである。しかし**表8-1**の事例2のように，ある人が同じ移転をより安価にする方法がある場合，例えば取

表 8-1 分配ウエイトと経済的効率費用

事例 1	ウエイトなし	ウエイト	ウエイトあり
便 益	26	2	52
費 用	-100	$\frac{1}{2}$	-50
経済的効率費用	-74		2
事例 2	ウエイトなし	ウエイト	ウエイトあり
便 益	50	$\frac{4}{3}$	$66\frac{2}{3}$
費 用	-100	$\frac{2}{3}$	$-66\frac{2}{3}$
経済的効率費用	-50		0
事例 3	ウエイトなし	ウエイト	ウエイトあり
便 益	80	1.15	92
費 用	-100	0.9	-90
経済的効率費用	-20		2
	【再分配前の状況】		【再分配の結果】

り上げた額の半分だけを無駄にするというような場合，さらなる再分配をすることが可能である。$\frac{2}{3}$ のウエイトの人から 100 を取り $\frac{4}{3}$ のウエイトの人に 50 を与えるのである。**表 8-1** から事例 1 では経済的効率費用は 74 であるが，事例 2 では 50 に下がり，ウエイトづけも達成されている。さらに**表 8-1** の事例 3 のように，例えば約 20％ の無駄のある移転を実行するようなまだそれほど費用のかからない仕組みがある。最終的には 0.9 のウエイトの人から 100 を取り 1.15 のウエイトの人に 80 を与えるという考え方を認めることになろう。

こうした事例は，経済学の文脈ではほぼ -1（しばしば $-\frac{1}{2}$ から -2）で変動している**所得（富）に関する限界効用の弾力性**（elasticity of marginal utility with respect to income〔wealth〕；所得の変化によって所得の限界効用がどれほど変化するか）をもっているとしているものが多いという事実に照らして解釈されるであろう。弾力性が -1 の場合，（提供者の損失の $\frac{3}{4}$ にほぼ等しい効率費用をもたらす）事例 1 では，提供者の所得は受領者の所得の専ら 4 倍の所得と

なるであろう．弾力性が-2の場合，事例1では，受領者の所得の専ら2倍の所得を有する「提供者」が生じるであろう．弾力性が$-\frac{1}{2}$の場合，提供者・受領者所得倍数は8となるであろう．

　私は過去30年以上にわたり受講者すべてに同じ事例を示してきたが，弾力性のある分配ウエイトが$-\frac{1}{2}$から-2の幅を持っていると厳格に認めていて，頑として譲らない支持者全員と論戦をたたかわさなければならないのであった．

　ここで大切なのは，（最適所得課税の文献でたまたま書かれていると）鵜呑みにして受け入れられているような分配ウエイトを受け入れることはできないということである．それは，その結果が受け入れられないとしている多くの事例をまったくもって無視しているだけだからである．

(6) 基本的要求の外部性

　いわゆる分配上考慮すべき事柄を斟酌しようとする体系的方法を探求している場合，（示された幅での）分配ウエイトよりも，「基本的要求の外部性」がより適切で（より広く受け入れられている）土台を提供することは間違いない．**基本的要求の外部性**（basic needs externality）は，「社会」（例えば，納税者）が特に教育，医療，住宅などで恵まれていない人々の「教育上不利な状態」，「保健医療上不利な状態」，「栄養摂取上不利な状態」，そしておそらく「住宅上不利な状態」を軽減すべくいくぶんかの追加負担を喜んですることをいうのである．

　基本的要求の外部性は，受領者の効用というよりもむしろ提供者の効用からの熱意を受け取るものである．この温情主義的な考え方は，**現金移転**（transfer in cash）というよりも**現物移転**（transfer in kind）（無償教育，無償医療ないし補助金給付付き医療，食料補助および食料切符（フード・スタンプ），補助金給付付き公営住宅）が世界中でよりいっそう一般的であるという現実により支持されている．けれども基本的要求の外部性は，現金移転を妨げるものではない．現金所得が高くなれば受領者は基本的必需品に以前より多くを支出するから，そのような必需品の消費増加に関連した外部性はそうした「事業」の追加便益とみなされるのであり，そうした範囲で認められよう．

(7) 政府資金の影の価格

このことは，資金の限界源泉と限界使用としての資本市場に基づいた費用便益分析の「未解決の問題」を取り扱う必要性に由来している。費用は公共部門の現金支出であるが，便益は「現物」で一般の人々に享受され政府に対する現金受領とならないような（道路通行料をとらない主要道路(ハイウェー)のような）事業はどうであるか。そうした事業は**借入**（borrowing）によって資金調達されるが，決して事業収益から完済されないと「推定する」。そして遅かれ早かれ，それは**租税**（tax）によって賄われなければならないというのが当然の帰結である[1]。政府は価格機構がうまく機能しないところを補正する，つまり**市場の失敗**（market failure）を是正するとしても，政府の行う課税などが新たな資源配分の歪みをもたらすことが考えられる。つまり，課税はその税額自体の負担に加えて，租税により財・サービス価格が上昇したり可処分所得が減少するなどの経済活動の歪みをもたらす。このように租税は，**超過負担**（excess burden；租税負担に見合う効用の損失に加えて，追加的負担〔厚生上の損失〕が強いられ，経済的効率が損なわれる。このような課税後の社会的総余剰と効率的資源配分状態で最大になっているときの社会的余剰の差をいい，**死重的損失**〔deadweight loss；図8-4〕ともいう）を有しているのである。それは応用厚生経済学の基本原理に

---

1) この説明を図8-1を用いて説明すると以下のようになろう。費用便益分析では伝統的に，その資金は資本市場を源泉とするという想定に基づき実施されてきた。この仮定は公的資金が現金を発生する形（例えば，電力事業や灌漑事業で，経済原則に基づいて設定された電気料金や水道料金）で，事業が便益すべてを生み出すときにも根拠づけすることは容易である。しかし，そういった公的事業(パブリック・プロジェクト)が現金の形で収入をもたらさない場合はどうするか。そうした場合，資本市場から資金を得る標準的想定によって，資本の経済的機会費用と等しくなる率で，複利で支払うこととなる，年々増大する債券によることとなると思われる。しかしその債務は膨らむばかりである。費用便益の枠組みでのこうした未解決の問題を解決するためには何かがなされるべきであることが明らかである。

その答えは，きわめてわかりやすく論理的である。どこかの時点で，どのようにかして，費用便益の枠組みはそうした債務の償還をするはずである。そして，そうした債務を償還する当然の財源は租税である。租税を通じて追加資金を獲得すると，もたらされる追加資金1ドルそれぞれについて1ドルの経済的機会費用があるならば，こうしたことに何の調整も求められない。しかしながら，これは現実とはほど遠いことなのである。

図 8-1 はそれがなぜであるかを示している。図 8-1 の図(a)で，租税 T_0 は当初 R_0 の税収をもたらしている。この租税が ΔT 引き上げられて，$T_0 + \Delta T$ になると，税収は $A - B$ だけ増加する。つまり税収の経済的費用は $\frac{A-B}{A-B} = 1$ である。そしてまた効率費用も増加するのであり，それは B の近似値になりうる。こうして，追加税収当たりの追加効率費用（$= \lambda$）は，$\frac{B}{(A-B)}$ となる。図 8-1 の図(b)には，上向きの供給曲線が書かれている。いま，税率が（$T_0 + \Delta_1 T + \Delta_2 T$）に引き上げられると，税収は $A_1 + A_2 - B$ 分増大する。追加税収当たりの効率費用は，この場合，$\frac{B}{(A_1 + A_2 - B)}$ となる。

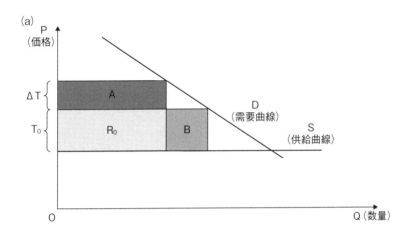

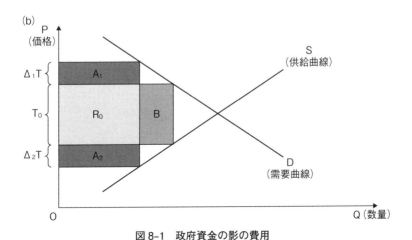

図 8-1　政府資金の影の費用

よる考え方であって，つまり租税によりもたらされる限界資金は，その資金以上の経済費用，例えば（1+λ）を有しているというものである。われわれがλという割増金（プレミアム）（あるいはたぶんより適切にいい換えると，罰金）を事業期間の期末時点で無駄として暴露された費用の累積総額の現在価値とすると，そうすることによって因数（1+λ）が，数学的に政府に対する現金流入総額そして政府からの現金流出総額であることが明らかになる。それは事業の稼働段階のみならず投資段階も含めて，事業期間を通じて毎年（度）求められる。この（1+λ）はそれゆえ，**政府資金の影の価格**（shadow price of government funds；SPGF）である。

政府資金の影の価格（SPGF）の背後にある論理がひとたび認識されると，SPGF を費用便益分析の絶対的に基準となる役割からはずすのは困難となる。問題は，租税を通じて追加の資金を調達するのにお決まりの方法は存在しないのであって，それぞれ別々の方法で調達されることによってλはほとんど疑いなく違った値になるといえよう。これは定量化を求める事案を取り扱う費用便益分析の一般的問題の一例に過ぎないが，達成することが難しく，あるいは不確実性がかなりつきまとうといえる。

政府資金の影の価格（SPGF）について，λを 0.15〜0.25 の範囲のどこかに

---

2) 図 8-2 に示されるような供給弾力性が無限であるような財（第1章注釈11）を参照）に物品税 T をかける簡単な場合で考えてみよう。T の賦課に由来する収入の増分は，$QdT + T\left(\frac{\partial Q}{\partial T}\right)dT$ である。効率費用の増分は $-T\left(\frac{\partial Q}{\partial T}\right)dT$ である。それゆえ，税収増に対する効率費用増の比率は，$\frac{-\eta\tau}{(1+\eta)}$ であり，ここで η（＜0）は需要弾力性であり，τ（$=\frac{T}{P}$）は従価税率である。$\eta = -1$ の場合，これは $\frac{\tau}{(1-\tau)}$ に等しく，$\tau = 0.2$ であると 0.25 となる。$\eta = -\frac{1}{2}$ の場合，これは $\frac{0.5\tau}{(1-0.5\tau)}$ であり，$\tau = 0.3$ であると 0.177 となる。λ の実証的見積もりはかなり広い範囲にわたり，それは特定の租税あるいは変化が想定される租税とともに変わると，またもちろん国や対象期間とともにも変わるのである。私は 0.15〜0.25 という範囲に特にこだわっているわけではないが，ただλの妥当な範囲である思うのである。完全に誤っていると思われることは，その問題を完全に無視し，要するに暗黙裡にλを零（ゼロ）とすることである。λ の算定は，理論上，算定可能な一般均衡モデルの文脈でなされるべきである。それは現行税率の全体構造が所与であり，所与の税率の引き上げの結果が見積もり可能なモデルである。

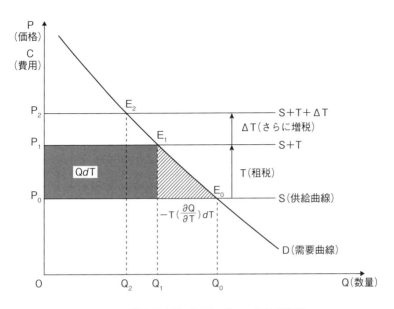

図8-2　供給弾力性が無限の財への物品税課税

設定するというのが私自身の解答である。これらは**税収の限界収入当たりの限界超過負担**（marginal excess burden per marginal dollar of tax revenue）の控え目な見積もりである[2]と私は確信している。

(8) **補償された弾力性と補償されていない弾力性について**

これは容易な問題であるかあるいはかなり複雑な問題であるかのいずれかである。しかし、それほど重要というわけではない。最初に容易な側面からみていきたい。政府が事業を実施するとそれによって人々の効用に変化を及ぼすと考えられる。効用の変化は貨幣尺度での計測が難しいが、費用便益分析を行うにあたってはこうしたことにも挑んでいかなければならない。こうした場合、経済学では**補償需要曲線（補償された需要曲線）**（compensated demand curve）[3]を用いて分析が行われる。補償需要曲線の下では代替効果のみが考えられるが、経済全体について所得効果を確かに封じ込める価格変化は二種類のみ存在する。図8-3はそれらを示したものである。①財やサービスの生産にお

ける**実質的費用削減**（real cost reduction）であり，そこでは便益は「元々の」数量 Q_1 での資源費用の節約全額に，数量が Q_2 に変化した際の追加の消費者余剰およびあるいは追加の生産者余剰の三角形を加えたものである。そして，②輸入可能財の世界価格の低下であり，そこでは価格低下額に輸入の元々の数量を掛けて，輸入増の追加余剰についての三角形を加えたものである。政府政策あるいは需要構造の変化による価格変化は，全体的な所得効果を含まない。(消費者余剰の損失は補償需要曲線）の下で測定される租税の場合には**図8-4**に示されているように，政府の租税受領額の長方形は消費者が課税のために前より高い価格を支払うときの課税前の消費者余剰の損失により，そしてあるいは生産者が課税のために前より低い価格を受け取るときの課税前生産者余剰の損失により相殺される。（たとえば，GDPの増大により）需要の形態が変化する場合には，価格上昇によって需要者は追加費用を負うことを，そして供給者は追加便益を得ることを意味している。（そして，価格下落の場合に逆になる。）

---

3) 補償需要曲線は価格が変化した場合でも，消費者の効用を一定にさせて同じ無差別曲線にいるようにするために所得を調整（補償）した際の需要を示すものである。**ジョン・ヒックス**（John R. Hicks；イギリスの経済学者）の考え方に基づき導かれたものでヒックスの需要曲線といわれることもある。政府が事業を実施したり，政策変更をすると人々の効用に変化をもたらすが，それに対する補償のためにどれほどの政府支出をしなければならないかの算定が費用便益分析には求められる。こうして，補償需要曲線を使って分析がなされるが，この曲線は前述のとおり，効用水準を一定にするように所得補償がなされているときの仮想的な需要を表したものであり，価格変化による需要変化をみる際のうち代替効果のみを取り出して表したものとされる。**代替効果**（substitution effect）は，購買力が不変にとどまるとき価格変化によって需要量がどれほど変化するかを表したものである。それは価格上昇する場合，消費者は以前の消費水準を維持するためにちょうど同額の所得を与えられて（補償がなされて）需要がいかに変化するか，また価格下落する場合は所得の一部を奪われて消費水準の維持を補償されそこで需要がいかに変化するかということである。（そのためこれらの変化は補償需要の変化といわれることもある。）このように2つの効果のうち**所得効果**（income effect；すべての価格を一定としたときに，所得変化によって需要量がどれだけ変化するかを表したもの）は捨象されているのである。経済学では所得効果がなく代替効果だけであれば消費者余剰の変化で経済的厚生の変化の測定ができるとされ，分析がなされている。

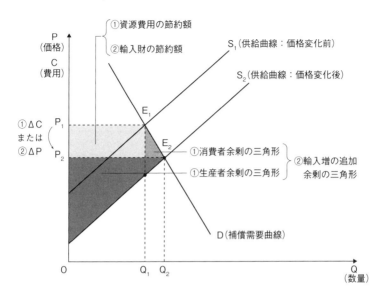

図8-3 費用便益分析と補償需要曲線

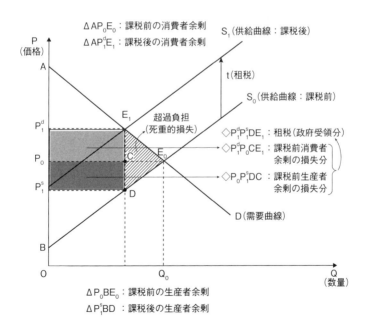

図8-4 余剰の損失と租税，超過負担

世界価格（world price）の変化は，普通，事業が「ある場合に」もあるいは「ない場合に」もある。実質費用削減もまたこのようになる。だから，事業が「ある場合」と「ない場合」について便益と費用の流れを比較するときに，ほとんどすべての事業ないしは政策変更の分析は，所得効果を伴わないであろう。

　しかしながらちょうどその学識については，ほんの稀な場合においてのみ**補償された弾力性**（compensated elasticity；ある財の価格が変化した場合でも消費者の効用を一定にすべく所得を補償〔調整〕したときのある財の需要に及ぼす影響のこと）と**補償されていない弾力性**（uncompensated elasticity）の間に大きな違いがある。jについての補償された需要弾力性を η^c_{jj} とし，η^u_{jj} を補償されていない弾力性とし，a_j をjに支出された予算の一部とし，そしてjの需要の所得弾力性を σ_j とすると，公式は

$$\eta^u_{jj} = \eta^c_{jj} - a_j \sigma_j$$

となる。さらに $a_j \sigma_j$ は単純に財jの限界支出性向 m_j と表すことができる。したがって，

$$\eta^u_{jj} = \eta^c_{jj} - m_j$$

となる。

　ここで，限界支出性向がかなり大きいのはどの財か。住宅が唯一大きいものであり，おそらく 0.2 ないし 0.3 の大きさである。ほとんどその他各財ないしサービスについては，その財やサービスの限界支出性向はおそらくきっと 0.1 未満であろう[4]。

　学識のいま一つの要点として，**補償された交差弾力性**（compensated cross-elasticity；2つの財 i と j について，財 j の価格変化に対する財 i の需要量の変化を交

4）　補償された弾力性と補償されていない弾力性の違いが重要であるのは労働供給である。ε を労働供給の弾力性の符号として用いると，

$$\varepsilon_u = \varepsilon_c - m_\ell$$

となる。ここで m_ℓ は余暇に対する限界支出性向であり，例えば余暇の形態で取得される（例えば，年金〔annuity〕からのような）所得の自律的増加の部分である。たいていの見積もりでは，m_ℓ が 0.2 ないし 0.3 でありうる一方で，ε_c は 0.1 の範囲となっている。したがって，実質賃金が引き上がってくると，労働時間の永続的な減少が観察されるのである。

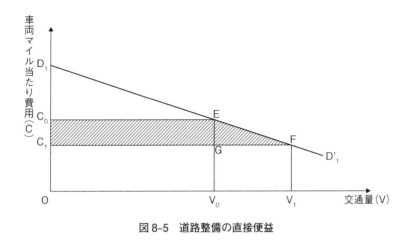

図 8-5 道路整備の直接便益

差弾力性という）と**補償されていない交差弾力性**（uncompensated cross-elasticity）の関係は，

$$\eta^u_{ij} = \eta^c_{ij} - a_j \sigma_i$$

となる。ここで，η_{ij} は財 j の価格変化に対する財 i の需要量の反応を測定したものである。

これまで述べたことはすべて簡単な部分である。人口の特定部分の費用と便益について分析しようというときには，明らかに供給者は価格上昇から利得を得る一方で，需要者は損失を被る。それぞれは所得効果を認め，そしておそらくそれに反応する。しかし財 j に対する彼らの限界支出性向が同じである場合，これらの効果は相殺されてしまうかもしれない。このことは複雑きわまりないので，一般的事例についてこの話題を追い求めても無益である。特定の事例を取り扱った方がこの問題をより処理しやすいのである。

しかし，道路整備による道路使用者の費用節約を算定するときに，図 8-5 に示されるように，V_0（道路整備がない場合の交通量）での道路使用者に対する便益の長方形に，事業によってもたらされた交通量の増加（$V_1 - V_0$）による便益の三角形を加えたものを得て，V_1 を算定するのに補償された弾力性を用いるかもしくは補償されていない弾力性を用いるかでは取るに足らない違いしかないということをどうか注意しておいてほしい。道路使用者の純便益の

測定値 $(C_0-C_1) V_0 + \frac{1}{2}(C_0-C_1)(V_1-V_0)$ は，V_1 を算定するのに η^c と η^u を用いても，せいぜい V_1 の小数点第3位で違いが出るだけであろう。典型的な道路整備はいかなるものもその使用の限界「支出」性向は，1パーセントより低いものでなければならないのである。

(9) 効用関数に基づいた割引率について

割引率が組み込まれた効用関数を想定する考え方がある。これは決して標準的な経済学ではない。それはすべての生産関数が**コブ・ダグラス関数**（Cobb-Douglas function; 経済学者ダグラスが数学者コブの協力のもと作った生産関数で，Q〔産出量〕= AK〔資本〕$^\alpha$ L〔労働〕$^\beta$ と表され，A, α, β は正の常数）であるとむしろ想定しているに近い。教室やあるいは教科書での説明ではばかげた仮定とまではいえないが，一般に現実世界の生産関数にふさわしい近似値として考えるとしたら明らかにばかげた仮定といえる。現実世界の費用便益分析の指針を設定する場合に，私はこのやり方で推し進める理由はまったくないとみている。

ほかの場合同様この場合も，人びとが**市場誘因**（market incentive）に反応すると認識することこそが取り上げるべき正しい方向といえる。消費者は，貯蓄あるいは負の貯蓄を増加させる，その源泉や用途に依存した，さまざまな限界時間選好率をもっている。**限界時間選好率**（marginal rate of time preference）は，将来消費をあきらめて現在消費を選好する割合とされ，こうした異時点間での消費の代替可能性を表すものである[5]。6％の利子率の場合，50％の限界税率の人は3％の限界時間選好率となり，一方で20％の限界税率の人は4.8％の限界時間選好率となる。問題とされる課税前利子率が4％に低下した場合，これらの限界時間選好率はそれぞれ2％そして3.2％と下がるのである。現代アメリカ合衆国という現実世界では，多くの人びとは運用利益を決定するクレジットカードを利用しているがその場合，限界時間選好率は15％から20％の範囲となる。私は時間選好に対するこうした接近法（アプローチ）によりニュメレールの選択が現実的には求められていると考える。（もちろん，問題となっている利子率は実際の利子率であるはずである。）

資本の経済的機会費用を算定するにあたっては，（上の(3)で述べた数値例では

0.1 でウエイトづけされた）新規にもたらされた貯蓄を源泉とする資金増分の必要な補償として，限界時間選好率だけがその構図に入ることに注意されたい．

⑽ **危険（リスク）の諸論点**

これらの論点は，一連の分かりやすいそして願わくば現実的な仮定が求められるので紛糾状態を招くような問題を持ち出してくる．その問題とは現実世界の経済にはどこにでもある多くのさまざまな**収益率**（rate of return）の取り扱い方である．

認識されるべき第一の点は，われわれが債務不履行の危険性について話しているのではないということである．**債務不履行の危険性**（default risk; デフォルト・リスク）とは単に，貸付金に対する期待返済額が約定返済額よりもいくぶんか少ないことである．経済的危険性は，約定返済額近辺ではなく，期待返済額近辺での変動（そして**共変動**〔covariation;〕）と関連しているのである．

そこで問題が生じる．危険性がないとされていて 3％ の収益をもたらす債券と，例えば 10％ の期待実質収益のある株式を調べてみるとき，10％ と 3％ の差の 7 パーセントポイントをいかに取り扱うべきか．10％ を受け取る投資家たちは認められた危険性の単なる補償である 7％ を留保しながら，実際には 3％ の純収益を得ているだけであるというべきなのか．私の解答は，投資家たちから 10％ 株式を取り上げ実質 3％ の債券をまさに提供してみて，その反応がどうであるかをみるというものである．私には彼らがその取引を歓迎すると

---

5) この考え方は歴史的には次のような流れを経てきている．

現在と将来という異なる時点の比較で，現在の欲望を満たす財（現在財）は将来の欲望を満たす財（将来財）よりも高い価値をもっているとされ，現在財と将来財の差が利子として要求されるべきであるとベーム・バヴェルクは提唱した．フィッシャーは $\frac{(将来財の価値 - 現在財の価値)}{現在財の価値} = 利子$ と定義し，これを**限界時間選好率**（marginal rate of time preference）とよんだ．

例えば，現在消費 1 万円をあきらめて，1 万円を誰かに貸したとする．それを 1 年後返済してもらい消費するとしたとき，返済額が 1 万円であるとすると通常は満足しない．例えば返済額が 1 万 2 千円になるとしたらこの現在消費をあきらめるかもしれない．こうした場合，時間の選好率は $\frac{(12,000 - 10,000)}{10,000} = 20\%$ と計算される．またこれを将来消費と現在消費の限界代替率が 1.2 であるという．

は思えない。

どこまでこの問題を続けるのがよいのか。私は，**期待価値**（expected value；「期待」とは将来の不確実なことを予想すること）を支持し10％の期待収益が「社会」の観点からの「便益」のすべてであると考えるのがよいと思う。

「社会」は**危険性**（risk）に対して中立的であるというのが簡単化された仮定である。この仮定は事業分析および計画分析に関与する人にはとても有益である。なぜなら，それによってわれわれは期待価値に焦点をあてられるからである。例えば，純便益と純費用を将来の各年の**期待純便益**（expected net benefit）あるいは**期待純費用**（expected net cost）で記載されるような時間分析表を作成することを認められるのである。

私は，いまはこのように分析表を作成できる状態では決してないことを強く主張するものである。私はいくつかのダム建設事業に携わってきたが，その最近の3つについて，ダムを破壊するという（低い）確率と，社会がその事業に負担しなければならないであろう（高い）費用を評価する権限を与えられてきたか否かを私は実際に自問しているのである。

私が得た答えはきわめて明瞭である。もし望むのであればそうすることはできるが，かなりの時間を要する可能性があり，それに費やした時間の埋め合わせを求めないでほしいといわねばならない。。またその事業評価を遅れないで提出してほしい。さらにダムの破壊の確率を考慮に入れないのでは，**確率分布**（probability distribution）の**ファット・テイル**（fat tail；図8-6にみられるように末端〔tail〕が幅広〔fat〕になっていて，正規分布と比較して，平均から極端に離れた事象が発生する確率が高い現象をいう。裾の重い分布といわれる確率分布の一つで，株式投資で収益率の推移を定常的として正規分布に従うとした伝統的理論に対して，正規分布の両端の実現可能性が高いときの分布をこのようにいう。この場合，例えば株式暴落は正規分布が想定する以上に発生する確率があるということになる）を無視するようなものである。きっとダム事業の純現在価値を過大評価するであろう。その他の場合には，石油，銅，砂糖などのような商品の実質価格の動きの周期的な急上昇がある。こうした実質価格の急上昇を無視してしまうと，**適切な期待価値**（proper expected value）ではなくむしろ**中位の実質価格**（median real price）もしくは**最頻値の実質価格**（modal real price）のような

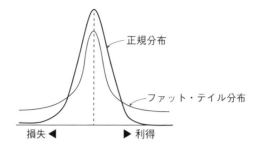

図8-6 正規分布と「ファット・テイル」分布

ものを見積もることになってしまう。

　最後に，実質価格と実質数量について将来見込まれる変化を論じる場合，それらの間に複雑な相互作用があることを認識すべきである。モンテカルロ法を用いることでたいていの場合，このような相互作用が黙殺でき，そうした分析に設定されている（価格，数量等の）さまざまな確率分布が互いに独立であると仮定できる。**モンテカルロ法**（Monte Carlo method）[6)]はたくさんの無作為に選ばれた数である乱数を用いて，何度も模擬実験（シミュレーション）をして近似値を求める計算法であり，大規模事業のリスクを見積もるのに効果的とされている。モンテカルロ法をより意義深く，より現実的で真の経済的相互作用をより反映するものにするためには，多くの難しい研究が必要である。銅の期待実質価格の上昇は需要急増あるいは供給低下によるのか。明らかに当然のことであるが，実質賃金を高くするのは何らかの高成長が予測されるからであり，低くするのは何らかの低成長があるからであろうか。

　モンテカルロ法を適用するにあたって，こうした調整をひとたびすると，算定された純現在価値の**度数分布**（frequency distribution）の結果を得ることができ，そしてその平均を算定できる。これが当該事業の「適切な」純現在価値なのである。

　危険性中立の仮定（assumption of risk neutrality）を満たすためだけでなすべき研究が多いことは明らかであると私は思う。危険性中立の仮定をきわめ

---

6) カジノで有名なモナコ公国のモンテカルロにその名は由来している。

ようとしている場合に，われわれの世代がこれをすることができるのであれば，本格的な費用便益分析の進展に大きな貢献となるであろう．

(11) 費用便益分析自体の費用と便益について

私はこの問題については本格的には議論をしてこなかった．応用厚生経済学には長い伝統にしっかりと基づいた費用便益分析の方法論がある．それが何であるか．本当に優れた費用便益分析をするには費用がかかってしまう傾向があるのである．

500,000 ドルを要するであろう道路改良を分析するために 500,000 ドルを支出しては意味がないのは当然である．他方，500 億ドル要する事業の優れた分析をするための 20 億ドルであればおそらくそれは価値あるものとなろう．

しかしここに至っても，緻密な研究をするための財布の紐は長いかもしれない．かなり大雑把な分析で実質内部収益率が 30％ とされた場合でも，適切な割引率がわずか 10％ であるならば緻密な分析からの便益はほとんどないかもしれないのである．

ともかく，われわれは以下の事実を認めなければならない．①小規模事業を扱うためには料理店(レストラン)ではなくカウンター式軽食堂のような間に合わせの方法を必要とする．そして②標本の抽出を一度に 1 単位ずつ，順を追って実施する**継続標本抽出**（逐次標本抽出; sequential sampling）に類似した手法を必要とする．そこでは既存の標本規模で，自信をもって認められうる水準で（当該事業を認めるかあるいは拒否するかという）問題にすぐに答えられる場合，それ以上の標本抽出をやめるのである．

われわれは本格的な費用便益分析に利用できる資源の節約した使い方を学ばねばならず，その資源を最も効率的な方法で用いなければならないのである．

(12) 相対価格の将来傾向の取り扱い

分析される事業期間にわたって，「今年の」相対価格を使い続けると仮定するのではまったく専門的とはいえない．われわれは実質単位で価格を表現するのにニュメレールを用いる．しかしこうした**実質価格**（real price）は当然，時の経過とともに変化する．その費用便益分析表を算定するときに，事業の全

期間にわたって実質価格を一定としたままにする理由はまったくない。将来の実質価格を予測することが困難であることは事実であるが，われわれは将来の実質価格の予測に最善を尽くすべきである。凶作や世界的景気後退のような，ある一時的な理由で低くなったり高くなったりする価格を認識することは最も簡単である。こうした場合には，相対価格がその正常な傾向に戻ってくるであろう道筋を分析に打ち立てなければならない。価格についての将来の永続的動向を見積もることはより難しい。しかし，その規則は簡単である。**実質費用削減**（**全要素生産性改善**; total factor productivity improvement : TFP improvement；全要素生産性とは生産性を評価する方法の一つであり，生産要素すべての投入量で産出量を割った値である。しかし，労働や資本以外の技術革新，労働者の熟練度の向上，規模の経済の実現といった要素の定量的計測が難しいため，実質 GDP から資本および労働の投入量の伸び率を引いた残差として算出されることが多い）が（散髪代ないしタクシー運賃の場合のように）平均より低いことがわかった場合，ある財の実質価格は上方傾向になるであろう。実質費用削減が（コンピューター，携帯電話，テレビ受像機におけるように）平均より結局大きくなる場合，財の価格は下方傾向になるであろう。こうした生産性の差は結果論でみるのが（そして測定するのが）容易である。しかし，たいていの場合事業評価におけるわれわれの仕事は事業の予測将来期間にわたって価格傾向がおそらくどうなるかを査定し，そしてそれを分析に組み込むことである。われわれはモンテカルロ法を使用したり**感度試験**（sensitivity test）をすることで賭けでの丸損を避けるかのごとくに両面作戦をとることができるのである。

　おそらく実質価格の体系的傾向が分析に組み込まれるべき最も重要な領域は**労働市場**（labor market）である。そこではたいていの職業の実質賃金は概ねかなり上昇傾向をもっており，それが分析に組み入れられるはずである。

　割引率（discount rate）もまた時の経過とともに変化しうる。現在のような景気後退期には，今年あるいはごく近い将来については低い割引率を組み込むことが合理的である。第 1 章第 4 節および第 5 節で示した例を修正すると，置き換えられた投資の期待収益率は 8％ となり，新たに刺激された貯蓄の供給価格は 2％ であり，外国資金の限界費用は 5％ とされる。次に同じウエイトづけの 0.7，0.1，そして 0.2 を用いると，当該年（度）ないし期間の資本の経済的

機会費用は10%ではなくて (0.7×8%) + (0.1×2%) + (0.2×5%) = 6.8%である。

年(度)によって異なる割引率は，概念上の難しさを示すものではない。r_1が第0年(度)と第1年(度)をつなぐ割引率であり，r_2が第1年(度)と第2年(度)をつなぐ割引率，等である場合，第2年(度)の流れ(フロー)F_2はそれを$(1+r_1)(1+r_2)$で割ることにより第0年(度)に割り引くことになろう。一般に，F_Nはそれを年間割引因子1からNの生産物，例えば$(1+r_1)(1+r_2)\cdots(1+r_{N-1})(1+r_N)$で割ることにより第0年(度)に割り引くことになるであろう[7]。

(13) 慎ましさと専門的自負の調和

費用便益分析の方法論は，(民間部門，公共部門，あるいは公私合弁のいずれであろうと)**商業型冒険的事業**(ベンチャー)(思惑的事業)(commercial-type ventures)にかなり容易にそして当然適用される。そうした事業では費用と便益が圧倒的に現金支出と現金受取からなっている。しかし，こうした形態ではない事業の便益と費用をどう処理したらよいのか。ここでの答えは少し複雑なものとなる。**非現金便益**(non-cash benefit)や**非現金費用**(non-cash cost)のいくつかは経済分析を直接適用することで数量化されうる。通勤者が通勤に費やしている時間や仕事の時間に置いている価値，そして港や運河に入るために列になって待機している船に帰属する費用，また娯楽施設利用者が公園，美術館などを訪問することにおいている価値を見積もる経済研究がある。そして(他のやり方がないために)分析者自身によって，あるいは特定の非市場目的に価値を置くことを企図している公共部門当局によって，設定されうる便益がほかにある。こうしたものには，**貧困者の基本的要求**(basic needs of the poor)の追加的達成に，あるいは経済的に困窮している地域ないし産業への追加の経済活動に，

---

[7] 第1章第1節の注釈3)では割引率を各年(度)で同一のrとしていたため，現時点における将来価値A_tの現在価値Aを$\frac{A_t}{(1+r)^t}$で求めるとしたが，実際には本章で述べたように割引率は時点において変化する。そのため$\frac{A_t}{(1+r_1)(1+r_2)\cdots(1+r_{N-1})(1+r_N)} = A$のように現在価値を求めるといっているのである。なお，r_iは第i年(度)の割引率である。

「社会」が喜んで支払うことを意味する価値がある。最後に，前の答えのいずれかがもっともらしく適用できる領域がかなりある。国防の便益と国家の文化，歴史そして伝統と結びついた便益がここで思いつく。そうした要素の価値を決定するにあたっての専門的意見をほとんどあるいは何もいわないというのが専門的経済学者のお決まりの答えである。かわりに，こうしたものを専門的に見積もり数量化して，まさにこうしたものの費用と便益の測定値を引き出そうとするのである。それから，「この事業では，経済的費用は経済的便益を確かに200百万ドルだけ上回る。これを踏まえて国防の便益あるいは他の便益がこの費用に値するか否かの決定は究極の意思決定者であるあなたに委ねられている」というような声明を聴衆に突きつけるのである。

費用便益分析を行うにあたっては次の両面を持ち合わせている必要があろう。まず，われわれが数多くの非市場便益を数量化する専門家ではないと実感したら，こうした事実を率直に認めるのがわれわれにとって最善であるという意味で，ここで慎ましさを念頭において分析にあたる必要を考えるべきである。また，「われわれの専門性を守り抜くこと」によってのみ費用便益分析に関して特別な発言権があると強く主張できるという意味で，専門家気質という考え方が念頭におかれるべきでもある。

⒁ 割引率についての最終注意

スティーブ・マーグリン（Steve Marglin）という名前が時に連想されるが，他に何名かで書かれているかなり古い文献がある。その本では限界時間選好率が割引率として用いられている。ここでは資本のウエイトづけされた平均機会費用が10％であり，また限界時間選好率が4％であるという第1章第5節で示した数値例を用いながら，その文献を説明しようと思う。

マーグリンらはこの場合，割引率に4％を用いることを断固主張するであろう。まさに第1章第5節での例では，置き換えられた投資が実際に12％の生産性を持ち，そして国外から引き出された資金が8％の国に対する限界費用を実際に有していたことをはっきりと理解すると，マーグリンらは洞察力があったといえる。これら費用を考慮に入れて，資金の引き出しによって生じた結局10％となる将来費用の流れについて現在価値（割引率は4％）で表される，

投資可能資金の影の価格（shadow price of investable funds）を彼らは考えた。第 1 章第 5 節の数値を使わないで，彼らの著作で示されている方法論を用いると，投資可能資金の影の価格は $\frac{10\%}{4\%}$ であり，2.5 となるであろう。したがって，1 百万ドルの投資には費用便益分析では費用が 2.5 百万ドル「費やされる」ことになるであろう。これに対応して，いかなる新規の，自律的に生じた投資可能資金もその額の 2.5 倍の便益を生み出すものと信じられるであろう。

割引率に 10% を用いると，「投資可能資金の影の価格」は 1.0 であり，それについて無視することができる。しかし資金の機会費用より低い割引率を用いると，投資可能な資金の影の価格を論理的に再導入せざるを得ないと私は思っている。このことは分析をかなり複雑化させ，長期事業に熱心で，2% の割引率を用いたいとする人に説明する際に大きな問題を引き起こすことになる。彼らはもちろん 2% の割引率を用いることができるが，それは実際の現金価値の 5 倍（＝ $\frac{10\%}{2\%}$）で，その事業支出に「要する」価格を支払うときだけの話である。

置き換えられた投資の予想収益（われわれの例では 12%）が限界時間選好率（4%，あるいはちょうど上の例では 2%）を超過するということでは投資家には便益とは認められないと主張すれば，こうした葛藤は部分的には解決され得る。しかしそうした大雑把な主張をすることではすべての人を納得させるようなことにはならないと私は思うのである。

国外から引き出された資金に限っては，この問題を解決する方法が部分的にさえないのである。ここではそうした資金の限界費用は無関係な人に支払われ，支払っている経済に関する限り，そうした資金の限界費用はすべて純粋な費用なのである。

私がみているように，（投資の課税前収益，貯蓄の課税後供給価格，そして国外から引き出される資金の効率的な限界費用に由来する）**資本の経済的機会費用**（economic opportunity cost）からは間違いなく逃れることはできないのである。一方，これを**割引率**（discount rate）として用いることができ，そしてそのように扱うはずである。これは確かに簡単な解決策であり，私はこれを支持するものである。この簡単な解決策の代替的方法はいくぶん低い率（おそらく時間選好率）を用いることである。しかし低い率である時間選好率を用い

ると，投資可能資金の影の価格を算定するにあたり経済的機会費用が裏口から入ってくるのである。こうすると，特に一般の人びとに分析とその結果を知らせる問題に代表されるように，多くの問題が生じてしまう。（例えば，「この橋は現金で10百万ドルかかる。そして4％で割り引かれた橋の便益の現在価値は18百万ドルである。しかしそれはひどい事業である。なぜならここで例として設定した機会費用10％，割引率4％を適用すると，その投資の真の費用は10百万ドルではなく25百万ドルであるからである」ということを知らせることである。）たとえ高度に教育されていても経済学者ではない人に，どのようにしたら2.5という**影の価格倍数**（shadow price multiple）を適用する論理的必要性を確信させることができるというのか。10百万ドルという実際の費用を使い，そしてこの現実費用10百万ドルと，ここでは機会費用率（10％）で割り引かれたときにおそらく8〜9百万ドルになるであろう便益の現在価値とを比較すればどれだけ簡単にすむことか！

⒂ 周期的景気下降の取り扱い──失業の吸収

この領域は費用便益分析の議論においては概して無視されてきたところであり，それにはそれなりの理由がある。実施されてきた費用便益分析のたいていは長期的将来（事業期間）をみていて，その分析の中に将来の景気下降の予測を組み入れる賢明さは持ちあわせていなかったようである。

しかしながら，事後的分析に関して問題が発生するが，その分析においては景気後退の年を指摘することができる。そして，現在のような，すぐに実行される事業がいくつか現れる時にも，あるいは景気後退の要因がいくらかまだ一般に残っているような直近の将来でも，景気後退の時期に関して問題が起こるのである。

大問題は，何らかの方法で景気後退を改善するのに役立つ事業にどんな「追加貸付」がなされるべきかということである。

もっとも簡単な答えは，ある事業により結果的に失業者の削減ができているときに対象となる外部性に関係しているというものである。ここで失業補償としての**公共支出による救済**（saving in public outlay）は，明らかに外部性である。典型的な失業労働者が実際に政府から受け取ったものは容易に数量化で

きる。

しかしすぐにさらに難しい問題にぶちあたる。新規事業ないし新規実施計画(プログラム)で100の仕事が生み出された場合，この仕事のうちどれほどが失業者の削減にむけられるであろうか。第2章でみたように普通の費用便益分析では，普通出てくる解答は零(ゼロ)である。この答えは一般失業率が5％の時に当てはまるといえよう。別の極端な状態は，まだ覚えている人も何人かはいようが，**世界恐慌**（the great depression）のときで失業率が25％あるいはそれ以上に達していた。ここで100の新規の仕事は実際には失業者100（あるいは120 あるいは130 さえも）吸収するかもしれないとおそらく考えることができる。

まったく信じ難いと思われることは，（全体で5％の失業率での）失業吸収が零(ゼロ)パーセントから，全体での失業率が6％あるいは7％あるいは8％あるいは10％では失業吸収100％へとなることである。**アルフレッド・マーシャル**（Alfred Marshall；イギリスの経済学者）は「自然は連続的である」という標語で彼の著書『経済学原理』を始めた。その標語はここで取り上げている問題にうまく適合するように思われる。つまり全体の失業率が上昇するにつれて，**失業吸収割合**（absorption fraction）は徐々に連続して反応するにちがいない。おそらく10％の失業率で，この失業吸収割合は $\frac{1}{3}$ である。おそらく15％の失業率で，この失業吸収割合は $\frac{1}{2}$ である。こうした数値は，ある職業では失業率が高くて別の職業では失業率が低いことから，また良い仕事のたいていは他の仕事から移ってくる人びとで概してまず埋まってしまうことから，私にはもっともらしくみえる。

リーマン・ショック（the 2008 financial crisis）に伴う現在の景気後退が始まって以来，私は現代のディオゲネス（Diogenes；ギリシャの哲学者で，世俗権威を否定し，無欲や奇行で名高い。412?～323B.C.）の役割を演じてきた。角灯(ランタン)をもって歩き回り，私が出くわした労働経済学者やマクロ経済学者それぞれに「失業吸収割合は全体の失業率で，あるいはその他の重要な変数で，どのように変わるかを書物に書くとしたら何を書く必要があるか」ということを訪ねまわったのである。これまで誰もそんな失業吸収割合に研究の焦点をあててはこなかったというのが大方の答えである。これは確かに将来の本格的な研究者によって埋められなければならない大きな穴である。しかしこれは原則や標準の

枠組みを設定しようとしている人の課題ではない。けれども景気後退期に生み出された100の仕事それぞれが結局は失業者100を吸収すると仮定する愚かさには確かに警鐘を鳴らすことができる。

さらに景気後退期の所与の時期に失業吸収割合がどのように設定されたとしても，経済の回復が期待されるにつれて，おそらくは零(ゼロ)になろう失業吸収割合がどのように動くかを見積もる問題にも直面するはずである。今日創造された永続的な仕事が今から3，4，あるいは5年もしくはそれ以上，失業率にかなり影響を及ぼすとみることは確かに無謀なことであろう。

(16) 景気後退の取り扱い——供給価格の問題

われわれは，ここまでのところ，事業がもたらした失業補償支払いの削減×当該事業での新規仕事数×失業吸収割合と等しい外部性を有しているところにいる。ここでの便益は，失業補償支払いの節減として，みな政府に行くことになる。加えて，失業労働者自身に対する便益もあると思われ，それはおそらく彼らが失業者の地位から従業員の地位に移るときに生じる生産者余剰である。この**生産者余剰**（producer surplus）とは何か。たいていの経済学者は，労働者が受け取る賃金が，労働者が得た仕事の真の労働供給価格を超過した分というであろう。

ここでの問題は，労働者の「**留保賃金**（reservation wage；労働者が職に就くことを受け入れる動機となる最低賃金で，提示された賃金がこれ以上であれば就職し，安ければ職業探索を続けるとされる）」のデータでは正確な答えが得られないというものである。1970年国勢調査は失業者の留保賃金について質問をしていた。そしてその結果は，各回答者の職業の一般賃金にかなり近いものであった。手短にいうと，回答した労働者はその**労働の「期待需要価格」**（"expected demand price" for their labor）を与えられているのであって，真の供給価格を与えられているわけではないのである。

そしてここでわれわれが実証的に得ているものと，われわれが実際に求めているものとの間で真のせめぎ合いに至るのである。供給曲線と需要曲線，あるいは供給表と需要表を描くとき，そこで問うている問題は，与えられている賃金それぞれないし価格それぞれがその市場で（すべての供給者によって受け取

られる）均衡賃金あるいは（すべての需要者によって支払われる）均衡価格であるならば，各経済主体が（供給として）提供するものは何で，あるいは（需要として）買いたいものは何かということである。この意味で失業した労働者は均衡賃金の半分に等しい真の供給価格を有しているかもしれない。（例えば，現在のところ一般賃金の半分がまさにその職業の現行賃金であるとしたら，その金額で喜んで働くであろうということである。）しかしそれは，現在の市場条件の下での留保賃金を問うときに労働者が答えるものではない。

そして，失業者から吸収された労働者へと変わるときに生じる便益の大きさを決定する際に，いま一つの大きな問題に達するのである。便益の大きさは確かに零(ゼロ)ではないと思われ，それは保留賃金によって導き出される結論なのである。しかし労働者の便益が新しい仕事の賃金全額でないことは確かであり，それは労働の真の供給価格が零(ゼロ)に等しいことを暗示するものであろう。

こうした問題は原理および標準の枠組みを設定しようとするときには答えられない問題であると私は思う。しかし確かに人々が直面する落とし穴に注意を発すべきであり，たぶん合理的な指針をいくつか示すべきなのである。

(17) 「事業が実施される場合」と「事業が実施されない場合」の比較に関する最終注意

費用便益分析の重要な各処方箋によると，ある事業ないし実施計画(プログラム)に起因すると考えられる適切な年間純費用ないし年間純便益は，年々，事業ないし実施計画(プログラム)が「実施される場合」の世界と「実施されない場合」の世界とを比較することで生じる便益と費用のちがいであると指摘される。しかし，多くの人びとはその意義と影響を本当に理解しないでこの原理に口先だけの好意を示しているというのが私の印象である。

この比較を描き出す最も容易な方法は，経済の適切な局面を描写している2つの映画に思いを巡らしてもらうことである。ある人は当該事業が存在した時に年々経済がどう発展するかを描写していて，別の人は当該事業がないときにいかに経済発展がみられるかを描写しているのである。**事業分析表**（project profile）は，年々の便益と費用の違いをこれら2つの映画から引き出されたものとしてみることで，得られるのである。

ある事業への支出を総支出に対する増分であるとする取り違いがよくみられる。当該事業に用いる資源の「源泉」を考慮に入れるべきであるということはきわめて重要である。その要点についてはすでに述べたとおりである。

　さしあたり，私は労働市場に焦点をあてて，ある事業に用いられた**労働の「源泉」**（"sourcing" of the labor）に関する問題の答えとして適切なものと適切でないものの違いを指摘したい。

　この問題に対する答えを求めてみると，ギャロップ（Gallup）あるいはローパー（Roper）が当該事業により雇われた人に当該事業に従事する直前にどんな身分（前職，失業，非自発的失業）にあったのかを質問した示唆的な研究をしている。しかしこれは適切な答えとはいえない。なぜなら，（とりわけ）その他の仕事から移ってきた人は元の仕事に欠員を残し新たな仕事に就いているからである。これについては，あるものが満たされようとすると他が満たされなくなるという需要と供給の経済学の常道でいわれていることを思い起こしてほしい。

　同じ問題に対する答えを求めてみると，経済史の学者や人口統計学者は，将来の新規の仕事が人口の自然増によって，国内そして国際的移住者によって，そして労働力参加者の変動によって満たされるであろうとおそらくいうであろう。これは全体的な位置からみればそうではあるが，しかし所与の事業ないし実施計画（プログラム）についての問題に答える際には必ずしもそうはいえないのである。

　適切な答えは，比較している2つの映画それぞれで，分析している事業期間の期首から期末までの当該経済の適切な均衡が浮き彫りにされるべきである。これは困難な問題である。しかし，メキシコの中央事業評価局が入っている開発銀行の**バノブラス**（BANOBRAS; メキシコの公的事業銀行）により始められた基礎研究でそれがどう取り扱われたかを説明させてほしい。この研究の基礎データはメキシコのほぼ40といったさまざまな労働市場領域での労働市場調査である。これらの領域それぞれで，ほぼ100の異なった職業について男女別で，賃金，平均労働時間，平均稼得所得などのデータが提供されている。

　第一の課題は，100のさまざまな職業を意義のあるそして処理しやすい集団にまとめることによって問題を簡単化することであった。こうして普通の労働者，半熟練労働者，そして熟練労働者，普通の事務員そして熟練事務員，技術

者，知的職業人，経営者，そしてたぶんあと1つか2つの範疇(カテゴリー)に分けられた。いくつかの職業を一つの範疇にまとめる際の原則は，これらの職業で同じ賃金が支払われているか否かというものであった。

そこでいま基本的にメキシコの全領土を網羅する40の労働市場で，例えば10の労働範疇の平均賃金率があったとしよう。そして労働範疇それぞれと各立地について，その立地における労働範疇と結びついた**租税支払**（tax payment）を見積もる。

次に40の主要な労働市場それぞれについて，労働力増加の地理的源泉について仮定を設けなければならない。すべての場合で，労働力の半分が同じ労働市場地域での他の仕事を犠牲にしてきたものであるとした。事業労働力のその他の半分の源泉についてはさまざまな仮定がなされた。ドーナツと呼ばれる最初の代替的仮定の下では，事業労働力のその他の半分は，近隣の労働市場地域からやってきたとされており，そのような地域それぞれにおける労働範疇（例えば，半熟練労働者）での労働者現員数に比例しているとされた。全国と呼ばれる第二の代替的仮定の下では，事業労働力の他の半分が，同じように労働範疇での労働者現員数に比例して，他39の労働市場地域すべてからやってくると仮定された。

そこで，w_{ir} を地域 r における労働範疇 i の労働者の月当たり賃金としたときに，賃金 w_{ir} と結びついた，月当たり租税支払額である T_{ir} の金額を見積もった。そうすると地域 s における労働範疇 i の労働の経済的機会費用は

$$w_{is} - [T_{is} - \sum_r a_{ir} T_{ir}]$$

となる。

ここで地域 r の a_{ir} は，労働の源泉地域それぞれからやってきた労働範疇 i（この場合は半熟練労働者）における労働者の割合である。メキシコの研究では，a_{ir} は当該事業が設定された地域についてはいつも $\frac{1}{2}$ であった。残りの半分は，問題となっている範疇の労働者数（N_{ir}）に比例して他の労働源泉地域に分配されるであろう。すなわち，s 以外の地域の a_{ir} は $\left(\dfrac{N_{ir}}{\sum_{r \neq s} N_{ir}}\right)\left(\dfrac{1}{2}\right)$ となる。

これは実際よりも複雑にみえるかもしれない。われわれがしようとしていることは，当該事業における労働者によって（あるいは労働者のために）支払わ

表8-2 事業の有無による租税の捉え方

	事業あり	事業なし
租　税	便益	費用

れた租税を**便益**（benefit）と考え，また事業がない場合に彼らがおそらく就いていたであろう雇用で労働者によって（あるいは労働者のために）支払われていたであろう租税を**費用**（cost）と考えることである。まとめると**表8-2**のとおりである。

　一国の主要都市間で労働源泉があるようなところでは，概して源泉地と仕向地の間で違いのような，（労働者一人当たりの）支払税額に著しい違いを見込めない。しかしながら，ある事業が一国の主要都市地域でなされ，そしてその多くが田舎の奥地からの出稼ぎ労働者によって供給されているようなとき，支払税額に大きな違いがありうる。そうしたとき事業は市場賃金よりもいくぶん低い労働の経済的機会費用をもたらす傾向があろう。これは（特に中国やインドのような）多くの発展途上国における低い技術の労働力についてそういえると思われる。そこでは，出稼ぎ労働者の都市仕向地で支払われた賃金は出稼ぎ労働者の源泉たる田舎での賃金より実質的にかなり高い傾向にある。かなりの割増金（プレミアム）（例えば都市の賃金はおそらく田舎の賃金の2倍である）がなければ労働力はおそらく都市へと移動しないであろうという事実を反映しているので，これは真の経済的費用と考えられる。

　結論は単純に，たいていの場合，当該事業によって実際に支払われた（支払われる）賃金を**労働の経済的機会費用**（the economic opportunity cost of labor）の第一の近似値と考えるということである。次にこれは賃金と結びついた租税（給与税，個人所得税，そして売上税と物品税）の違いによって調整されるのである。その租税の違いというのは，当該事業で雇用される場合と「その労働源泉で」代替的に雇用される場合での違いのようなものである。またその違いは，（当該事業が「存在する場合」と「存在しない場合」という2つの映画の違いのような，労働の源泉が都市あるいは田舎のどこであろうとも，それぞれの労働源泉での雇用の違いとして概念化されたものである。）

第Ⅱ部　所得分配と財政学

第9章

分配上の考慮と財政学についての熟考

緒論および要約

　本章では第一に，いくつかの国々における所得階層間の**租税負担の分配**（distribution of the tax）の形跡を検討しようと考えている。第二に，この分析を政府支出の「**配分**（allocation）」部分に拡張するであろう。こうした二つのことをすることにより，全体として，**租税政策**（tax policy）および支出政策はある国の所得分配に緩やかな影響を及ぼすものにほかならないという大まかな結論を導き出せる。そしてこの二つの政策では，**支出政策**（expenditure policy）の方が比較的強い影響力がある。

　本章第3節は，われわれ（それは経済学者ばかりでなく全体として一般大衆もまた）が「分配」に結びついた**政府の役割**（role of government）の問題をどのようにみるべきかということをいくつか熟考している。人が求めているものを手に入れることは実際には難しいからという理由しかないのであれば，政府が国全体の所得分配に重大な変化をもたらすことが可能であると考えるのは不合理であるだろうという議論が起こる。しかし貧困を非難し，緩和し，そして最後には排除までしようとする目的は，政府の力量次第といえるものであり，また政府の力量に相応した政策目標としていっそう意義深いものなのである。

　租税負担の分配と政府支出の便益の分配は，本質的には所得分配そのものであるというよりも，政府政策の影響をかなり受けやすいという方がよかろう。しかしここでさえも，第1節に示されるようにきわめて厳格な制限がはめられている。それにもかかわらず一般に，ある国の所得分配の変化は，かなり大部分は政府の努力以外のことが原因となって生じるというのが経済学者や同様に

市民に対するわれわれの勧告である。だから租税負担の分配と政府支出の配分可能な便益に影響を及ぼすことを考えることがよりいっそう生産的である。

　本章の第4節では，教育過程が所得分配に影響を及ぼす潜在性を考察する。これが政府の利用できる最も有力な分配上の手段であることには疑いがない。しかし，教育領域での行動と所得分配への決定的影響の間にはかなり長い懐胎期間があることを理解しなければならない。この長い懐胎期間が所与である場合，**教育政策**（education policy）に関しては，教育の範囲を拡張することと教育の質を改善することにいっそう焦点をあてるべきであると一般に議論されているとみるのが適切である。こうした側面は**現役世代**（current generation）によりすぐに認められ，そして理解される（ことが望まれる）。そこで所得分配に関連している便益は，たぶん教育政策が要因とされる直接認められる他の影響力とかなり混ぜ合わせられ，**次世代**（later generation）の分け前となるであろう。しかしそれにもかかわらず，現役世代にも便益はあるのである。

　本章の第5節は，租税負担の分配を負担する際の，特定の租税問題を論じる。ここで取り扱われるものは以下のとおりである。

① **付加価値税**（value added tax）の枠組み内での**複数税率**（multiple rate）の使用，

② **奢侈抑止税**（sumptuary tax）の累進構造の展開についての潜在性，

③ 可能な反貧困手段としての**負の所得税**（negative income tax），

④ 小規模で，開放された発展途上経済における**法人所得税の帰着**（incidence of the corporation income tax）。

　最も重点を置いているのは④である。なぜなら，そうした経済では法人税が強度な逆進性を持つと理解している経済学者がほとんどいないからである。ここで提案される解決策は，法人所得税の構造を維持するが，個人所得税との統合を通じて法人所得税の効果を和らげるということである。

　最終節は，本章の主な趣意の要点を述べる。第一にある国の所得分配は深いところから生じている経済力の産物といえる。適当な政策措置によって，租税面あるいは支出面のいずれであっても，それに大きな変化を生じさせることはかなり難しい。しかし，貧困層の状況を改善する，つまりその所得を高めてより高い社会経済階層に移動させる政策を行う余地はかなり残されている。こう

した「分配の考察」に関する実質的努力目標が存在する領域なのである。

第1節　租税負担の分配について

(1) アメリカの比例的な租税負担

租税負担の分配に関する最近の専門的議論は，ペックマン（Joseph A. Pechman）とオークナー（Benjamin A. Okner）（1974〔昭和49〕年の著作；本章参考文献［11］）による研究から出発してきたといわれている。この研究で著者らは1966（昭和41）年の所得諸階層にわたるアメリカ合衆国における連邦の課税，州の課税，そして地方の課税の負担を特定しようとしていた。彼らの結果には関心を寄せ固唾をのんで見守っていた人みなが驚かされた。彼らは特定の租税の負担分配の仕方に関して広範な代替的仮定を用いたのだけれども，その答えすべてがただ一つの結論を導いたからであった。それはアメリカ合衆国の租税制度がそれほど累進的なものではなく，所得分配には何ら重大な影響を及ぼすものではないというものであった。

表9-1はペックマンとオークナーが用いた最も累進的場合と最も累進的でない場合を仮定した彼らの結果を要約したものである。特に1966（昭和41）年の租税負担総額は家族所得総額の25％を優に超えて実現されているにもかかわらず，租税制度によってもたらされた所得分配の変化はまさに驚くほど小さいのである。

この家族所得総額の中で，10分の1未満にしか所得分配の変化（最高十分位の分配は2.06パーセンテージポイント低下そして第6十分位の0.18パーセンテージポイント低下）が反映されていなかった。こうした分配の低下分は，所得総額の8分の1だけしか得ていない最低十分位に広く分配された。そしてこうして導き出された数値は，ペックマンやオークナーによって検討された最も累進的な仮定に基づいているものである。累進性が最も緩い彼らの仮定では，最高十分位と最低十分位の分配はほとんど変化していないのである。実際にはどちらの仮定に基づいても，アメリカ合衆国の租税制度をおおよそ比例的であるとみなすことができる。

ペックマンとオークナーの導き出したこの驚くべき特質が，後続の年につい

表 9-1　課税前後の家族所得の分配 [a]

十分位数	最も累進的変量 [b]			最も累進的でない変量 [c]		
	課税前	課税後	純変化	課税前	課税後	純変化
1	1.21	1.33	0.12	1.25	1.27	0.02
2	2.67	3.01	0.34	2.73	2.81	0.08
3	4.25	4.46	0.21	4.31	4.37	0.06
4	5.79	5.85	0.06	5.86	5.77	-0.09
5	7.24	7.50	0.26	7.41	7.43	0.02
6	9.06	8.88	-0.18	9.29	8.83	-0.46
7	9.80	10.59	0.79	10.16	10.58	0.42
8	12.27	12.69	0.42	12.43	12.63	0.20
9	15.16	15.20	0.04	15.48	15.26	-0.22
10	32.55	30.49	-2.06	31.08	31.05	-0.03
ジニ係数	0.4367	0.4158	-02.09	0.4252	0.4240	-0.0012

〔出所〕Joseph A. Pechman and Benjamin A. Okner, *Who Bears the Tax Burden?*, Washington: The Brookings Institution, 1974, p. 56 (Table 4-6).

a 1966（昭和 41）年のアメリカ合衆国連邦税，州税，および地方税に関するデータ
b ペックマンとオークナーの変量 1c.
c ペックマンとオークナーの変量 3d.
（変量は所得階層による租税負担の分配に用いられたさまざまな仮定により異なる）

ても同じようにあてはまるか否かを検討しようというさらに進んだ研究がなされた。この研究成果はペックマン（1985〔昭和 60〕年の著作：本章参考文献［9］）によって公刊された。その重要な結果は**表 9-2** に要約されている。**表 9-2** は**表 9-1** と様式が違っていることに注意されたい。**表 9-2** では，データは**平均実効税率**（average effective tax rate）（ $=\dfrac{\text{支払租税総額}}{\text{調整後所得}}$ ）で示されている。近年の税率は，最低十分位には高く，また最高十分位には低いものであることに注意されたい。そして，ほとんどすべての分位で，税率が何と比例税率に近いのであり，そのことにもまた注意されたい。(1969〔昭和 44〕年に「稼得」所得についてそしてのちに「非稼得」所得についても同様に，）個人所得税の最高限界税率が 70％ から 50％ に引き下げられたにもかかわらず，これが事実なのである。

表9-2　人口十分位による連邦税，州税および地方税の実効税率
1966（昭和41）年-85（昭和60）年

十分位	人　口				
	1966年	1970年	1975年	1980年	1983年
	最も累進的変量				
1[a]	16.8	18.8	21.2	20.6	21.9
2	18.9	19.5	19.9	20.4	21.3
3	21.7	20.8	20.5	20.6	21.4
4	22.6	23.2	22.0	21.9	22.5
5	22.8	24.0	23.0	22.8	23.1
6	22.7	24.1	23.3	23.3	23.5
7	22.7	24.3	23.6	23.6	23.7
8	23.1	24.6	24.4	25.0	24.6
9	23.3	25.0	25.3	25.7	25.1
10	30.1	30.7	27.1	27.3	25.3
全分位[b]	25.2	26.1	25.0	25.2	24.5
	最も累進でない変量				
1[a]	27.5	25.8	29.6	28.9	28.2
2	24.8	24.2	24.2	25.7	25.6
3	26.0	24.2	23.4	24.6	24.6
4	25.9	25.9	24.6	25.2	25.2
5	25.8	26.4	25.3	25.8	25.3
6	25.6	26.2	25.3	25.9	25.6
7	25.5	26.2	25.5	26.0	25.4
8	25.5	26.4	26.0	27.1	26.3
9	25.2	26.1	26.3	27.2	26.1
10	25.9	27.8	24.2	24.9	23.3
全分位[b]	25.9	26.7	25.5	26.3	25.3

〔出所〕Joseph A. Pechman, *Who Paid The Taxes, 1966-85?*, Washington: The Brookings Institution, 1985, p. 68.

a　各十分位をさらに10に分けた全百分位中，第6から第10百分位のみ含む。（第1から第5百分位は含んでいない。）
b　別途表示していないが，負の所得を含む。

表9-3には上で述べた結論を補強するために，また1966（昭和41）年から1985（昭和60）年までのいくつかの年の課税前および課税後所得分配の比較データが示されている。租税帰着については（最も累進的な場合あるいは最も

表 9-3 人口五分位による連邦税，州税および地方税の課税前および課税後調整家族所得の分配
1966（昭和 41）年 –85（昭和 60）年

人口五分位	人口				
	1966 年	1970 年	1973 年	1980 年	1985 年
	最も累進的変量				
課税前					
第 1	3.9	4.1	4.6	4.1	4.2
第 2	10.0	10.1	10.2	9.7	10.0
第 3	16.3	16.2	15.6	15.4	15.8
第 4	22.0	23.0	21.8	21.9	23.3
第 5	47.7	46.5	47.9	48.9	47.7
課税後					
第 1	4.3	n.a.	4.8	4.3	4.4
第 2	10.3	n.a.	10.5	10.1	10.2
第 3	16.4	n.a.	15.8	15.6	15.8
第 4	23.3	n.a.	22.0	22.0	22.4
第 5	45.7	n.a.	46.8	48.0	47.3
	最も累進でない変量				
課税前					
第 1	4.0	4.1	4.6	4.1	4.2
第 2	10.2	10.2	10.3	9.8	10.0
第 3	16.7	16.5	15.8	15.6	15.9
第 4	22.6	23.5	22.1	22.1	22.5
第 5	46.6	45.7	47.2	48.4	47.3
課税後					
第 1	4.1	n.a.	4.6	4.1	4.2
第 2	10.1	n.a.	10.4	9.9	10.0
第 3	16.3	n.a.	15.7	15.4	15.6
第 4	23.2	n.a.	21.9	21.8	22.2
第 5	46.3	n.a.	47.5	48.8	48.0

〔出所〕Joseph A. Pechman, *Who Paid the Taxes, 1966–85?*, Washington: The Brookings Institution, 1985, p. 74.

累進的でない場合という 2 つの）いずれの下でも，課税前分配と課税後分配を比較すると，すべての年でどのような局面においても課税によってはほとんどまったく変化がないことが**表 9-3** からはかなり明瞭に読み取れる。

(2) チリでの租税負担

表9-4で，チリの場合をみてみよう。そこでも全体としての租税制度はまた比例的に近いのであるが，チリの場合には，緩やかに逆進的なのである。（ジニ係数〔Gini coefficient〕[1]が，課税前には 0.4883 であるのに対して課税後 0.4961 である。）表9-4 はエンゲル（Eduaro M. R. A. Engel），ギャレトビック（Alexander Galetovic），そしてラダッツ（Claudio E. Raddatz）（1999〔平成11〕年の著作：本章参考文献〔4〕）による近年の研究に基づいている。その研究の中で彼らは所得階層ごとのチリの租税負担の配分を入念に調べたのであった。チリでは所得に占める租税の平均割合が 11.8％（第10十分位）から 16.0％（第2十分位）までにわたっていることを彼らは見い出した。これはもちろん，最高十分位に政府が徴収する租税総額（第4行参照）の 37％（$=\dfrac{4.81}{13.00}=0.37$）を，

---

[1] ジニ係数（Gini coefficient）はイタリアの統計学者ジニによって所得分配の不平等度を測る指標として考案された。図9-1のように，横軸に低所得の人から高所得の人に向かって総人数中の順位の割合（人口累積度）をとり，縦軸にそれに応じた全体所得に占める各個人所得の割合（相対所得）を累積させた相対価格の和（所得累積金額）をとる。そのデータを結んだものがアメリカの統計学者ローレンツが考案した**ローレンツ曲線**（Lorenz curve）である。同図の45度線（均等分布線）上にローレンツ曲線が一致すれば完全に平等な状態を，45度線からローレンツ曲線が離れるほど不平等となる。ジニ係数はローレンツ曲線と均等分布線で囲まれた部分の面積（A）と均等分布線下の三角形の面積（A+B）の比（$=\dfrac{A}{A+B}$）とされる。完全に平等な状態は0，完全に不平等な状態は1で1人が全員の所得を独占していることを示す。

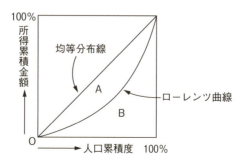

図9-1　ローレンツ曲線とジニ係数

表9-4 チリにおける租税および所得分配
(1996〔平成8〕年)

所得十分位	課税前所得 (1)	課税後所得 (2)	階層所得に占める租税の割合 (3)	所得総額に占める租税の割合[a] (4)
1	1.45	1.40	14.4	0.21
2	2.74	2.63	16.0	0.44
3	3.77	3.62	15.8	0.60
4	4.73	4.59	15.2	0.72
5	5.56	5.47	15.0	0.84
6	6.76	6.64	14.3	0.97
7	8.22	8.21	13.8	1.13
8	10.60	10.61	13.1	1.40
9	15.42	15.75	12.2	1.88
10	40.75	41.09	11.8	4.81
総平均	100.00	100.00		13.00
ジニ係数	0.4883	0.4961		

〔出所〕Eduardo M.R.A. Engel, Alexander Galetovic and Claudio E. Raddatz, "Taxes and Income Distribution in Chile: Some Unpleasant Redistribution Arithmetic," *Journal of Development Economics*, vol. 59, 1999, p. 172 (Table 5).

a 第(1)行の課税前所得により算定

あるいは最高五分位に政府が徴収する租税総額の半分超（$=\dfrac{[1.88+4.81]}{13.00}=$ 0.51) を支払わせているということなのである。

　チリの場合，租税負担がかなり重要である。というのは，チリの税務行政が発展途上国のちょっとした基準となるべきもの（モデル）であることは租税専門家の間ではよく知られていることだからである。たいていの発展途上国において（そしていくつかの先進国においてさえも）一般的である水準と比較して，チリの税務行政の効率性は実に高く，またその不正水準はきわめて低いのである。

　チリ研究の著者3名は事実に反する仮定をしている。こうした仮定は**表9-5**に掲げられている。事例3と事例4は以下の①，②を除けば，現実世界のチリの制度を修正する必要はない。①現在適用されているさまざまな**非課税控除**（tax-free allowance）をなくしていること，そして②こうした**控除**（allowance ; deduction を使うこともあるが，課税対象となるべき課税物件から差し引くことが

表9-5 代替的仮定下でのチリにおける所得分配
(1996〔平成8〕年)

事例番号	事例説明	ジニ係数	最高十分位所得÷最低十分位所得
1	課税前現実分配	0.4883	13.41
2	課税後現実分配	0.4961	14.12
3	事例#2,控除なし	0.4954	14.07
4	事例#2,控除および所得の過少申告なし	0.4837	13.37
5	事例#2,付加価値税18%から25%へ増税	0.5003	14.44
6	事例#2,関税なし	0.4906	13.64
7	事例#2,ガソリン税を二倍に課税	0.4958	14.08
8	事例#2,高い人的控除水準を持った一律課税による個人所得税の置換	0.4995	14.35
9	事例#4,高い人的控除水準を持った一律課税による個人所得税の置換	0.4925	13.92

〔出所〕Eduardo M.R.A. Engel, Alexander Galetovic and Claudio E. Raddatz, "Taxes and Income Distribution in Chile: Some Unpleasant Redistribution Arithmetic," *Journal of Development Economics*, vol. 59, 1999, pp. 172-176 (Table 5, 6, 8, 9).

できる項目のこと)に加えて租税支払にみられる各十分位に結びついた過少申告の概算率(見積もり割合)をなくしていることである[2]。

事例5では,他のどんな租税をも減税せずに,チリの付加価値税だけを18%から25%に増税した時の模擬実験(シミュレーション)がなされている。事例6は,**関税**(tariff)を(1996〔平成8〕年の水準の)11%から完全に零(ゼロ)にするものである。(読者は2003〔平成15〕年までに関税は6%まで現実に引き下げられてきていることに注意すべきである。)事例7では**ガソリン税**(excise tax on gasoline)

---

[2] **過少申告**(underreporting)は,百分位ずつ,**租税台帳**(tax roll)に所得が記載されたときに,チリの全国社会経済実態調査(CASEN調査〔CASEN survey〕)で報告された所得とそれに相応した総人口の百分位により申告された所得とを比較することにより見積もられたものである。各十分位の所得税の納税義務額は$\frac{過少申告額}{申告所得額}$の比率で,上方に調整された。同じような調整は付加価値税や特定の間接税ではなされなかった。というのは,これらの納税義務額の最初の概算は,完全な**納税協力**(compliance)を想定されたからである。(そうした概算は**法定税率**〔statutory tax rate〕をCASEN調査により明らかにされた家計支出に適用することにより得られたものであるからである。)

を二倍にするが，その他の租税の税率の変更はまったくないものになっている。最後に，事例8と事例9ではチリの個人所得税をいわゆる一律課税に置き換えた模擬実験(シミュレーション)がされている。この**一律課税（フラット税）**（flat tax）ではいくぶん累進的になる。なぜならば一律課税は，高い**人的控除**（exemption；一般原則に対する法的例外ないし除外項目といったもので，各人の人的事情からなされる人的控除の意味で使ったり，特定項目を課税しないという非課税の意味で使ったりしている）水準（一か月当たり2,000米ドル超）を組み入れているからである。それは著者らによって税収総額における比較ができるように設定された仮定である。事例8では，控除と無申告が一般的であるときに，実際に1996（平成8）年の状況で所得税を一律課税で置き換えてみたものである。事例9では，事例4の文脈で同じく所得税が一律課税に置き換えられており，控除と過少申告がともになされていない状況となる。

表9-5に示されている事例それぞれには2つの統計が示されている。ジニ係数（Gini coefficient）と「倍数」である。倍数は人口の最低十分位の所得に対する最高十分位の所得の割合を示している。これらの統計からはいずれも，事例が変わっても，重大な変化を示していないことが容易に理解できる。このように所得分配は租税制度それ自体とも，そして租税制度になるほどと思わせる修正をしても，それほど結びつきが強くないことが，アメリカ合衆国あるいは先進諸国に特有な現象ではないことを同表は物語っている。つまりこれと同じような所得分配と租税制度の結びつきの弱さは，いくぶん現代的租税制度といくぶん適切な税務行政を有する中規模所得国のチリでもまたみられるのである。あまり近代的な租税制度でもなくまた税務行政もお粗末な発展途上国では，所得分配はなおさら租税制度や租税改正に少しも影響されさえしないであろうとみるのが正しいと私は信じている。

第2節　政府支出の分配

(1) 政府移転支払と所得分配

租税制度を通じて所得分配に重要な修正を加えるのは難しいということが所与であるならば，支出にもっともな変更を加えることによっても所得分配に同

表9-6 所得十分位によるアメリカ合衆国での移転支払
(1980〔昭和55〕年)

十分位	家族所得[a]に占める移転の割合	総所得[b]に占める移転の割合	総所得に占める家族所得の割合
1	99.8	1.3	1.3
2	56.5	1.6	2.8
3	34.7	1.5	4.2
4	23.7	1.3	5.6
5	15.5	1.1	7.1
6	10.7	0.9	8.5
7	7.7	0.8	10.1
8	5.6	0.7	12.0
9	4.3	0.7	15.3
10	2.6	0.9	33.1
			100.0

〔出所〕Joseph A. Pechman, *Who Pays the Taxes, 1966–85?*, Washington: The Brookings Institution, 1985, pp. 52–53, Table 4.6 and 4.7.

a この行の百分率はペックマンにより出所文献の表4-7に示された百分率の平均値である。それは彼の変量1cそして3bの下での移転について掲げられている。その値は各階層の所得の百分率として各階層が受領した移転額を示している。

b この行の百分率はペックマンの変量1cそして3bについて出所文献の表4-7にある百分率の平均値である。その値はともに受領している全階層(十分位)の総所得の百分率として各階層が受領した移転額を示している。

じように影響を及ぼしえないか否かを問うことはきわめて当然なことといえよう。

この問題を検討するために,ここで2つの研究を報告する。一つはペックマンによる研究(1985〔昭和60〕年の著作:本章参考文献〔9〕)であり,いま一つはエンゲルらによる研究(1999〔平成11〕年の著作:本章参考文献〔4〕)である。

ペックマンは**政府移転支払**(government transfer payment)の所得分配への影響を検討している。彼の研究は現金あるいはそれに近いもの(**社会保障給付**〔social security benefit〕および**失業給付**〔unemployment benefit〕,貧困層,失業者,そして障害者のための**福祉給付**〔welfare payment〕,**労働者災害補償**〔workers compensation〕,**食料切符〔フードスタンプ〕**〔food stamp〕,**高齢者医療保険制度〔メディケア〕**〔Medicare〕および**医療扶助制度〔メディケイド〕**〔Medicaid〕を利用することによるそうした移転支払を主として組み入れてい

た。それらの内には，現物給付されたり，そしてもしくはその便益が特定の個人もしくは世帯に及ばない形態で与えられたりする**公教育**（public education）の便益のような便益は含まれていなかった。

表9-6は1980（昭和55）年時点でのアメリカ合衆国の所得十分位による移転支払を記録したものである。第1行はこうした移転支払がきわめて累進的である度合いが示されている。それらは第1十分位の市場所得のほぼちょうど100％を表している。他方，最高十分位の所得のわずか2.6％でしかない。しかしながら，各十分位により受領される絶対額（第2行はこれらをアメリカ合衆国全家計の総所得に占める割合として表している）をみると，最低十分位は最高十分位の約45％多く受領しているだけであり，示された十分位にわたりかなり均等に分配されていることがわかる。移転支払のこうした特徴は，さまざまな場合を検討してみても，何度も何度も出てくるのである。アメリカ合衆国では，**社会保障支払**（social security payment）が断然，最も重要な移転支払である。社会保障支払は社会保障制度に対する労働者の拠出総額と相関関係をもって増大しているけれども，十分位にわたる社会保障支払の分配は，（**社会保障税**〔social security tax〕にも上限があるように）給付に上限があることにきわめて影響を及ぼされている。そのためこうした給付は上限があることで，「所得に対して比例的な給付」ではなく「一人当たり均等な給付」にかなり近くなるように分配されてしまう社会保障給付が給付されるのである。この現象から，社会保障移転総額からの給付の分配がなぜ「一人当たり均等給付」線にきわめて近くなるかが説明できる。

(2) **社会保障移転と所得分配**

ペックマン（1985〔昭和60〕年の著作：本章参考文献〔9〕）はまた，社会保障移転が所得分配にいかに影響を及ぼすかの見積もりを示している。あいにくこれらのデータは彼の研究の他の部分で示されているデータと正確に比較することができない。その理由は，社会保障移転自体に関する彼の研究では，家族所得が社会保障移転と租税を除いたものを基準として見積もられているが，租税負担に関する彼の研究では，家族所得が社会保障移転を含めて算定されているからである。このような家族所得の基準でのジニ係数は，ペックマンの最も累

進的である変数の場合0.483で，最も累進的でない場合0.477である。課税前ではあるが社会保障移転後には，これらジニ係数の数値は0.445および0.440に下がる。社会保障移転もされ課税もされた後には，ジニ係数は0.435および0.444になる。こうした結果から引き出される重要な結論は，①アメリカ合衆国では，所得分配に対しては社会保障移転が租税よりも大きな影響を及ぼす，そして②そうであっても，所得分配は社会保障移転および租税に対してはともにかなり反応が鈍いということである。

　エンゲル，ギャレトビック，そしてラダッツによる研究は主として租税の側面に焦点をあてているが，政府支出の所得分配に対する影響にもいくらか注意を向けている。支出を取り扱った彼らの実証研究では，この著者らはスコルニック（1993〔平成5〕年の著作：本章参考文献［13］）による国連ラテンアメリカ・カリブ経済委員会（スペイン語略称：CEPAL）の研究結果に依拠している。その研究によると，最貧五分位階層は社会保障移転総額の37.5％を受け取り，続く五分位階層が28.0％，19.5％，11.8％，そして3.2％とそれぞれ受領しているのである。これはかなり累進的である。しかし，社会保障移転は，それが現金であっても現物であっても，単に支出総額の一部を占めるにすぎないことをはっきりと理解することが重要である。エンゲルらは（1999〔平成11〕年の著作：本章参考文献［4］の表12，181頁で）租税および社会保障移転の配分を示している。そして租税および社会保障移転は2つともにジニ係数を0.483から0.4300に減らすのである。しかしながら，彼らの著書の脚注49はこの措置が社会保障移転と同様に**一般政府支出**（general government expenditure）の配分も必要であることを暗示している。私は**一般行政費**（expenditure of general administration），**国防費**（expenditure of defense），**警察および司法制度費**（expenditure of the police and justice system）等の支出には配分しないようにすることを強く選好する。それは，明らかに受給者を特定できる支出には配分されるべきであるが，受給者を特定できない支出には配分されるべきではないと考えるからである。

(3) チリの社会保障移転と所得分配

　政府支出の分析が必要であるという考えを明らかにするために，私は**表9-7**

表 9-7　チリにおける租税，社会保障移転，および所得分配
(1996〔平成 8〕年)

所得五分位	課税および社会保障移転前の所得割合[a]	総所得[b]に占める五分位租税の割合	総所得[c]に占める五分位社会保障移転割合	課税および社会保障移転後の所得割合
1	4.19	0.65	2.25	5.96
2	8.50	1.32	1.68	9.54
3	12.32	1.81	1.17	12.60
4	18.82	2.53	0.71	18.35
5	56.17	6.69	0.19	53.55
合計	100.00	13.00	6.00	100.00
ジニ係数	0.4552	-	-	0.4158

〔出所〕Eduardo M.R.A. Engel, Alexander Galetovic and Claudio E. Raddatz, "Taxes and Income Distribution in Chile: Some Unpleasant Redistribution Arithmetic," *Journal of Development Economics*, vol. 59, 1999.
a 表 9-4 第(1)列に基づく。
b 表 9-4 第(4)列に基づく。
c 社会保障移転割合の合計 (6.00) は租税割合の合計 (13.00) の 0.374 倍と等しい。五分位にわたってスコルニック (1993 年) の特定した割合で分配される。

を設定した。これはエンゲルらによって示されたデータに基づいている。ただし，租税総額の 37.4% に等しい額をまさに配分可能な支出額ととらえている。これはスコルニックが，現金および現物の両面で，社会保障移転に配分した政府支出の割合である。なお，**年金** (pension) はこうした社会保障移転とは別の範疇に収まっているが，エンゲルらにより用いられた所得概念の中にすでに含められていることに読者は注意すべきである。**表 9-7** では，租税収入の 37.4% に等しい額が，上述の五分位の割合 (0.375，0.280，0.195，0.118，そして 0.032) に従って所得分配の五分位の間に分配される。(同じデータに基づいているのだけれども，課税前所得のジニ係数はエンゲルらのジニ係数と異なっている。その差はわれわれが五分位データを使っているからであり，それは十分位データが用いられた時に得られるよりも少し低い数値を必然的にもたらすのである。)

現金および現物での社会保障移転だけを明示的に配分する際に期待されるように，エンゲルらの著作の表 12 にあるジニ係数の引き下げ 0.4883 から 0.4300

と比較すると，政府支出を上述のようにまとめた際のジニ係数は 0.4552 から 0.4158 へとエンゲルらが見い出したジニ係数よりも，いくぶん引き下がることとなる。なお，この結果は彼らの著作（本章参考文献 [4] 181 頁）の脚注 49 で，「一般政府支出が誰にも便益をもたらさないと仮定したときに，ジニ係数は 0.4883 から 0.4512 に下がる」と報告された事例と比較可能なのである。

第3節　政府予算の政治経済学

(1) 所得分配と租税および支出

本節では，アメリカ合衆国とチリの両国について，一国の所得分配は租税制度あるいは支出制度のいずれか一方による影響が比較的低いとみてきたことへの見解を簡単にいくつか述べたい。

最初に述べられるべき点は，市場経済において，家計間の所得分配は，それぞれの家計の構成員により獲得される**要素報酬**（factor reward）によって大部分は決定されるということである。そしてそれは彼らが所有しているかもしくは意のままにできる労働要素および資本要素という**生産要素**（production factor）に基づいているのである。そして熟練医師は熟練看護師よりも多く稼ぐのが現実といえよう。そしてさらに熟練医師や熟練看護師の労働は単調な労働をただ提供する人々よりもいっそう稼得力があるというのも現実といえよう。ほとんどすべての職業において，才能，訓練，技術そして経験にかなりの違いがあり，そうしたすべての要因によって市場賃金にかなりの違いがもたらされるのである。熟練医師はしばしば「標準的な」医師の俸給の 10 倍を稼ぐ。この倍数は，著名な弁護士や建築家にとってはもっと大きなものとなり，俳優や音楽家に至ってはいうまでもない。そして，もちろん持ち合わせている**人的資本**（human capital）の大きさを主として反映しているさまざまな専門的訓練と知識を要する職業の平均所得の間には実に顕著な違いが存在する。ここでの結論は，市場経済では，租税制度もまた支出制度も，一方では人間の稼得力の基本的分配に由来しており，他方では資本資産の基本的分配に由来している，さまざまな稼得所得の基本的形態を大きくは変えるようには思われないということである。

(2) 租税を通じた所得再分配

租税を通じて所得分配を修正しようとする試みは，半世紀あるいはそれ以上前からかなり一般的なものであった。アメリカ合衆国の連邦税制度における最高限界税率は，第二次世界大戦中そして大戦直後には91％に達した。そしてイギリスでは95％にも達した。これらの税率では明らかに没収であった。そして**経済主体**（economic agent）にいっそう多くの所得を稼がせようとするのではなく，**脱税**（tax evasion）（非合法）や**租税回避**（tax avoidance）（合法）に精力を割かせようとしたのであった。数十年にわたり，そうした没収率の不毛さが次第に明らかとなり，最高限界税率が緩やかに引き下げられたのである。

租税理論では**効率性**（efficiency）の観点からは定額税が常に選好されてきた。こうした**定額税**（lump-sum tax）は経済主体の行動とは関係なく，ある課税標準に賦課されるものである。しかしながら，そうした課税標準を見い出すことは困難である。そこで，同じ問題に対する次善の解決策としては**限界点以下の課税単位**（inframarginal unit）への課税に一身に取り組もうということであり，それにより限界意思決定に影響を及ぼさないのである。所得税率表を思い描いてほしい。所得の各税率階層はある一つの所得階層に対してのみ限界的であるから，この原理によると，所得の上昇につれて限界所得税率が低くなるということになる。低い税率階層は高い所得階層すべてに対しては限界点以下であるので，所得規模が上昇するにつれて，限界点以下の階層はますます少なくなる。

「最適」所得課税（"optimal" income taxation）の文献は上述の例に満ち満ちている。しかしながら，私はそのような制度が現実世界で実行されているといわれてきている実例を知らない。現実世界の提案として提示される最も近いものは，いわゆる**「一律」課税**（"flat" tax）あるいは**「線形」所得税**（"liner" income tax; 理論分析上，比例所得税と一律の一括補助金を組み合わせて累進性を持たせている所得税）である。それは世界中の多くの国々でかなりの支持基盤を有している[3]。

---

3) Edgar K. Browning and Jacqueline M. Browning, *Public Finance and the Price System*, 4th ed., New York: Macmillan, 1994, pp. 294–47. および Robert E. Hall and Alvin Rakushica *The Flat Tax*, 2nd ed., Stanford: The Hoover Institution, 1995. を参照。

一律課税あるいは線形所得税は単一の限界税率ではあるが，ある上限まで所得から**人的控除**（exempt）されるので，にもかかわらず累進税となる。したがって，限界税率が20％で人的控除水準が10,000ペソである場合，所得が20,000ペソの人は租税2000ペソ（＝〔20,000－10,000〕×0.2）（平均税率＝10％）を支払うであろう。これに対して，所得が100,000ペソの人は18,000ペソ（＝〔100,000－10,000〕×0.2）（平均税率＝18％）を支払うであろう。いうまでもなく，この型の一律課税は，たとえ累進的であっても，主要な所得再分配の原動力にはまったくならないであろう。

(3) 支出面を通じた所得再分配

　支出面では，所得再分配について実に大きな潜在性があるものの，そうした再分配をどれくらい強力にでき得るかには政治的限界があるといえる。問題は，**再分配実施計画**（redistributive program）にどれほど多くの支持が集められるかにかかっている。

　原理的には，例えば所得再分配の最低五分位に**給付**（benefit）が集中しているような実施計画であれば，限られた範囲でだけになるが再分配ができると思われる。その再分配実施計画がある規模に達すると――例えばそれらが**公教育**（public education）および**公的医療**（public medical care）を網羅する規模になると――，中間の3つの五分位まで，通常は（少なくとも公式には）全員に，その給付を拡張する政治的必要性があるように思われる[4]。

(4) 教育に対する所得分配

　こうした行為の基盤にある政治経済的原理はきわめて簡単である。中間所得階層は貧困層の給付に彼らが支払った租税の一部が支出されていることを確かめたいと希望する一方で，教育や医療といった主要な再分配実施計画の給付に

---

[4] 最高百分位の人びとは，少なくともラテンアメリカでは，教育や医療の提供源として民間部門を選好し，概して公教育や公的医療からの給付を控える。しかしながら，これと同じように公立大学教育あるいは公的に助成された大学教育が提供されるのを控えることはしないように思われる（この主題の詳細は以下参照のこと）。

は自らも恩恵を被りたいと思うのである。中間所得階層居住地域の公立学校が低所得階層居住地域の学校におけるよりも，概して質の高い教育を提供していることもまた注目するに値する。中間所得階層の生徒たちには学校制度は提供されなければならないものをほどよく利用できるだけでなく，その親たちには学校がいかにその責務を果たすかについても親として強く関心を持っているものである。また絶えず警戒を怠らないでいるものでもある。最後に，ふつう中間所得階層の住む地区では教員はその責務を実に悠々と果たせるので，いい先生といわれまたかなり経験のある教員ほどそうした地域での仕事を切望する。だから，公的な政策（そして法律）ではすべて人にとって等しい教育というかもしれないけれども，公教育の恩恵のより多くは最低五分位によるよりも，人口の中間五分位に認められるというのが適正である。

　大学教育は特別な場合といえる。そしてそれはアメリカ合衆国やカナダよりもラテンアメリカではますますそのようではあるが，話の基本的原理はどこであっても同じといえる。大学教育が無償であるかあるいはきわめて広範囲に助成されている場合，その恩恵は概して所得分配の中のより高い範囲にある家族のところに行くのである。これは高い所得階層の子弟はそのかなり多くが大学教育の段階へと進学するからである。こうした現象は多くのラテンアメリカ諸国では声高にいえるものである。そこでは無償の公立大学教育を受ける典型的な者は，その初等教育および中等教育を高価な私立学校で受けてきた裕福な家族の子どもだからである。これがラテンアメリカでは公立大学教育の当初からの実情なのである。しかし，それは現実に**授業料**（tuition charge）をとっているアメリカ合衆国の州立大学制度でさえもこのことがあてはまることに注意すべきである。

(5) 現実を重視した貧困に対する闘争

　われわれは現実的であるべきであるというのがこうしたことから引き出せる適切な結論であると私は思う。社会が，**公共部門の予算**（budget of the public sector）の租税面あるいは支出面のいずれかをいじっても，所得分配に大きな変化をもたらせないであろう。さらに**公共政策**（public policy）の目的であるべき所与の所得分配のあり方（あるいはその所得分配の変更）を考えても

実際には役立たないということである。**貧困に対する闘争**（struggle against poverty）を主要な目標と考えることがより現実的なのである。貧しい人々の**基本的要求**（basic needs）を満たそうとすること，教育過程を通じて社会経済的前進の機会を提供すること，基本的医療がそれを受ける余裕のない人々に利用できるように配慮すること，こうしたことはすべての国での社会的および政治的な課題の合理的な構成要素といえる。

　公的である重要な政治課題がひとたび設定されると，その財源をいかに賄うかという問題が生じる。そしてここでの課題は，何が**公正**（fair）であるかという社会自体の見解に適合させながら，そして**税務行政**（tax administration）と**納税協力**（tax compliance）に関する社会自体の能力に適合させながら，政府費用を分配することである。現実には，実際世界の租税制度が結局比例的であること以上のことはわからない。しかし，例えばラテンアメリカにおける所得分配では，最高十分位の所得階層がしばしばその租税の半分以上を支払うことを意味しており，そうした階層は租税負担分をほとんど回避しようとは考えていないことをわれわれは経験から知っているのである。私の見解では，分配上の議論はまだ機が熟しておらず，だから貧困問題の解決のために努力をしたり，社会経済的に大きく動かそうと取り組むことが社会にとってより重要な関心事であり，実りの時期にさしかかっているといえるのである。

第4節　教育，社会経済的可動性，そして所得分配

(1) 社会経済的可動性の浸透

　社会進歩について考える出発点は，かなり近年までたいていの社会を特徴づけていた伝統的な階層基準の社会構造にある。アメリカ合衆国は（たとえ完璧とまではいえないにしても）首尾よくこの構造をかなり破壊した最初の国であったかもしれない。アメリカ合衆国市民であることに誇りを持つものはどんなものかと問われたときに，**社会経済的可動性**（socioeconomic mobility）によってこの国の社会制度はかなり有効な実力主義に変わってきたことであると，私は躊躇なく答えるであろう。われわれが大統領を社会経済学の尺度からの最低所得階層3分の2から支持され選ばれた人と，上の3分の1から支持され選

ばれた人に分けると，ほぼ半々となる。フーバー（Herbert C. Hoover），トルーマン（Harry S. Truman），アイゼンハワー（Dwight D. Eisenhower），ニクソン（Richard M. Nixon），フォード（Gerald R. Ford Jr.），レーガン（Ronald W. Reagan）そしてクリントン（William J. Clinton）は下の3分の2から選ばれた。ルーズベルト（Franklin D. Roosevelt），ケネディー（John F. Kennedy），そして二人のブッシュ（George H. W. Bush & George W. Bush）は明らかに上の3分の1から選ばれた。ジョンソン（Lyndon B. Johnson）とカーター（James E. Carter）は境界線にあるといえる。他の多くの国ではそうした説明をすることができないが，多くの国々がこの方向に動きつつある。ヨーロッパの政治は第1次世界大戦前，そして多くの国々では第2次世界大戦後まで，特権階級の人によって支配されていた。現在までに，社会経済的可動性によってヨーロッパの様相は変化してきていて，多くのアジア諸国でも急速に実に重要な影響を及ぼしている。

　ラテンアメリカにおいては，この尺度ではある種の中間段階にある。確かにラテンアメリカ諸国はアメリカ合衆国のように，特にヨーロッパや中東からの移民を歓迎してきている。こうした集団が隠し（ポケット）にわずかなお金しかなく到着したとさえしても，ラテンアメリカに祖先を入植させるのにほとんど問題はなかった。そうした家族は繁栄してきている。（すなわち，チリ大統領のアレッサンドリ〔Arturo Alessandri〕，アルゼンチン大統領のフロンディシ〔Arturo Frondizi〕およびメネム〔Carlos Menem〕である。）

　残念ながら，その話はアメリカ原住民，あるいは植民地時代に生み出されて今日まで残存しているメスチソ（アメリカ原住民との混血スペイン人）の低所得階層については同じというわけにはいかない。この社会経済的階層の構成員について「貧困からの脱出」をした人はかなりいると私は強く主張するのだけれども，こうした根源から抜け出て社会の指導者の地位にのぼりつめた人は多くはないのである。

(2) 社会経済的可動性と公教育

　広範な**公立学校教育**（public schooling）こそがアメリカ合衆国経済にきわめて社会経済的可動性をもたらす主因であったことにはほとんど疑いの余地は

ないといえよう。教育が他の諸国の動向をみても大きな社会経済的可動性に向かって最大の役割を演じてきたことにも疑いの余地はない。もちろん，教育は明らかに社会経済的可動性に貢献している一方で，同時に教育が平等をよりいっそうもたらしてきたか否かを問うことは理にかなったことである。（問う必要がないということはきわめて明らかであるといえるはずである。というわけは，かなり教育努力をしたことにより，所与のパーセンテージだけ各十分位所得が増加して全体の所得分配が上に動くからである。こうなると，当然ながらすべての人が最終的にはより幸せになる〔経済的厚生が高まる〕のだけれども，たいていの平等の測定値それぞれが所得分配が単に上方に上がるだけといえるので全体的構造としては不変のままなのである。）

　リチャード・ロール（Richard Roll）とジョン・トールボット（John Talbott）の現在研究中の研究（2002〔平成14〕年の著作：本章参考文献［12］）ではそうした論点がいくらか解明されている。私は大きな驚きと懐疑的な態度で2か国以上にわたる**回帰**（regression；各変数間の原因や結果関係）を自身で研究してきたことを認めつつも，彼らの回帰の研究を引用することから始めたい[5]。それにもかかわらず，そうした回帰はあるところに適用するととてもあてにならないこともあるのだけれども，とても確実なこともあるのを私は承知している。ここで報告する教育の成果では，因果関係の方向性に関しては通常必要とされるもののほかに即座に注意喚起する必要はなく，著者らが明白に認めている因果関係の方向性（同書脚注3，4頁）で十分である。

　ロールとトールボットの回帰は1990年代の10年間にわたり113か国を網羅している。教育変数は，予測されるように，平均水準の所得について（**t値**〔t-value〕は**重回帰**〔**多重回帰**〕〔multiple regression；一つの要因の動きにほかの複数個の要因が同時に作用するのを示す〕で**説明変数**〔explanatory variable；回帰分析上，原因となる項目のこと。この説明変数が結果となる項目である目的変数にどの程度影響を与えるかを表したものをt値といい，説明変数の係数を標準偏差で割って求められる。t値が2以上であれば説明変数は統計学的に支持され，1未満

---

5) Arnold C. Harberger, "A Vision of the Growth Process," *American Economic Review*, March, 1988, pp. 1-32：本章参考文献［8］を参照。

であると統計学的に支持できないとされる〕として用いられると，4 からほぼ 9 の範囲であり，) 実に説得力がある。

　これは，説明されている所得水準が最低五分位の平均，下位 3 つの五分位の平均，あるいは最高五分位の平均といった場合を網羅している。

　不平等を測定値の変動により説明しようというときに教育変数はあまり説得力がないが，それでもなお重要である。さまざまな国のジニ係数を説明するとt値は−2.29 に達し，最低五分位から生じる所得割合を説明するとt値は 1.76 になり，下位 3 つの五分位からの所得の割合を説明するとt値は 2.23 になり，そして最高五分位からの所得を説明すると−2.37 に達する（ロールとトールボットの著作：本章参考文献 [12]，表 4，30 ページ参照）。こうした結果から，最高五分位の人々が，どこの国にいったとしてもさまざまな国で，ある程度似たような教育水準にあるとみるのが，適切であると私は思う。国が発展しそして現代化するにつれて，最高五分位の人の教育は改善されるかもしれない。しかし，低い五分位の人の教育ほど劇的ではないのである。こうしたことにより国が発展するにつれて，教育達成による人口の中の所得分配は次第に極端なものではなくなっているのである。

　こうしたことからどんな政策的教訓が引き出せるか。私の見解では，それには 2 つある。第一に，ある国の所得が増大するにつれて，成長の原因が何であるにしろ，その国の人々はますます**教育投資**（educational investment）への需要を持つと思われる。そしてそれは所得水準をよりいっそう高める方向に推し進める力となるばかりでなく，**経済的不平等**（economic inequality）を縮小するのに貢献するようである。この第一の結論は，その原因が何であれ，教育努力を主として経済成長に反応している内生的なものとしてみていることである。第二の結論は，社会やその政府によりなされる決断には多くの余地があるということである。社会や政府は速くもあるいは遅くも措置を講ずることができる。社会経済的尺度での底辺の人々の機会を意識的に改善しようとすることができる。あるいは，そういった人々の階層を「慇懃無視（容易ならざる事態を見て見ぬふりをする態度）」することができるのである。社会や政府は，高い所得階層の子弟の大学教育のためにかなり助成をしようとしでかすこともできるし，社会や政府は，高い所得階層には彼ら自身の費用にふさわしい負担を支

払わせ，低所得階層の人々には十分な**奨学金補助**（scholarship aid）をするという制度に向けて取り組むことができるのである。

　要約すれば，教育政策はかなり選択肢がある領域である。概して，教育を受けた学生の稼得能力を改善することで，教育は常にその国のGDP（国内総生産）を増加させているといえよう。こうした教育を受けた学生は貧しい学生であり，その稼得能力が高まるまで，教育政策は貧困に対する戦いでの武器となる。だから，教育が（百分率の尺度で）高い十分位にもたらすよりも大きな利得を低い十分位にもたらす限り，教育はジニ係数や最高所得階層対最低所得階層の所得の比率のような不平等の相対的尺度に影響を与えるであろう。

(3) 教育に関する便益

　こうしたことすべてにおいて，一つの重要な警告を心に留めておくべきである。経済学者は教育が強化されると，一国のGDPが増加する，つまり教育を受けた人の市場稼得力が増加するという直接的な仕組みを容易に理解しまた正当に評価することができる。こうした**教育に関する便益**（benefit of education）は，（学生の将来の生存期間を通じて学生自身に利益を与える）私的なものでもあり，同時に（社会全体の実質所得を増加することにより全体としての社会に利益を与える）社会的なものでもある[6]。

　教育の直接的便益についての主要な論点は，教育が均衡成長率を増加させるのではなく，一国のGDPの均衡水準を増加させるということである。労働力の平均教育期間が8年から10年に変わると，成長率はその移行期間中に影響を及ぼすが，永久なものではない。一国の成長率に対して教育効果が継続しているとしたら，それは教育の間接的効果とみなされるべきであり，直接的効果ではない。その主要な間接的効果は，要素生産性（また技術発展あるいは実質費用削減とよばれるものの）全体の増加率が，より良い教育を受けた人びとあ

---

[6]　厳密にいうと，**私的便益**（private benefit）は教育によりもたらされた追加の課税後稼得所得により測定されるべきである。一方，**社会的便益**（social benefit）は追加の課税前稼得所得を反映されるべきである。

るいは労働力が存在して刺激されることによりその可能性が出てくるのである。今までのところ，この見解を裏づけるきわめて説得力のある証拠は見つかっていない。（収斂，あるいは追い上げ成長により，貧しい国々は先進国ですでに開発されそして適用された技術を採用するか，あるいは適合させるかによって，より早い成長が可能になるのであるが，そのような収斂あるいは追い上げ成長は追い上げ諸国の教育水準が先進国の教育水準より相当遅れていると仮定したときに，反対の方向に作用してしまうのである。）

　教育の深く確実な効果はその国のGDP水準に対するものであることを認識すべきだというのがこの警告の結論といえる。成長率に対する効果は，一国がある教育水準からいま一つの教育水準に移行するときにのみ明らかとなるのである。そしてその規模はそれほど大きなものではない。（労働の質が改善されつつあるその過渡的な効果を測定しているたいていの研究では，概して，一国のGDPの増加は0.5％にも満たないほどしかない。）

　私の見解では，教育自体のきわめて現実的な価値に基づいて教育を考察することがわれわれにとって（そして政策立案者にとって）最善であるといえる。教育は教育が行き届いた人びとの生活を改善し，生活の質を向上させる。また教育はその国の生産力を増加させるのである。教育は低い所得階層を，社会経済的に高い地位へ歩み始めさせる最もはっきりした道を与えるものなのである。教育努力がある国の所得分配に重要な効果を何も及ぼさないときでさえ，このことをまったく否定することはできないのである。だから，教育が国民所得分配に影響を与え，その影響が相対的な所得不平等の度合いを軽減してきている事実をデータなどを通じて立証できることは，何と心地よいことか。

第5節　特定の租税問題と改革

(1) 付加価値税

　第1節で，政府が租税制度を変更させて所得分配を大きく変化させることは，政府にとってほとんど望みがないことをみた。しかしながら，そうだからといって，課税の負担を所得階層や他の分類にわたっていかに負わせるかについ

てを政府が注意を怠ってもよいというものではない。現実世界の租税制度が実際にはかなり比例的であるということをいくつかの論点で特に言及した。それにもかかわらず，比例的であるためには，租税制度は本当に累進的構成要素を含んでいなければならない。というのはいくつかの重要な標準的構成要素がほとんど疑いなく逆進的であると明瞭にいえるからである。そのような構成要素の一つが，標準的な，単一税率の**付加価値税**（value-added tax）である。この付加価値税がほとんどの国そしておそらくすべての国で実に著しく逆進的であるということがわかる。この**逆進性**（regressiveness）は以下の事実に起因する。①富裕な者は貧しい者よりもその所得の多くの割合を貯蓄する傾向があり，総消費支出に基づいた付加価値税を逆進的にするという事実，②富裕な者が国内で買う多くの財やサービス（例えば，国内サービス，私立学校への教育支出，民間診療所の医療，所有者専有住宅の**帰属賃貸料**〔imputed rent〕）は，付加価値税制度の範囲外となる傾向があるという事実，そして③国外で消費される所得の割合が家族所得水準に占める割合でかなり増大してきているという事実，である。

付加価値課税のこの逆進的傾向を相殺しようとする方法は，付加価値税制度自体に**複数税率**（multiple rate）を用いることである。これはフランスや他のヨーロッパ諸国で長い間採用されてきている。そしてそれは確かに発展途上国の政治当局の関心を引いている選択肢である。しかしながら，概して，発展途上国でそれをするにはかなり注意を払う必要があるというのが最善の助言である。なぜなら複数税率を採用するにはかなり税務行政上の納税協力が必要だからである。

付加価値税を採用しているほとんどすべての国では，それは**消費型**（consumption type）の租税で，**税額控除法**（credit method）により税務行政がなされている。営利企業の商業活動すべてに**単一税率**（uniform rate）を採用している場合には，付加価値税の課税標準はその企業の売上総額である。実際に支払われるべき租税は，税率に**売上額**（sales）を掛けたものから，当該企業の**仕入額**（purchased input）（投資財を含む）に基づき支払われた付加価値税と同額の**税額控除**（tax credit；税額から一定金額を差し引くこと）をするというものである。その税額控除は概して，当該企業の投入物（仕入）を供給した

会社の売上額に合致しうる税の受領額に基づいて算定される。手短にいうと，付加価値税の税務行政の実務は，単一税率である場合，実にわかりやすくまた複雑にはならないのである。

しかしながら，複数税率を採用するととたんに複雑になる。パン屋の練り粉焼菓子（パイやタルトなど生地に小麦粉を使った焼き菓子(ペーストリー)）が高い税率で課税され，一方パンはかなり低い税率である場合，このパン屋は，パンの割合を過大にしそしてペーストリーにより占められる割合を最小化するようにして生産物を混ぜて，偽って申告するであろう。標準的な**年度末会計検査**（end-of-year audit）はこの種の**脱税**（evasion）を突き止めるために苦労するであろう。脱税を突き止めるには，各会社の事実前提を探り出す業務をこなすためにある程度の人数の検査官を要することになるであろう。

そこで，専門家は（特に税務行政能力や税務行政資源の乏しい発展途上国のような）諸国に対して，付加価値税については単一税率と広範な課税標準を維持するようにと助言するのである。たいていの国々において，付加価値税は政府にとって第一のあるいは第二の最重要な**税源**（source of revenue）である。だから，できる限り税務行政を**簡素**（simple）にすることと**納税協力**（tax compliance）をそれに応じて高くすることが特に重要である。

この助言は実現が厳しいかもしれない。なぜなら，それは必然的に逆進的となってしまう付加価値税構造を生み出してしまうことが明らかだからである。しかし話はそこでおしまいというわけではない。というのは，単一税率の付加価値税と併存して**個別間接税**（selective indirect tax）を導入し，租税制度にかなりの累進的要素をもたらすように，租税を体系化させうる可能性が多くの国々で高いからである。

自動車，そして一般的に動力車は，提案された間接課税の手軽な標的となる。陸上輸送手段の車両は（税務行政執行者の観点から）「利点」をもっている。それはきわめて目にみえる資産であることきわまりないばかりでなく，ふつうは年間登録を要するからである。こうして，その国内での車両の当初売上額に基づき租税をかけることができるだけでなく，それに続く年間の登録に基づいても課税ができるのである。付加価値税・個別間接税双方型の租税は自動的に累進的となる。なぜなら，発展途上国における車両所有は次第に広くいきわ

たっており，所得規模が大きくなるにつれて車輌所有が高まることは明らかだからである。しかし，特定（一車輌当たり固定額）の租税ではなく**従価税**（ad valorem tax）を用いることによって，いっそう累進的にできる。また車両の市場価値とともに従価税率を引き上げることにより，さらに累進的にできるのである。

(2) その他の間接税

　同じように間接税制度に累進的要素を付け加えられうる他の範囲には，旅館（ホテル）の部屋（宿泊施設種類により違った租税となる），アルコール飲料，航空運賃（単一の従価税率）等がある。しかしながら，対外的な関税をそのような累進課税志向の間接税政策を手段として用いることについては，当然，一言警告が与えられるべきである。大まかな原理として，間接税は輸入財および国内生産財に対しても，同等に課税されるべきであるというものである。いわゆる**必需財**（necessity）の生産を保護するのを通り越して**奢侈財**（luxury-goods）の生産を保護するような適切な理由などないのである。実は，国内志向の産業化といえたラテンアメリカの不幸な時代にはまさにこの効果がしばしばみられた。その効果とは，奢侈財に100％，200％，そして400％までもの関税をかけることにより不利な立場にして，国内代替財の生産にかなりの刺激を与えたのである。累進的な物品課税の現代的政策では，同じような計略に陥るべきではない。奢侈財ならびに**奢侈抑止財**（**倹約財**; sumptuary goods）を同等に課税するという原理は，それらの起源が国内であろうが外国であろうかにかかわらず，絶対的であるべきである。こんにち国内生産が存在しないからといって，奢侈志向の物品税を実施する手段として，輸入関税を利用するうまい口実にはならないのである。それどころか，その租税は最初から**物品税**（excise tax）に分類されるべきであり，関税に分類されるべきではない。そしてそうした物品税はその起源が外国であるか国内であるかにかかわらず，税がかけられる財に等しく適用されるべきである。将来，そうした財の国内生産を始めようとするかもしれない新しい生産者に対しては，すでにそうした生産活動に従事している人に対するのと同様に，物品税課税の信号が明確でなければならない。

(3) 負の所得税

　負の所得税（negative income tax）はしばしば貧困に立ち向かうための装置として，同時に租税制度をより累進的にするための装置として提案されている。しかしながら，それは見せかけの訴えでしかない。ここに確かに「悪魔は細部に潜む（落とし穴は細部に隠れている；the devil is in the details）」という格好の例があるといえる。というのは，適度の負の所得税であっても喜んで実行するような国はどこにもないからである。負の所得税は（負の租税という用語の意味である）補助金を受給する唯一の根拠あるいは主要な根拠をその人の所得が低いという単純な事実に置いているのである。十代の人や大学の学生は独立の家計であると申告し，その補助金を請求するであろう。十分な資産を持っているが所得の低い高齢者もまた補助金請求の列に並ぶであろう。他の家族は，家族所得を3つか4つの部分に分割して，それぞれが負の所得税を受ける資格を得る方法を探し求めるであろう。

　結論的には，負の所得税の原理の「悪用」を避けるために，一連の要件あるいは「濾過装置（フィルター）」を設けることがほぼ必須であるといえる。すなわち，負の所得税の受給者を真に受給が必要であることを（お役所的な意味において）証明できる人に制限するというものである。負の所得税を（多くの場合，比較的大規模な補助金を意味している）福祉実施計画（プログラム）（welfare program）あるいは公的扶助実施計画（プログラム）（public assistance program）として提供するためには，その濾過装置（フィルター）をよりいっそう厳しく制限したものとしなければならない。だから租税徴収者を事実上，福祉実施計画（プログラム）の行政担当者に変えることになるであろう。

　私自身は，負の所得税が貧しい国や中所得の国であってさえも不適切な考え方であると判断している。そういった国の人びとは，社会の最も貧しい階層を認定し，そして彼らの緊急の必需品のいくらかを提供する福祉実施計画（プログラム）によってより適切にその需要を満たしうるのである。貧しい母親のための無償の産前産後の介助制度，貧困地域での公立学校の学校給食無償制度，貧困家族に対する住宅助成制度はその例である。貧困家庭の子弟による学校出席日数および良い学業成績に対する特別給付は，前途有望な最近の例である。

(4) 法人税

①**法人税の転嫁帰着** **法人税**（corporation tax）は，ペックマンやエンゲルらのような，一国の実際の租税徴収額を所得階層間に配分しようとしている人々に実に難しい問題を投げかけている。ここでの問題は，租税負担を 100％ 超で負担をしている所与の所得階層がいる現象である。この現象はたいていの人が想像するよりも，いっそう深刻でより当面の問題と関係のあるものである。しかしその重要性を認識するためには，一般均衡分析の道を辿らなければならない。

　一般均衡分析（general equilibrium analysis; 経済はさまざまな市場が相互に，複雑に関係しあっている。その複雑さを排除するなどの理由から，一つの市場にのみ着目してその市場のみで生じていることを分析する手法を**部分均衡分析**〔partial equilibrium analysis〕という。これに対して，部分均衡分析のように経済の相互関係を捨象して単純化するのではなく，経済のさまざまな部分の相互の影響や相互依存関係を考慮してそれらが同時に均衡するとみて分析する手法を**一般均衡分析**という）では，資本市場の均衡状態から始める場合，ある部門（法人部門）で（租税を反映させるために）均衡収益率を引き下げるのではなく，当該経済の他の部門（非法人部門）での元々の均衡収益率の水準で動かさないように見極めることが重要である[7]。これは新税が課された時点で起こるが，それが新しい均衡を表しているわけではない。その新しい均衡は，法人税がない場合に二部門で**収益率**（rate of return）が均等化されるのとちょうど同じように，法人税がある場合にも（十分な危険引当金がある）二部門で（課税後の）収益率が均等化される必要があろう。

　封鎖経済分析では，**法人税帰着**（corporation tax incidence）の「もっともな限界」は以下の場合に与えられる。(ｱ)法人所得税が課税されたとき資本収益率，租税純額が変化しない場合，(ｲ)資本収益率が法人税総額だけ減少する場合である。(ｱ)の場合，課税前の資本収益率は法人税の課税総額を反映して

---

[7] このように法人税を対象にして租税転嫁論に世界で初めて一般均衡分析を用いたのが本著者のアーノルド・C.ハーバーガー教授であることは広く知られている。この部分はまさにその本人による分析の神髄を説明しているところである。（訳者注）

法人部門で引き上がらなければならない。すると法人所得税は最終的には法人部門の生産物の需要者によって負担されることになるのである。これは家計消費総額に従った，あるいはより正確な計算をすると，当該法人生産物の家計消費に従った，かなり標準的な法人所得税の負担配分となる。

(イ)の場合は，変則的なものである。法人税総額を反映して資本収益率が（例えば，10％から7％に）低下し，その結果法人税がない場合のように課税前の資本収益率が（法人部門で）同じままの場合には，一般均衡の設定の中では，非法人部門の資本収益率もまた7％に下がるのである。政府は，法人部門により現実に支払われる30％の法人所得税の受領者である。しかし非法人部門における資本収益率の低下分の受領者は非法人部門の生産物消費者なのである。

資本は $\rho\tau(K_x, K_y)$ と同額を失う。ここで ρ は課税前の資本収益率（10％）であり，τ は法人税率（30％）であり，そして K_x と K_y は法人部門および非法人部門それぞれの資本額である。政府の租税徴収者により徴収される額は単純に $\rho\tau K_x$ であるので，資本負担は $\dfrac{(K_x + K_y)}{K_x}$ に政府が取得したものをかけたものと同額である。これが法人税の100％超の負担を資本に負わせていることが意味しているものである。

上の例は，封鎖経済を取り扱っていて，一般均衡的考え方への入門として有用なものである。しかし，小規模な，開放発展途上経済における法人税の配分問題には適切ではない。どちらにしても，国が世界資本市場に直面していることを理解しなければならない。その国自体の市場がニューヨーク，ロンドン，東京そして他の金融中心地とうまく統合されている場合，外国資本の流れはその国の資本収益率を決定するのに役立つであろう。極端な場合，法人税を課税される前に外国人が10％の収益を得ていたとすると，法人税が課税されるようになった新しい均衡でも最終的に10％の収益となるかもしれない。さて，それは起こりうることだろうか。外国人が資本を引き出して減らされた資本金がきわめて十分な限界生産性を持つまで，外国人はその国から資本を引き出す。土地，資本，労働といった財やサービスを生産するために技術的に必要とされる生産要素を1単位増加した時の生産量の増加分をいう**限界生産性**（**限界生産力**; marginal productivity）は，この場合14.4％になる。その結果，30％の法

人税が支払われても，投資は 10％ の収益をもたらすのである（収益＝法人所得－法人税：10.11 ＝ 14.44－〔14.44 × 0.3 ＝ 4.332〕）。

そしてこの場合，資本は少しも法人税を負担しない。それでは誰が**法人税負担**（the burden of corporation tax）するのか。その答えは，法人税負担は一方で消費者に，他方でその国の労働者におそらく転嫁され，帰着するであろうというものである。

私はこの点については **4 部門経済**（4-sector economy）を考えたい。それは法人・貿易部門（製造業），法人・非貿易部門（公共施設および公共輸送），非法人・貿易部門（農業），そして非法人・非貿易部門（サービス）の4つである。この考え方では，主要な行動は法人・貿易部門で生じる。ここでは国際資本市場が原因となる資本収益率の変化はありえない。そして生産物価格は貿易財の国際生産物市場が原因となっては変化しえないのである。だから，租税の刺激を吸収して「緩和するもの（クッション）」は唯一，労働力に対する支払といえる。賃金は，資本収益率と生産物価格がともに国際的に決定されるときには，その経済活動がし続けられるように十分引き下げられなければならない。したがって，$L_x \Delta w = -\rho \tau K_x$ である。これにより賃金率 Δw の変化がどのように決定されるかがわかる。製造業の労働力（L_x）は製造業により支払われる租税負担全額を吸収するのである。

しかし，一般均衡の設定の中では，賃金は製造業だけで低下することができない。賃金は，新しい均衡になったとしたら，ふつうは当該経済の隅から隅までいたるところで低下するであろう。したがって，労働の損失分は $\Delta w (L_x + L_y + L_z + L_s)$ と等しくなる。ここで，x は製造業，y は農業，z は公共施設および公共輸送，そして s はサービスである。（法人部門である製造業と公共施設および公共輸送双方からの）政府の租税徴収総額は，$\rho \tau (K_x + K_z)$ である。そこで労働の損失÷政府の収入は以下の式に等しい。

$$\frac{労働の負担}{政府収入} = \frac{\Delta w (L_x + L_y + L_z + L_s)}{\rho \tau (K_x + K_z)}$$

$\Delta w \left(= \dfrac{\rho \tau K_x}{L_x} \right)$ を代入すると以下の式を得る。

$$\frac{労働の負担}{政府収入} = \frac{(L_x + L_y + L_z + L_s)}{L_x} \cdot \frac{K_x}{(K_x + K_z)}$$

これは，法人資本総額に占める製造業資本の割合 $\frac{K_x}{(K_x + K_z)}$ が労働力全体に占める製造業労働力の割合 $\frac{L_x}{(L_x + L_y + L_z + L_s)}$ より大きい限り，1 より大きくなるであろう．現実にこうなるであろうと大いに思われる．製造業の資本はその国の法人部門資本の 4 分の 1 より多くを占めているといえようが，製造業の労働力がその国の労働力総数の 4 分の 1 を占めるまでにはめったにならない．

だから，上述の不等式が成り立つ限り，小規模な，開放発展途上経済の労働は，法人所得税全額をただ負担するだけではなく，その負担全額を超えた負担をすることになろう[8]．

②法人税課税の影響 こうした結果すべてがもたらされることによってどんなことが起こるか．かなり広範にいうと，その国からの資本の退去がいたるところにみられるということである．法人部門の資本の稼得所得への課税が賃金に強い影響を持つであろうことはたぶん直観的には明らかではない．しかし一国からの資本の退去によってその均衡賃金水準が低くなるだろうことは明らかなはずである．

その国の資本市場がニューヨーク，ロンドンあるいは東京もしくは他の金融中心地の資本市場と特にうまく統合されていない場合には，主要な国際的投資家たちをその現地資本市場参入者とみることはおそらくないであろう．しかし，

---

[8] 本章では開放経済の場合における法人所得税の転嫁帰着の全分析に立ち入ることはしない．Arnold C. Harberger（1995〔平成 7〕年の著作：本章参考文献[8]）にそうした有益な分析が取り入れられている．上述の効果に加えて，農業の土地所有者が（法人税によりもたらされた賃金低下から）利益を得るであろうこと，（同じ理由で）サービスの消費者も利益を得るであろうことをそこでは示されている．一方で，法人・非貿易部門（公共施設および公共輸送）の生産物の消費者はこうした生産物の価格がいくぶん高くなることで損害を受けるであろうこともそこには示してある．（それはこうした活動が，製造業よりも資本集約的〔capital intensive〕であること，賃金率が下がったときに価格を一定のままにしておくよりも生産物単位当たりより多くの租税を支払う必要があることがその理由である．）

そうした場合においてさえも，現地資本市場自体の資本家はニューヨーク，ロンドン，パリ，フランクフルト，チューリッヒ，東京などの市場参入者となるであろう。法人税が課されたときに，こうした現地資本家たちは地元で所有している彼ら自身の資本の割合を引き下げて，主要な世界の中心地で所有する資本の割合を増やそうとするであろう。その結果，前の場合に分析されたものと同じように資本が退去してしまう。そして最終的結果もまた同じである。その国の中での資本が少ない場合には，実質賃金の均衡水準は下がるであろう。そして労働は多くの負担を負うことになる。そのような国の資本家は法人税が課税されていないときには現地投資に対する10％の期待収益率で満足していたとしても，法人税が課税されると，新しい均衡で10％の課税後収益率にまた満足することになるであろうという最もそれらしい仮定をするのである。これが事実である限り，労働が法人所得税の全負担より多くのものを負担することになろうと再び推定されるので，上で述べられた分析はすべて，修正されることなく，依然としてそのままとなる。

　本章のより広範な主題についてこうしたことすべての結果を書き記す仕事が残されている。この分析がいっていることは，法人所得税の負担を割り当てるためにペックマン，オークナー，エンゲルらそして多くの他の論者により使われた仮定が彼らの結果に累進的な傾向を与えてしまうということである。資本家あるいは消費者（2つの最も典型的な配分先）に割り当てられるというよりも，法人税の負担は労働者に割り当てられるであろう。より正確には，農業の土地所有者そしてサービスの消費者に対して生じた利益をある程度相殺しながら，法人税負担の100％超がおそらく労働者に割り当てられているはずなのである。

　こうして，入手可能な研究で典型的な国の租税制度全体においてそれほどの累進性が示されていないといえるならば，現実の累進性の度合いはおそらくこれらの研究で示されているよりもかなり低いものであろうと認識される。このことによって一般的な結論が変更されるか。私はそう思わない。こうしたことによりわれわれは皆，租税制度が本当に所得分配を大きく変化させる手段ではないという事実に甘んじて従ってしまうだけである。

　しかしながら，政策を変更すればちょうど分析した逆進効果は弱められる。

急進的だけれども，当然，法人所得税をただ廃止してしまえばよいという反応が出てくるであろう。そうした勧告には適切な理論的根拠があるけれども，それは少なくともたいていの発展途上国では賢明な手段ではないと私は信じる。そのような廃止により断念されてしまう2つの税収源がある。それらをたいていの発展途上諸国はなしで済ませたいとは思わないであろう（そしてなしで済ませたくはないはずである）。これら2つの税収源とは，(ｱ) **多国籍企業**（multinational company）により支払われる法人税と，(ｲ)われわれ経済学者が地元企業の**独占利潤**（monopoly profit）に分類するものに賦課される法人税である。

たいていの場合，多国籍企業の利潤は（すぐにではないにしてもいずれ）その本拠地の国で課税することができる。しかしこれと同じような企業は，支店の立地している国々で支払われた租税について本拠地で算定された税額から一定額を差し引くことを認める**税額控除**（tax credit）をふつう受けることができる。したがって，ウルグアイがウルグアイにある多国籍企業の支店あるいは子会社の所得に課税することができないとしても，このことによってそうした企業がウルグアイで営業を拡大しようという強い刺激にはとりたててならないであろう。なぜならばウルグアイで課税できなくとも，そのウルグアイの所得にはその企業の本拠地（例えばアメリカ合衆国）で課税される法的義務があるからである。したがって，ウルグアイの租税制度で法人所得税を廃止しても，それはアメリカ合衆国財務省にウルグアイが法人所得税分を贈与をしたようなものであると租税界ではしばしばいわれるのである。どうしてそんなことをしたいはずがあろうか。

独占に関しては，独占力や独占利潤が，先進工業国におけるよりも小規模な発展途上経済においていっそう大きな問題であることをまず認識しなければならない。その理由は，小規模な諸国では，唯一の企業あるいは少数の企業だけが特定の活動を支配するであろうということに，生産規模を拡大すると，（長期平均）費用が低下して産出量は生産規模の拡大以上に拡大するという**規模の経済**（economies of scale）が影響するかもしれないからである。**貿易財**（tradable goods）というときには**自由貿易**（free trade）が解決策となるが，非貿易部門では競争の規律を保証するためにそうした類似の方法がないのである。

第9章　分配上の考慮と財政学についての熟考　241

そこで，その国が適切な貿易政策を遂行するときであっても，独占利潤が重要になりうるのがこういった小規模な，発展途上国なのである。

③**法人所得税と個人所得税の統合**　多国籍企業および独占利潤からの収入を維持しようとする一方で同時に，その国が法人所得税の望ましからざる結果を避けるために適切な折り合いをつける方策として，法人所得税と個人所得税の統合の路線を推し進めることがある。統合の理想形態（**完全統合**〔complete integration〕）は，個人株主が法人所得に比例した負担で個人所得税を全額支払うというものである。これを実際に実行するのはきわめて難しいことが証明されてきている。(問題の一つに，同一年に何度も所有者が変わっている株式について各所有者にその年の所得の期間所有をいかに帰属させるかという問題がある。)株式市場は自動的に正しい帰属の近似値をとるので，配当を扱う方がたやすいといえよう。(他の事情が同じならば，株式価格は期待配当を反映すべく年間にわたって上がり，配当日には下がるからである。)**部分統合**（partial integration）をもっとも容易にするには，個人所得税の最高税率と等しい法人税率を設定して，個人段階では配当に税をかけないようにすることである。

(法人税で配当に先に**源泉徴収**〔withholding〕して，個人段階では配当に課税したとみなして二重課税を調整する他の方式と同じように)このきわめて実施可能な方式では，多国籍企業により支払われた租税が国内にとどまり，そしてその国の政府は発生した現地の独占利潤の τ パーセントの部分を得る財産を有することになる。それは法人税には必ず伴うとされる**税の楔（くさび）**（tax wedge; 課税によって元来の均衡価格そして均衡数量からずれてしまう状態で最適な資源配分でなくなってしまう）の規模を軽減する。しかし，すべての利潤が配当で払われる場合に限り，税の楔は完全に排除される。それは完璧な解決策ではないが，統合する努力を何もしないで，個人所得税の上に法人税を持つようなものよりははるかに選択するに値するのである。

第6節　見解の結論

(1)　政府の力量を超えた所得分配の問題

私は，読者の何人かが本章を絶望についての勧告ととるかもしれないことを

恐れている。租税制度を考察すると，本章では租税制度がある国の所得分配に大きな変化をもたらす手段としてはかなり弱いものであることを見い出した。支出面を考察すると，同じ目的を達成するのには租税制度よりは支出政策の方がまだましであるとわかった。最後に教育政策を考察すると，所得分配への効果にはおそらくほどほどの有益性があるけれども不確実な兆候がある。しかし，はるか遠い将来には確かに先んじて良くなることがわかった。こうした結論すべてが受け入れられるのであれば，われわれは天幕(テント)をただ梱包してそして静かに運び去るべきではない（すごすごと引き下がるべきではない）のではないか。

　この仮定的な疑問に対する私の答えは，ある意味，それに同意するというものである。しかしそれはただある意味においてである。私は政府の主要政策目的の目録から所得分配に線を引いて消すという考え方をかなり心地よく感じるのである。なぜならば，基本的に所得分配に興味がないからというのではなくて，主要な方策で所得分配に影響を及ぼすには**公共政策**（public policy）ではきわめて限られた能力しか発揮できないからなのである。しかしさまざまな国で，所得分配がどれほど平等になってきているかを政府がその役所言葉で，大いに自慢している新しい政治的組織活動をしているのを，私はみてきている。そして同じように多くの国で，（ときどき，時代は異なるが同じ国で）所得分配が本来あるべき方向と逆になっているのは現政権の責任であると声高に叫ぶ選挙運動をしている野党を私はみてきている。実のところ，私はこの種の政治姿勢にはいずれにもほとんど我慢ならないのである。経済的に良い状態の人にとってもそして悪い状態の人にとっても，所得分配を変えることが必要なのである。しかし全体として，こうした所得分配を変える行動は適切な政府政策の力量を超えている。政府は概して手柄を自分のものにしようとする点で悪であるし，また野党は同じように政府を非難してばかりという点で悪なのである。

(2) 自由貿易・開放経済と低所得者の関係

　興味深いことは，**自由貿易**（free trade）といっそう開放的な経済に向かおうという最近の傾向である。安い衣料，玩具，家庭用品などの相対価格がここ何十年にわたり下がってきているのは確かである。それは主として中国，インド，そして東南アジアといった主要な新しい供給源での競争のためである。こ

れら供給源での競争は，競争がなければ技術力の低い労働者の賃金を著しく引き上げたであろうが，それを確かに抑制してきている。直接的には技術力の低い部門の製造業で技術力の低い労働者に影響を及ぼしているが，もちろん，競争は新しい均衡を求めながら経済全体を拡張している。政府にとって，過去の高い保護政策，内向きの政策に戻ることにより，これらの効果を相殺することは確かに可能であるかもしれない。しかし，関係国にとってこれはよいことなのであろうか。こうすることができる唯一の方法は，技術力の低い部門の製造業をさらに高くつくものにすることである。高くすることで必然的にもたらされる追加費用を負担するのはまさにその顧客である。そしてこうした顧客の大部分は，その国自体の技術力の低い労働者なのである。

より適切な政策は，各国にとって，真の**比較優位**（comparative advantage）のある品目を探し求めそして見つけ出すことである。これは，まさに過去数十年特徴づけられてきたさらなる開放政策を通じて達成される。例外があるにしてもほとんどないだろうが，**自由化政策**（policy of liberalization）と**開放政策**（policy of openness）を進めている国は結果として恩恵を受けてきている。

(3) 財政と所得分配

すでに述べたように，本章でいいたいことは，はっきりいえば主要政策目的が掲げられている目録から所得分配という項目に線を引いて消すということである。まさに所得分配を決定する力は，適切な政府政策による管理には馴染みにくいということをよく理解しなければならない。

しかし本章で他にいいたいことは，政府による所得分配に同意するというものである。貧困を減らし，社会的可動性を促進し，特に貧困家庭の子弟により多くの教育機会を与えることにかかわるべきである。そしてまた何が合理的で**公正**（fair）であるかという社会全体の良識に沿うように租税負担の分配を達成することにも関与すべきである。

一般的な付加価値税を奢侈生産物への追加的な間接税で補足する政策，多くの国が無償（あるいはほとんど無償）の大学教育を通じて金持ちを助成するような巨額の**補助金**（subsidy）を削減するあるいは廃止する政策，小規模な，開放経済での反労働的傾向のある法人所得税を（統合を通じて）軽減する政策，

社会支出（social expenditure; 政府等により所得再分配政策のためになされる支出）の受給者として貧困者や貧困者の子弟を目標とする政策——こうしたすべては，本章で主としていいたいことに完全に適合するものである。現実を誤って理解したり補助金の目的を不適切に設定したりすることは，経済および社会改善のための適切な政策の敵である。間違いなく多くを達成し，よりよく堅実な**経済発展**（economic development）の道を維持することは可能である。それな現実をより深く理解し，政策立案者のために適切な活動分野を明確にする制約を認識することを基本とする政策を通じて可能となるのである。

参考文献

【第 1 章から第 8 章】

[1] Harberger, A., "Basic Needs Versus Distributional Weights in Social Cost-Benefit Analysis," In *Economic Development and Cultural Change 32*, No. 3, April 1984, pp. 455-74. Reprinted in Robert H. Haveman and Julius Margolis, eds., *Public Expenditure and Policy Analysis*, 3d ed., Boston: Houghton Mifflin, 1983.

[2] Harberger, A., "On the Use of Distributional Weights in Social Cost-Benefit Analysis," *Journal of Political Economy 86*, No. 2, Pt. 2, April 1978, S87-S120.

[3] Harberger, A., "Toward an Operational Approach to Social Cost-Benefit Analysis," in S.J. Dahiya, ed., *Project Evaluation*, New Delhi: Concept Publishing Co., 1992, pp. 1-41.

[4] Harberger, A., "Addendum to Toward an Operational Approach to Social Cost-Benefit Analysis."

[5] Sandmo, A. and J. Dreze, "Discount Rates for Public Investment in Closed and Open Economies," *Economica*, Vol. 38 No. 152, (The London Scool of Economics and Political Science) November 1971, pp. 395-412.

[6] Sjaastad, L. and D. Wisecarver, "The Social Cost of Public Finance," *Journal of Political Economy*, 85, 1977, pp. 513-47 (with D. L. Wisecarver). Reprinted as "O Custo Social de Financas Publicas," in *Revista Braslena Economica*, 31(2), 1977, pp. 277-322; Reprinted in *Cost-Benefit Analysis* (International Library of Critical Writings in Economics), edited by A.C. Harberger and G.P. Jenkins. London: Edward Elgar, 2002, pp. 22-57.

[7] Harberger, A., "Reflections on Social Project Evaluation," in *Pioneers in Development, Vol II*, edited by Gerald M. Meier. Washington: The World Bank and Oxford: Oxford University Press, forthcoming, 1987.

[8] Haveman, R., "Evaluating Public Expenditures under Conditions of Unemployment," *Monthly Labor Review*, Vol. 92, No. 9, SEPTEMBER 1969, Bureau of

Labor Statistics, U.S. Department of Labor, pp. 30–33 .

[9] Harberger, A., "Observations on 'Proyecto 10'," *Memorandum prepared for the Undersecretariat of Public Investment and Social Expenditures*, Ministry of Economics and Public World and Services, Government of Argentina, May 1998.

[10] Harberger, A., "Modernizing Mexico's Electricity System: Some Reflections," *Report to the Ministry of Finance of Mexico*, August, 1998.

[11] Harberger, A., "Economic Project Evaluation, Part 1: Some Lessons for the 1990s," *Canadian Journal of Program Evaluation*, 1996.

[12] Harberger, A., "Notes on the Premia for Foreign Exchange and Nontradables Outlays," *Additional Text Material for Jenkins & Harberger Manual*, August 2002.

【第 9 章】

[1] Browning, Edgar K., and Jacqueline M. Browning, *Public Finance and the Price System*, 4th ed. New York: Macmillan, 1994.

[2] Browning, Edgar K., and William R. Johnson, *The Distribution of the Tax Burden*, Washington: The American Enterprise Institute, 1979.

[3] Chenery, Hollis, Montek Ahluwalia, C.L.G. Bell, John H. Duloy and Richard Jolly, *Redistribution With Growth*, Oxford: Oxford University Press, 1974.

[4] Engel, Eduardo M.R.A., Alexander Galetovic and Claudio E. Raddatz, "Taxes and Income Distribution in Chile: Some Unpleasant Redistributive Arithmetic," *Journal of Development Studies*, v. 59, 1999, pp. 155–92.

[5] Fullerton, Don and Diane Lin Rogers, *Who Bears the Lifetime Tax Burden?*, Washington: The Bookings Institution, 1993.

[6] Harberger, Arnold C., "Monetary and Fiscal Policy for Equitable Economic Growth," in Vito Tanzi and He-Young Chu (eds.) *Income Distribution and High-Quality Growth*, Cambridge: MIT Press, 1998, pp. 203–41.

[7] Harberger, Arnold C., "A Vision of the Growth Process," Presidential address to the American Economic Association, *American Economic Review*, March 1998, pp. 1–32.

[8] Harberger, Arnold C., "The ABCs of Corporation Tax Incidence: Insights Into the Open-Economy Case," in American Council for Capital Formation, *Tax Policy and Economic Growth*, Washington: ACFF, 1995, pp. 47–76.

[9] Pechman, Joseph A., *Who Paid The Taxes 1966–85?*, Washington: The Brook-

ings Institution, 1985.
[10] Pechman, Joseph A., *The Rich, The Poor and the Taxes They Pay*, Boulder: The Westview Press, 1986.
[11] Pechman, Joseph A., and Benjamin A. Okner, *Who Bears The Tax Burden?*, Washington: The Brookings Institution, 1974.
[12] Roll, Richard and John Talbott, "The End of Class Warfare: An Examination of Income Disparity," *Finance Working Paper* #05-02, Anderson School at UCLA, 2002.
[13] Schkolnik, M., *Estudio de Incidencia Presupuestaria: El Caso de Chile*, Santiago: U.N. Economic Commission for Latin America, 1993.
[14] United States Congress, Joint Committee on Taxation, *Methodology and Issues in Measuring Changes in the Distribution of Tax Burdens*, Washington: Government Printing Office, 1993.

『費用便益分析入門』原著のご案内

　平成22（2010）年当初，日米で同時出版をすることを打ち合わせていたが，ご高齢ではあるものの，ハーバーガー教授は，本務であるUCLAの講義に加えて，各国政府や政府機関，大学等から招かれて世界を股にかけて，きわめてご多忙な日々を過ごされてきている。そのため，日本語版刊行もかなり遅れたのであるが，この度，日本語版の方が先に刊行されることとなったのである。

　本書の英語版は現在のところ，ハーバーガー教授の論文として存在している。それらは，①アメリカ合衆国国際開発局（USAID）の研修教材と，また②カリフォルニア大学ロサンゼルス校（UCLA）の講義用教材との2種類にまとめられている。なお，②については論文としてハーバーガー教授のウェブ（ホームページ）に掲載されている。いずれかのウェブ（ホームページ）に行かれてダウンロードすることが可能である。なおインターネットは削除されることもあるので，近日中に訳者のゼミのウェブ（ホームページ）からもダウンロードできるようにする予定である。

　また，本書の基盤にハーバーガー教授のこれまで書きためられた主要著作があることはいうまでもない。

【Recent USAID Project Evaluation Papers】

1. "Introduction to Cost-Benefit Analysis: Profiles, Foreign Exchange and Capital," December 2008.
2. "Introduction to Cost-Benefit Analysis: Labor Market Issues," December 2008.
3. "Introduction to Cost-Benefit Analysis: Addressing Social Concerns," December 2008.
4. "Introduction to Cost-Benefit Analysis: Applications to Highway Projects," January 2009.

5. "Introduction to Cost-Benefit Analysis: Applications to Irrigation Projects," January 2009.
6. "The ABCs of Electricity Project Analysis," July 2010.
7. "More on the Cost-Benefit Analysis of Electricity Projects," July 2010.
8. "Applied Welfare Economics in Practice," September 2010.

【Paper Prepared for a Course on Practical Issues of Tax Policy in Developing Countries, World Bank】

9. "Reflections on Distributional Considerations and the Public Finances," April 2003.

ハーバーガー教授の主要著作

ハーバーガー教授の著作・論文等はきわめて数多く存在しており，そのすべてをここに列挙することができない。そこでここには政府機関やそれに類したその他の組織により刊行されたものを基本的に除いて，出版社から刊行されたハーバーガー教授の単著と共著に限って掲載した。それでもかなりの数になってしまうのは，ハーバーガー教授の学界への貢献の大きさを物語っているといえる。

【単著】

1. *Project Evaluation*, London: The Macmillan Co., 1972; and Chicago: Markham Publishers, Rand McNally, and University of Chicago Press.
2. *Taxation and Welfare*, Boston: Little, Brown & Co., 1974; and Chicago: University of Chicago Press, 1978.
3. *Introduction to Cost-Benefit Analysis*（近刊予定）.

【共著】

1. "The Interest Rate in Cost-Benefit Analysis," in Joint Economic Committee, *Federal Expenditure Policy for Economic Growth and Stability*, Washington: Government Printing Office, November 1957. Reprinted in Jesse W. Markham, ed., *The American Economy*, New York: George Braziller, 1963.
2. "Variations on a Theme by Malthus," in Roy G. Francis, eds., *The Population Ahead*, Minneapolis: University of Minnesota Press, 1958.
3. "Introduction," in A.C. Harberger, ed., *The Demand for Durable Goods*, Chicago:

University of Chicago Press, 1960. Reprinted in part in D.S. Watson, ed., Price Theory in Action, Boston: Houghton Mifflin, 1965.
4. "Cost Benefit Analysis and Economic Growth," *The Economic Weekly*, Bombay, Annual Number, February 1962, pp. 207-22. Reprinted in V. V. Ramanadham, ed., *The Efficacy of Public Enterprise*, Bombay: Allied Publishers, 1963, pp. 64-88.
5. "The Dynamics of Inflation in Chile," in C. Christ et al., *Measurement in Economics* (Studies in Mathematical Economics and Econometrics in Memory of Yehuda Grunfeld), Stanford: Stanford University Press, 1963, pp. 219-50. Reprinted as „La Dinamica de la Inflacion en Chile," in *Cuadernos de Economia*, May-August, 1965, pp. 7-39.
6. "Some Notes on Inflation," in W. Baer and I. Kerstenetsky, eds., *Inflation and Growth in Latin America*, Homewood: Richard D. Irwin, 1964.
7. "Taxation, Resource Allocation, and Welfare" in National Bureau of Economic Research and The Brookings Institution, *The Role of Direct and Indirect Taxes in the Federal Reserve System*, Princeton: Princeton University Press, 1964, pp. 25-75. Reprinted in the Reprint Series in Economics, Indianapolis: The Bobbs-Merrill Co., Inc. Number Econ.136, 1971- 72.
8. "Techniques of Project Appraisal." Paper presented at Conference on Economic Planning, sponsored by the Universities-National Bureau Committee for Economic Research, November 1964. Printed in Max F. Millikan, ed., *National Economic Planning*, New York: National Bureau of Economic Research, 1967, pp. 131-49.
9. "Investment in Men vs. Investment in Machines: The Case of India," in C.A. Anderson and M.J. Bowman, eds., *Education and Economic Development*, Chicago: Aldine Publishing Co., 1965, pp. 11-50.
10. "Efficiency Effects of Taxes on Income from Capital," in M. Krzyzaniak, ed., *Effects of Corporation Income Tax*, Detroit: Wayne State University Press, 1966, pp. 107-17.
11. "The Case of the Three Numeraires." Paper presented at the meeting of the Econometric Society, December 1966. Reprinted in *Economic Development and Planning*, ed. by Willy Wellekaertz, Essays in Honor of Jan Tinbergen, London: Macmillan, 1974, pp. 142-56.
12. "Specific Problems in the Economic Development of Chile." Paper presented at

a Colloquium on Chile's Overall Development Prospects, Notre Dame University, March 8-10, 1967. Published in Mario Zanartu and John J. Kennedy, eds., *The Overall Development of Chile*, Notre Dame, 1968.
13. "Introduction" to Arnold C. Harberger and Martin J. Bailey, eds., *The Taxation of Income from Capital*, Washington: The Brookings Institution, 1969.
14. "Professor Arrow on the Social Discount Rate," in G.G. Somers and W.D. Wood, eds., *Cost-Benefit Analysis of Manpower Policies*, Kingston: Industrial Relations Centre, Queen's University, 1969, pp. 76–88; also in *Cost-Benefit Analysis*, ed. by Richard Layard, West Drayton, Middlesex, Eng.: Penguin Modern Economic Readings, 1972.
15. *The Taxation of Income from Capital*, co-edited with Martin J. Bailey, Washington: The Brookings Institution, 1969.
16. "Tax Stimuli and Investment Behavior," in Gary Fromm, ed., *Tax Incentives and Investment Spending*, Washington: The Brookings Institution, 1970.
17. "Fiscal Policy and Income Redistribution," In *Income Distribution and Growth in the Less-Developed Countries*. Ed. by Charles R. Frank, Jr. and Richard C. Webb, Washington: The Brookings Institution, 1977, pp. 259–280.
18. Paper presented at the 1979 Pinhas Sapir Conference on Economic Development, Tel Aviv, June 1979. In *Development in an Inflationary World*, ed. by M.J. Flanders and A. Razin, New York: Academic Press, 1981, pp. 35–46.
19. "Tax Neutrality in Investment Incentives." In *The Economics of Taxation*, ed. by Henry J. Aaron and Michael J. Boskin. Studies of Government Finance, Washington, D.C.: The Brookings Institution, 1980.
20. "Economic Integration and the Price Mechanism." In *Consumption and Income Distribution in Latin America*, ed. by Robert Ferber, Washington, D.C.: Organization of American States, for the ECIEL Program, 1980.
21. "Lessons of Experience Under Fixed Exchange Rates" (with Sebastian Edwards), in *The Theory and Experience of Economic Development* (Essays in Honor of Sir W. Arthur Lewis), Edited by M. Gersowitz, C. Diaz-Alejandro,G. Ranis, and M. Rosenzweig. London: George Allen and Unwin, 1982, pp. 183–193.
22. "The State of the Corporation Income Tax." Paper presented at a Conference on Directions in Federal Tax Policy for the 1980's, sponsored by the American Council for Capital Formation, Washington, D.C., January 1983. In *New Directions in Federal Tax Policy for the 1980's*, ed. by Charles Walker and Mark

Bloomfield, Cambridge, MA: Ballinger Publishing Co., 1983, Chap. 8, pp. 161-170.
23. "W. Arthur Lewis on The Early Years of Development Economics." Comment on W. Arthur Lewis, "Development Economics in the 1950s," in *Pioneers in Development*, ed. by Gerald M. Meier and Dudley Seers, New York: Oxford University Press for the World Bank, 1985, pp. 138-147.
24. "Introduction" (Chapter I) and "Economic Policy and Economic Growth" (Chapter XV) in *World Economic Growth*, ed. by Arnold C. Harberger, San Francisco: Institute for Contemporary Studies, 1984.
25. "Tax Policy in a Small, Open Developing Economy," in *The Economics of the Caribbean Basin*, Edited by Michael Connolly and John McDermott, New York: Praeger, 1985, pp. 1-11.
26. "Economic Science and Economic Policy," in *Economic Decision Making: Private and Public Decisions*, edited by Sisay Asefa, Ames: The Iowa State University Press, 1985, pp. 80-107.
27. "Free Markets and Free Enterprise," in *Forging New Relationships Among Business, Labor and Government*, edited by Robert J. Thornton and J. Richard Aronson, Greenwich, Conn. and London: JAI Press Inc, 1986.
28. "Welfare Consequences of Capital Inflow," In *Economic Liberalization in Developing Countries*, edited by Armeane M. Choksi and Demetris Papageorgiou, Oxford and New York: Basil Blackwell, 1986, pp. 157-178.
29. "Reflections on Social Project Evaluation," in *Pioneers in Development, Vol II*, edited by Gerald M. Meier, Washington: The World Bank and Oxford: Oxford University Press, forthcoming, 1987.
30. "A Primer on the Chilean Economy," in *Economic Reform and Stabilization in Latin America*, edited by Michael Connolly and Claudio Gonzalez Vega, New York: Praeger, 1987.
31. "Policy Making and Economic Policy in Small Developing Countries," in R. Dornbusch and F. Leslie Helmers, eds., *The Open Economy*, New York and Oxford: Oxford University Press, 1988, pp. 249-63.
32. "World Inflation Revisited," in E. Helpman, and A. Razin, and E. Sadka, eds., *Economic Effects of the Government Budget*, Cambridge & London: MIT Press, 1988, pp. 217-237.
33. "Growth, Industrialization and Economic Structure: Latin American and East Asia Compared," in Helen Hughes, ed., *Industrialization in East Asia*, (Cam-

bridge: Cambridge University Press, 1988, pp. 164–194.
34. "Indexing the Tax System for Inflation: A Comment," in H.J. Aaron, H. Galper and J.A. Pechman, eds., *Uneasy Compromise: Problems of a Hybrid Income-Consumption Tax*, Washington: Brookings Institution, 1988, pp. 350–383.
35. "Lessons of Tax Reform from the Experiences of Uruguay, Indonesia and Chile,"in Malcolm Gillis, ed., *Tax Reform in Developing Countries*, Durham: Duke University Press, 1989, pp. 27–43.
36. "Reflections on Uniform Taxation," in Ronald W. Jones and Anne O. Krueger, *The Political Economy of International Trade*, B. Blackwell, 1990.
37. "Principles of Taxation Applied to Developing Countries: What Have We Learned?" in Michael J. Boskin and Charles McLure, eds., *World Tax Reform: Case Studies of Developed and Developing Countries*, San Francisco Institute for Contemporary Studies, 1990, pp. 25–48.
38. "Toward an Operational Approach to Social Cost-Benefit Analysis," in S.J. Dahiya, ed., *Project Evaluation*, New Delhi: Concept Publishing Co., 1992, pp. 1–41.
39. "Tax Lore for Budding Reformers," in R. Dornbusch and S. Edwards, eds., *Reform, Recovery and Growth*, Chicago: University of Chicago Press, 1995, pp. 291–310.
40. "Monetary and Fiscal Policy for Equitable Economic Growth," in Vito Tanzi and Keyoung Chu, eds., *Income Distribution and High-Quality Growth*, Cambridge: MIT Press, 1998, pp. 203–241.
41. "The View From The Trenches: Development Processes and Policies As Seen by a Working Professional," in Gerald M. Meier and Joseph E. Stiglitz, eds., *Frontiers of Development Economics*, Oxford and New York: The World Bank and Oxford University Press, 2000, pp. 541–562.
42. "Reflections on Efficiency and Government Regulation," in Luigi Manzotti, ed., *Regulatory Policy in Latin America*, Miami: North-South Center Press, University of Miami, 2000, pp. 15–24.
43. "Some Insights From Real Exchange Rate Analysis," in Deepak Lal and Richard Snape, eds., *Trade Development and Political Economy*, (Essays in Honor of Anne O. Krueger), London and New York: Palgrave, 2001, pp. 40–56.
44. "Cost-Benefit Analysis," (with Glenn P. Jenkins), Introduction to Arnold C. Harberger and Glenn P. Jenkins, eds., *Cost-Benefit Analysis*, London and New

York: Edward Elgar Publishers, Ltd., 2002, pp. 1–72.
45. "Exchange Rate Policy in Latin America," Randall Hinshaw, Memorial Lecture, published by R.A. Mundell and P.J. Zak, ed., *Monetary Stability and Economic Growth*, Edward Elgar 2003, pp 88–110. Chapter 2, Taxation and Income Restribution: Myth and Realitites, in The Challenges of Tax Reform in a Global Economy, edited by James Alm, Jorge Martinez-Vasquez, Mark Rider, Springer, 2006.
46. "On Growth, Investment, Capital and the Rate of Return," Chapter 6 in David Burgess and Glenn P. Jenkins, *Discount Rates for the Evaluation of Public-Private Partnerships*, Queens University Press, 2010, pp. 205–228
47. Jenkins, Glenn P.; Kuo, Chun-Yan; and Harberger, Arnold C. *Cost-Benefit Analysis for Investment Decisions.*, Kingston, Ontario, Canada: Queen's University, 2011. Available online in 20 separate chapters.
48. "Milton Friedman: An Appreciation," in Robert A. Cord and J. Daniel Hammond, eds. *Milton Friedman: Contributions to Economics and Public Policy.*,Oxford University Press, 2016, Chapter 2, pp. 18–27.

訳者あとがき

　本書は，平成 29（西暦 2017）年 7 月にめでたく 93 歳を迎えられ，現役の経済学者，財政学者，そして国際経済学者として活躍されているアーノルド・C. ハーバーガー（Arnold C. Harberger）教授の最新作 "*Introduction to Cost-Benefit Analysis*" を翻訳したものである。ハーバーガー教授のご研究については昭和 62（1987）年刊行のハーバーガー教授記念論文集『財政学の現代的展開（*Modern Developments in Public Finance*）』で，編者のマイケル・ボスキン（Michael J. Boskin）教授が次のように評されている。「アーノルド・ハーバーガー教授はこれまでの財政学から新しい財政学——その始祖をエッジワース，デュピュイ，ピグー，そしてラムゼイまで辿ることができる——の初期の展開段階で重要な架け橋の役割をサミュエルソンらと果たしている。現代財政学はその多くをハーバーガーに拠っている。経済的無駄の測定（ハーバーガーの三角形），法人税転嫁，そして公的資金の社会的機会費用といった先駆的研究は後進の財政経済学者すべてにきわめて大きな影響を及ぼしている」。このことからもわかるように，経済学および財政学の分野でその名を知らない者はいないといってよい人物である。とりわけわが国では，世界初といわれる一般均衡分析を用いた法人税転嫁論できわめて有名である。だからといって，その先生の研究領域を単に経済学，財政学，国際経済学と限定してしまうのは賢明といえないであろう。ご自身の履歴書にはその専門分野を財政学，資源政策，経済理論，国際貿易論，経済発展論および計量経済学と書かれており，かなり多岐にわたっている。そのため，一見そのつながりがわからないようにもみえるのであるが，先生は学部入学後から数えて 70 年以上の長きにわたりこれらの分野それぞれで研究を続けられているのが事実である。ではハーバーガー教授を現役学者としてこうした分野にわたり駆り立てているものは何であるのか。

それは,「弱い立場の者をいかにすれば幸せにできるのか」という問題を究めたいという先生の一貫した信念にその研究基盤を見い出すことができるのである。

1924（大正13）年7月27日アメリカ合衆国ニュージャージー州でお生まれのハーバーガー教授は, ロイド・メッツラー（Lloyd Metzler）教授の薫陶の下, 第2次世界大戦直後の1946（昭和21）年にシカゴ大学大学院で国際貿易論を学ばれ始めたのが研究の本格的な出発点である。そうした中でとりわけ発展途上国をいかにしたら経済的に豊かにでき, ひいてはそこに生きる人々に幸福をもたらせるかということをお考えになられたのである。発展途上国の開発に際してはわが国の明治維新後にそうであったように, 財政面では乏しい財源でそれを実行する必要がある。効率的な資源配分が求められ, 費用便益分析に先生が手を染められるようになったのも当然の帰結ともいえた。本書にもアルゼンチン, インド, チリ, フィリピン, メキシコなどが登場してくるが, そこにはこうした経緯を持たれる先生の研究の足跡がみられるのである。

本書に続いて翻訳することをお認めくださっている『課税と厚生（"Taxation and Welfare"）』に収められている「鉱物産業の課税」を1955（昭和30）年に執筆されたことがシカゴ大学経済学部長（当時）のセオドア・W. シュルツ（Theodore W. Schultz）教授の目に留まり, それが契機となりハーバーガー教授はシカゴ大学で財政学の講義を担当されることになられた。費用便益分析は広く経済学でも取り扱われるのであるが, 財政学の分野でもきわめて重要な地位を占めている。とりわけわが国では今日的意義がより大きいといえよう。先進国に限ってみても最も巨額の長期債務残高を抱えているわが国こそ, 限られた予算をより有効に使うために財政学の分野で費用便益分析を重視しなければならないといえるからである。本書でハーバーガー教授が論じられているように, 費用便益分析は万能薬ではないが, わが国のように長期債務残高が膨大の域をも超えている状況下では, 今後の財政運営にあたって, これまでのように単に勘に頼った「お手盛り」ではなく, 費用便益分析を合わせながら予算を必要なところに有効に配分するための慎重な財政の舵取りが他のいかなる国よりも強く求められており, その手法の骨格を主権者である国民も広く知ることが必要である。ボスキン教授は, 昭和62（1987）年刊行の前述の書物で,「ハ

ーバーガー教授自身は学生の研究指導から国際組織の顧問活動，経済政策分析の専門化に至るまで彼の仕事に没頭している。その足跡と影響は多くの国で多くの経済学者を通じて広まりつつある。費用便益分析は各国ですべての場合に改善されたとまではいえないが，改善されつつある。それは本当に見事な業績である」とも評しているが，同書刊行から30年ほどを経た今日，多くの読者に費用便益分析の意義をハーバーガー教授自身が年齢などものともせずに，むしろその経験豊かな見識を伝えようというのが本書なのである。

　こうした本書の原著が公けにされるまでの経緯はハーバーガー教授が本文その他で触れられているが，私が本書を翻訳することになった経緯は，平成20・21（西暦2008・2009）年度に法政大学の長期在外研究の機会が与えられ，学部時代の恩師の一人である嘉数啓琉球大学元副学長のお取り計らいでカリフォルニア大学ロサンゼルス校（UCLA）に行くことになったことにある。そこで図らずも，まさに偶然，名高きハーバーガー教授の大学院講義を受けさせていただける栄誉に恵まれたのである。渡米にあたっては佐藤進教授の美智子夫人にもご尽力いただいた。最初にハーバーガー教授にお目にかかった際，一瞬，年齢がほぼ同じ恩師佐藤進先生が天から舞い降りてこられたのではないかと夢うつつとなった。そしてハーバーガー先生の御著作の翻訳を約束しつつ，帰国後，学部講義「外書講読（英語）」また大学院「財政学研究指導」で，先生が初期に書かれた『事業評価（*Project Evaluation*）』を読み始めた。しかし，内容が難しく受講生が毎回四苦八苦している状態であった。そこで，先生にご相談したところ上級編ともいえる『事業評価』ではなく，費用便益分析の基礎編ともいえるUCLAで使った『費用便益分析入門』を使うことを薦められた。こうして帰国時の約束を果たすべく，本書を翻訳することとなったのである。

　帰国後，最初は意気込んでいたのであるが，アメリカの友人に「クレージーな通勤」といわせた学部勤務地多摩まで埼玉の自宅から片道3時間の重圧に押し殺されてしまい数年が瞬く間に過ぎてしまった。しかしハーバーガー教授との約束を果たさなければならないという気持ちとともに，ハーバーガー教授の長きにわたる研究の信念を日本で広く伝えたいという願望が何とか結実へと進めてくれたのである。また財務省や会計検査院主催の財政学の研修で，私がハーバーガー教授から伝授された費用便益分析について講義で触れたところ，

若き官僚である受講生の実に多くが興味を持たれるようになったことは，現在の長期債務残高の下で有効な予算配分に挑まねばならない日本財政の将来に明るい兆しをみているような気がしている。

　UCLAでのハーバーガー教授のご講義は大きな声で，しかも異国人で能力の低い私にさえ聞き取りやすいアメリカ英語であった。そして肝心の講義内容であるが，文献のみで表面的にハーバーガー教授への思いを膨らませた人の中には先生が理論で固められた人と偏向的に映るようであるが，理論をきわめて大切になさることは確かである。けれども理論偏向で物事を難しくしたままに放置するという人では決してない。豊富な経験に基づきながら，難しい理論も実に生き生きとした実践例を示しながら，具体的に説明されるのである。本書にはそうしたハーバーガー教授の講義での姿勢が随所にみられる。そういったところを本書の読者の皆さんにも感じていただけたらと願っている。また，私はUCLAの講義ではいわば居候の身であったのであるが，先生は私の研究分野についてもさりげなく講義の中に取り入れてくださり，さまざまな示唆を与えてくださった。また講義後には個人的にいろいろとご指導くださり，後進への配慮を強く感じた。UCLAの2009-10（平成21-22）年度秋学期の講義は週3回あったが，講義半ばのころ，来週は休講という話が出た。チリ政府の招聘により，チリで短期の講義をするということであった。その告知された日に先生は講義の後，夜中の2時にロサンゼルス国際空港（LAX）からチリへと飛び立たれたのであった。しかもLAXまではご自分で自家用車を運転されて行かれたのである。「世界を股にかける」という言葉をまさに実践されている姿を目の当たりにした瞬間であった。

　2016（平成28）年3月8日，6年ぶりにハーバーガー教授にお目にかかり，翻訳について最終的に話し合いをした。その際にも，UCLAで講義に加えていただいた時と同様に，後進をとても大切になさる温かい眼差しと心を痛切に感じたのであった。アメリカの大学教授は比較的自身の研究を重視し，後進の指導は二の次になるともいうが，ハーバーガー教授が後進の指導をとても大切になさることはアメリカでも有名な話である。平成7（1995）年にハーバーガー教授の弟子であるロバート・ルーカス（Robert E. Lucas, Jr.）教授がノーベル経済学賞を受賞したが，先生ご自身も数多くの賞を受賞されかつご自身ノーベ

ル経済学賞のきわめて近い位置におられる。こうしたハーバーガー教授の温かい指導力がルーカス教授に大輪の花として咲かせたといっても過言ではなかろう。そうした賞の有無にかかわらず，人間としてのハーバーガー教授から数多くのことを学ばせていただいていることは，未熟な私にはかけがえのない宝となっている。また，畏れ多くもハーバーガー教授に運転していただき，妻まで同伴でご一緒させてくださったレストランで，先生はオバマ政権後の米国の行く末を熱く語られていた。その当時はトランプ政権になるとはほとんどの人が夢にも思っていなかったが，平成 29（2017）年 1 月のトランプ政権誕生とともに，自由貿易の象徴ともいえる環太平洋戦略的経済連携協定（TPP）をトランプ大統領は公約どおり反故にした。これについては本書のまさに最後の部分で経験豊富なハーバーガー教授が熱弁をふるっておられるところでもある。保護貿易に戻ることは低所得者にしわ寄せとなりひいては豊かな者にも悪い影響が及ぶという趣旨の主張である。これはトランプ政権を予期して書かれたものではなく，それよりはるか昔に，鋭い分析と豊かな経験に基づいて，ハーバーガー教授が書かれた論文である。このように本書には経験的現実に立脚しながら理論的にそれを論じていこうとされるハーバーガー教授の姿勢が随所に盛り込まれており，今後生じてくるであろう現実問題に対する処方箋が随所にちりばめられているといえる。

　本書は『費用便益分析入門』と「所得分配と財政学」という論文で構成されている。費用便益分析は効率性を重視する傾向があるといえるが，先生のお考えの中には「弱い立場の者をいかにしたら幸せにできるか」という公平性も常に共存しているといってよい。その姿勢は後者の論文にとりわけ強く著されている。本書を読むことで，とかく効率性が前面に現れる費用便益分析入門の底流に，ハーバーガー教授の公平の観念が静かに流れていることを感じていただけたら幸いである。この効率と公平の両面を偏りなく，うまくつり合いを持たせながら研究を進められている姿勢こそ，ハーバーガー経済学ないしハーバーガー財政学の規範といってもよいものなのである。だから本書では単に費用便益分析だけを取り上げるのではなく，そこで公平性の側面がより明確に表現されている第 9 章を配置し，先生の信念の一翼を明らかにしようとしたのである。そして現実を重視して，そこから問題の解決の糸口を理論的に探り出そうとす

講義後の著者と訳者
(2009 年 11 月 23 日撮影)

る先生のいま一つの研究姿勢もお伝えしたかったのである。私事で恐縮であるが，私の 17 代前の直系祖先で，深谷上杉氏四宿老の一人である矢井伊勢守重家が，その長命に基づく経験から約四百年前深谷城落城後の天正 20（1592）年に埼玉県深谷市藤野木に移り住み始めた際，あるいは自らの名をつけるよう主君から賜った深谷市伊勢方の地に館を移した五百年ほど前のいずれかの時点で，「弱い民の立場に立ち，目をかけよ」という家訓を残している。ハーバーガー教授は，まさに私の血の中に生き続けてきたこの家訓を，アメリカ合衆国を拠点にして，世界の国々を股にかけて行動されて，実践されておられるのである。私がハーバーガー教授に惹かれるのはこういうところにもあるのである。

　本書を出版するにあたり，多くの方々にご協力を賜った。とりわけ平成 28 年度をもってご退職された法政大学社会学部の壽福眞美名誉教授には出版の労をとっていただいた。また法政大学出版局の郷間雅俊編集長には細部にわたりご教示および奮闘いただいた。そして英語表現等で読解に苦慮した際，ハーバーガー教授ご本人はもちろんのこと，私たちの英語の師匠であるビバリー（Beverly Hills）婦人で，UCLA 教育学博士のグウィン・ルイス（Gwynn Lewis）先生に教えを乞うた。本書がいくぶんかでも読みやすくなっていれば，それは先生のご尽力によるものである。こうした方々すべてに深甚なる感謝の念を表明したい。また，「翻訳は労多くして益少なし」ともいわれると耳にするが，本書を挫折することなく完訳できたのは在米時代の娘英美子の姿に勇気づけられたのであった。無責任な親のために，小 3 の時に英語をまったく知ら

ずにロサンゼルスの現地校に投げ込まれたものの2年間立派にやりぬいたのであった。そして私の在外研究を契機に退職をして同行してくれた妻泰子は本稿の推敲に退職時に捨てざるを得なかった才能を生かしてくれた。本稿が少しでも読みやすくなっていたならば，彼女の力添えといえる。それでも翻訳を完璧にこなすにはかなりの能力が必要である。浅学非才な身でありながら，この大事業に挑んだために問題点があることは訳者自身承知している。読者諸賢のご叱正を待ちたい。

平成30年5月11日

関 口　　浩

索　引

初心者に難解と思われる専門用語が複数ページにわたっている語については
その基本的説明をしているページを**ゴシック体**で記してある。

ア 行

新しい発電組織　152
安全利子率　35
遺産取得税　30
遺産税　30
異時的機会費用　178
維持費　90, 127, 130, **136-38**, 142-43, 146-51, 153-68, 172
維持費総額　147-48, 153
維持費の節減　146, 148
異種の火力発電容量　145
一律課税　217, 224
一般行政費　220
一般均衡分析　236
一般政府支出　220, 222
移動時間　68, 92, 94-95
医療　4, 79, 82-83, 86-87, 181, 224, 226, 232
医療扶助制度　218
インフラ事業　→「経済基盤事業」をみよ
ウエイト　**66-67**, 71-75, 78-79, 80, 86, 114, 179-81
ウエイトづけ　9, 52-54, 66-67, 114, 179-80, 191, 195, 197
ウジュンダム　110-11, 114-15, 119
売上額　232-33
売上税　17, 42-44, 49, 205
営業免許税　17
栄養実施計画　82
営利企業　9, 164, 232
営利事業　7, 15, 122
エンゲル　214, 220-22, 236, 240
応用厚生経済学　v, 45-46, **65-66**, 77, 179,
182, 194
大型火力発電　157-61, 163, 166-67, 170
オークナー　210-11, 240
置き換え国内投資　33
置き換え投資　28, 33
置き換えられた他の輸入　20, 28
置き換えられた輸入　19, 29
置き換え労働需要　39-40
重くウエイトづけ　53
温情主義的な枠組み　80

カ 行

外貨　27
回帰　228
会計上の収益性　7
外国為替　**19-28**, 38-39, 43, 82
外国為替市場　16, 19-21, 23, 25-28, 30
外国為替の経済的機会費用　20, 82
外国為替割増金　21-22, 24-25
外国資金の限界費用　22, 33-35, 195
外国資金の平均費用　35
外国貯蓄の供給　35
外部性　**16-17**, 20, 24, 28, 40, 54, 78-81, 83-86, 95-98, 110, 181, 199, 201
外部損失　98-99
外部費用　24
外部便益　24, **38**, 43, 79, 83-86, 109-11
開放経済　26, 27, 239
開放政策　244
価格　102
拡散仮定　90
学力　84
確率分布　**113**, 192-93

265

影の価格　18-19, 68-69, 182, 184, 198-99
影の価格倍数　199
加重　→「ウエイト」をみよ
加重平均　53, 67, 74-75
過少申告　216-17
ガスタービン発電　157-68, 170-72
課税後賃金　109
ガソリン税　216
学校給食　82-83, 85, 235
学校教育　82, 85, 227
学校への出席率　85
価値財　79
価値尺度財　→「ニュメレール」をみよ
仮定された維持費　148
株式資金調達　35
貨幣価値　vii, 15, 67-69, 84
貨幣マクロ面　176
可変費用　127, 154
借入　25, 178, 182
火力発電最大電力　141, 146, 151, 162
火力発電所　126-29, 139, 141, 143, 145-47, 149, 153, 157, 160, 173
火力発電最大電力時電力需要　142
灌漑農地　119-20
灌漑負担金　106-08
灌漑用水の限界生産性　104
灌漑用水路　119
関税　16, 19-24, 43, 216, 234
完全学校給食　85
完全競争市場　18
完全統合　242
簡素　233
乾地農業　119
感度試験　114, 195
感度評価分析　114
感度分析　71, 114
官民連携協定　5
機会費用　9-10, 12-14, 18, 43, 63, 110, 121, 176, 178, 197-99
機会費用率　11, 12, 119
危険性　71, 191-92
危険性中位の仮定　193

危険性の分析　71
基準実質収益率　36
技術的外部性　16
稀少価値　142, 154
稀少性　9, 112, 164
規制　5
規制介入　5
季節的水力発電堰　129, 137-42
季節的貯水式発電事業　138
帰属賃貸料　232
期待　57, 192
期待価値　106, 192
期待稼得所得　57-59
期待純費用　192
期待純便益　192
期待発電量　170, 173
帰着　45, 209, 212, 236, 238-39
基底負荷　138-39, 148, 158
規模の経済　164, 195, 241
基本的要求　78, 196, 226
基本的要求の外部性　78-81, 82-86, 181
基本的要求の外部便益　86
逆進性　209, 232, 240
キャッシュ・アウトフロー　7
キャッシュ・インフロー　7
キャッシュ・フロー　7-8, 11, 15
キャピタル・ゲイン税　30
ギャレトビック　214, 220
ギャロップ　203
給付　80-82, 218-19, 224
給与税　42-44, 49, 205
教育投資　229
教育に関する便益　230
供給価格　18, 31, 33-34, 40, 46, 52, 56-59, 63, 65-66, 76, 109, 110, 178, 195, 198, 201-02
供給曲線　29, 31, 34-36, 77, 183, 185, 187, 201
競争的供給価格　179
競争的需要価格　179
共変動　191
教育政策　209, 230, 243
教育の外部性　85

| キロワット時当たり基準　157
| キロワット時の価値　172
| 均衡失業率　56-59
| 金銭的外部性　16
| 経営分析　15-16
| 景気後退　61-62, 195, 199-201
| 経済学　76
| 経済学的な費用便益分析の枠組み　119
| 経済基盤事業　6
| 経済主体　78, 202, 223
| 経済的厚生　**4**, 76
| 経済政策分析　67
| 経済的機会費用　10, **18**-24, 26-27, 31, 33-35, 37, 40, 42-44, 46-48, 52-54, 58, 59, 62-64, 83, 117, 119, 182, 190, 195, 198-99, 204-05
| 経済的均衡　45
| 経済的幸福　5
| 経済的効率性　iii, 4, **65**-67
| 経済的効率費用（ないし無駄）　179-80
| 経済的最適戦略　112
| 経済的事業評価　60, 100
| 経済的損失　46
| 経済的地代　109-10
| 経済的費用　5, **16**, 18-19, 22, 68, 108, 121, 144, 151, 156, 183, 197
| 経済的不平等　229
| 経済的分析　5, 16-17
| 経済的便益　5, **16**, 18, 22, 108, 117, 121, 197
| 経済的利得　46
| 経済発展　55, 202, 245
| 経済理論の教え　118
| 経済レント　109-10
| 経常予算　6
| 警察および司法制度費　220
| 継続標本抽出　194
| 月次歳入不足　30
| 現役世代　209
| 限界維持費　160, 164, 170
| 限界効用　78, 178-80
| 限界時間選好率　33, **190**-91, 197-98
| 限界事業　171-72
| 限界生産性　33, 112, **237**

限界生産物　102, **103**, 104
限界生産力　237
限界税率　72-73, 190, 211, 223-24
限界点以下の課税単位　223
限界費用　18, 34-35, **103**, 143, 163-65, 170, 172, 178, 197-98
限界費用価格形成原理　164-65
減価償却　128
減価償却控除　173
減価償却率　128, 138, 142, 149, 152-53, 174
現金　16, 19, 80-83, 108, 122, 182, 196, 199, 218, 220, 221
現金移転　181
現金流出入　7-8, 11, 15
現金流出　182
現金流入　122, 182
現在価値　9, 11-13, 25, 32, 74-75, 107, 119-20, 132, 171, 182, 196-97, 199
源泉地租税　43-44
源泉徴収　242
現代開放経済マクロ経済学　27
現代電力価格形成の基本原理　160, 164
現代電力経済学　143
現物　80-83, 182, 219-21
現物移転　181
倹約財　234
公営住宅実施計画　82
公教育　82, 219, 224-25, 227
公共企業体　174
公共支出による救済　199
公共支出の意思決定過程　70
公共政策　79, 225, 243
公共投資　6
公共部門投資　121
公共部門の事業　4, 36, 39
公共部門の予算　225
公衆衛生　86
公正　226, 244
厚生経済学　v, 4, 65, 76
交通渋滞の外部性　95-96
交通障害のない速度　97-98
交通数　99

索引　267

交通の流れと結びついた外部性　95-97
交通見通し　89
交通量　88-90, 96-110, 102, 189
公的医療　224
公的事業　vii, 15, 30, 77, 121, 182, 203
公的資金　39, 182
公的扶助実施計画　235
幸福　5, 70-71, 80, 258
合弁事業　171
効用　71-72, 78-81, 179, 181-82, 184, 186, 188, 190
功利主義者　71
公立学校教育　227
効率性　iii, 4, 65, 66-67, 69, 146, 215, 223
効率性基準　67-68
効率的限界費用　172
効率費用　67, 72, 74-75, 183, 185
高齢者医療保険制度　218
国外からくる資金増加　34
国際通貨基金　22
国道101号線　100
国防費　220
個々に測定可能な効用　71
個人事業　121
個人主義的な枠組み　80
個人所得税　iii, 30, 42, 49, 205, 209, 216-17, 242
固定費用　127
固定料金　104
コブ・ダグラス関数　190
個別間接税　233
コンバインドサイクル発電　157-63, 165-68, 170

サ 行

財産税　iii, 117
最小代替費用の原則　122-23
財政援助　5
財政節約　63
最大電力時電力需要　140
最大電力時課徴金　128-29, 130, 142-43, 152, 154, 155, 162, 164, 170
最大電力時価格　135, 152, 154, 156-57
最大発電量　170
最低の経済的費用　131
最適所得課税　71, 181
最適所得税　71-73
最頻数選択研究　95
最頻値　94, 192
最頻値の実質価格　192
再分配政策　75
再分配事業　75
再分配実施計画　224
債務危機　61
債務不履行の危険性　191
財務分析　5, 15-17, 22, 110
サザンカリフォルニア・エジソン社　143
差別の均等化　40, 42
サンフランシスコ　100
残存価値　125
残余価値　104, 106-08, 112
残余価値方式　104-06
残余所得　105
GDPデフレーター　8, 177
仕入額　232
ジェット・エンジン　157
シカゴエル列車　93
時間価値　91, 95
時間帯価格　143-44
時間の外部性　97-98
時間費用　90-91, 93-94, 97-99
事業　6
事業に対する費用　38
事業の外部効果　45
事業の経済的期待耐用年数　61
事業の資金需要　28
事業の直接産出　45
事業の直接投入　45
事業の労働使用　39
事業評価　v, 4, 6, 13, 15, 45, 60-61, 67, 73, 77, 90-91, 100, 110-11, 114, 117-18, 171, 192, 195
事業分析表　6, 7, 8-9, 11, 13-15, 17, 45, 130, 177, 202

事業便益　61, 88-89, 106, 117
資金の代替可能性　37
資源　5-6, 9, 12, 18, 38-39, 76, 103, 110, 164, 172, 176, 176, 178, 182, 194, 203
資源の代替的使用　38-39
資源配分　4, 18, 72, 76, 164, 182, 258
資源費用　58, 74, 186-87
死重的損失　182, 187
支出政策　208, 243
市場　16, 77
市場原理　104
市場組織　102
市場賃金　40-44, 48, 53-54, 103-04, 205, 222
市場誘因　190
指数　114
指数ウエイト関数　179
次世代　209
慈善的寄付　25
自然独占　164
失業吸収　61-62, 200
失業吸収割合　200-01
失業給付　16, 218
失業補償　63-64, 199, 201
失業補償実施計画　63
失業率　51, 53-60, 200-01
実際の速度　97
実施計画　6
実質価格　192-95
実質機会費用　9
実質購買力　7
実質数量　176, 193
実質単位　8-9, 11, 35, 177, 194
実質的費用削減　186
実物面　176
私的便益　117, 230
私的割引率　117
ジニ係数　**214**, 217, 219-22, 229-30
自発的失業者　51
自発的な供給価格　63
支払意思額　18, 66, 77
資本還元　**107**, 109
資本市場　27-33, 35, 37, 39, 178, 182, 236-40

資本の機会費用　13, 174
資本の経済的機会費用　19, 27-28, **31-32**, 33-37, 117, 182, 190, 195, 198
資本の経済的生産性　27, **29**, 83
資本費　12, 14, 168
資本費用　119, **127**, 130, 138, 142-43, 149, 153-54, 156-58, 160-64, 166, 169, 172
資本予算　6
資本利得税　30
仕向地租税　43-44
社会経済的可動性　226-28
社会支出　245
社会実施計画　16, 81
社会的関心事　70
社会的厚生　72
社会的幸福　5
社会的地位　50
社会的費用　16, 79
社会的便益　230
社会保障給付　218-19
社会保障支払　219
社会保障税　219
奢侈財　234
奢侈抑止税　209
収益逓減　169
収益率　13-14, 31, 37, 38, 107, 118, **121**, 128, 173-74, 191, 195, 236-38, 240
重回帰　228
従価税　185, 234
集計　66
住宅特定補助金　82
自由化政策　244
自由部門　49, 51-52
自由貿易　241-243
授業料　225
授業料等公的支払証票　82
需要価格　18, 46, **66**, 76, 178-79, 201
需要曲線　29, 31, **77**, 79, 183, 185, 186-87, 201
主要道路事業　iii, 88-90, 102
循環的下落　60
循環的失業　53, 60-61

索引　269

純現在価値　**11**, 13–14, 32, 74–75, 118, 121, 132, 192–93
準自発的失業者　**49**, 51–54
純便益　**9**, 11–13, 22, 69, 90, 189, 192, 202
純利得　133
蒸気　157, 165
商業型冒険的企業　196
消費　27, 30, 39, 61, 65, 79, 181, 186, 190–91, 232, 237
消費型　232
消費者バスケット　**8**, 177–78
消費者物価指数　8, 177
消費者余剰　76, **77**
消費者余剰・生産者余剰分析　77, 179
消費税　30, 42, 44
将来投資実施計画　174
食料切符　82–83, 218
序数的効用　71
所得（富）に関する限界効用の弾力性　180
所得効果　179, 185, **186**, 188–89
所得税　42–44, 72, 117, 209, 216–17
自流式水力発電　129, 131–37
新規刺激国内貯蓄　33
新規刺激貯蓄　28–29, 31, 40
新規刺激輸出　19–20, 23, 25, 29, 39
新規刺激労働供給　39–40
人的控除　**217**, 224
人的資本　222
真の経済的費用　18, 48, 144
水利権　103–04, 112–13, 115, 119, 120
水利権の現在市場価値　113
スクール・バウチャー　82
スコーキースイフト急行　93
スコルニック　220–21
スルツキー・ホテリング・ヒックス一般均衡応用厚生経済学　179
税額控除　**232**, 241
税額控除法　232
税源　233
生産者バスケット　**8**, 177
生産者余剰　76, **77**, 78, 109–10, 179, 186–87, 201

生産物市場　61, 238
生産要素　102–05, 110, 112, 120, 195, 222, 237
税収の限界収入当たりの限界超過負担　185
整地　119
税のくさび　242
政府移転支払　217–18
政府事業　18, 178
政府資金の影の価格　183–84
政府資金の限界収入源　31
政府投資支出　5
政府の役割　208
税務行政　215, 217, 226, 232–33
世界価格　26, 186, 188
世界恐慌　200
世界銀行　13, 22, 36
世界資本市場　33, 35, 237
堰　14, 105, 114–18, 129, 133, 140–41, 169, 192
接線　35
説明変数　228
旋回待避型　139, 146, 148
線形所得税　223–24
選好法　109
潜在価格　18
全要素生産性改善　195
相対価格　176–77, 194–95, 214, 243
測定可能で個人間で比較可能な効用　71
測定の基準　84
租税　iii, 7, 16–17, 20, 23–24, 30, 40, 42–45, 47–49, 54, 64, 73–74, 109–10, 117, 182–84, 186–87, 205, 210, 214, 216–17, 219–20, 221–26, 231–44
租税回避　223
租税帰着　45, 212
租税支払　47, 204, 216
租税　iii, 29–30, 42, 45, 164, 221
租税政策　208
租税措置　43
租税台帳　216
租税の効率費用　45
租税負担の分配　244
租税法　30
損益計算書　105

タ 行

タービン　129–31, 136, 140–41, 154
タービン容量　129–36, 140–42
タービン容量の最適水準　132, 136
対外援助　25
待機発電　170
待機容量　170, 173
代替効果　179, 185, **186**
太陽光発電　168, 171–72
多国籍企業　53, 241–42
多重回帰　228
脱税　223, 233
ダム　→「堰」をみよ
単一税率　232–33
探索失業　55
地価　102, 106–09, 113, 115–16, 120
地代　110
中位の実質価格　192
超過負担　72, **182**, 184, 187
直接費用　10, 18, 38, 44, 90–91
直接便益　98, 144
貯水池式水力発電事業の総便益　135
貯水池式水力発電事業の便益　133
貯水池式水力発電　132–39, 144, 148, 156, 169, 173
賃金　108
賃金割増金　85
陳腐化　124
通勤時間の価値　69, 91, 94
ディオゲネス　200
定額税　223
t 値　228
出稼ぎ人からの送金　26
出稼ぎ労働者供給失業　**54**, 56, 59–60
出稼ぎ労働者の供給価格　56–59
適切な期待価値　192
デフレーション　7
デュピュイ　77
電池　169
電力　127
電力需要　124, 127, 136–37, 139–42, 146, 148–49, 151–52, 156–58, 160, 162–63, 166, 168, 172
電力の真の経済的限界費用　143
電力量　124, 134–35, 142, 149–52, 154, 172
電力料金　127
投資可能資金の影の価格　198–99
当初の均衡　57–58
道路整備　88–89, 91, 98–100, 189–90
トールボット　228–29
独占利潤　241–42
特定報奨金　85
度数分布　113, 193
土地改良　119

ナ 行

内部収益率　11, **13**–14, 194
流れ込み式水力発電　129–30, 132, 135, 137–39, 144, 146–48, 155, 169, 173
二重計算　102, 108
二重労働市場　**49**, 52, 54
ニュメレール　7–8, 177–79, 190, 194
ニュメレール価格　8
ニュメレール財　8
熱　157
年金　188, 221
年度末会計検査　233
納税協力　216, 226, 233
農地の利用　105
農地予算方式　104–05, 119–20

ハ 行

ハイウェー 101　100–01
媒介変数（パラメーター）　vi, 22
配分　52, 128, 208, 214, 220–21, 236–37, 240
発電組織の限界費用　144, 160, 163
発電組織の非最適性　165
発電容量　124, 139–42, 145–46, 148, 157–58, 160, 162–63, 166, 168, 169–70, 173
比較優位　244
非課税　73
非課税控除　215
非灌漑農地　119–20

索　引　271

非経済的費用　68
非経済的便益　68
非経済的目的　69
非現金費用　196
非現金便益　15, 196
非効率便益　67
非自発的失業者　51
ヒストグラム　94, 113-16
ヒックス　186
必需財　234
必要便益　128
非貿易財　27
費用　5, 18, 66
費用管理　174
評価分析　36, 114
標準基準率　36
標準誤差　106
標準費用　84, 124, 128, 130
標準偏差　106, 228
費用効果分析　4
費用節約　89-90, 149-50, 152, 173, 189
費用逓減産業　164
費用便益分析　4, 7
費用便益分析の歴史　v
貧困者の基本的要求　196
貧困線　75
貧困に対する闘争　225-26
ファット・テイル　192-93
フィッシャー　191
封鎖経済　27, 32, 236-37
フードスタンプ　→「食料切符」をみよ
風力発電　168, 171-72
付加価値税　iii, 209, 216, 231-33, 244
付加給付　91
複合発電　157
福祉給付　218
福祉実施計画　235
複数税率　209, 232-33
負債資金調達　35
物価インフレーション　7
物品税　17, 30, 43, 49, 185, 205, 234
不定債務　5

負の所得税　209, **235**
部分均衡分析　236
部分統合　242
フラット税　217
フリードマン　82
古い発電組織　152
プログラム　→「実施計画」をみよ
プロビット回帰式　94
プロビット分析　94
分位数　84
分散　106
分配ウエイト　66, 70-71, 73-75, 78-80, 86, 179-81
分配上考慮すべき事柄　78, 181
分配上のウエイトづけ　66
分配便益　72, 74-76
分離可能成分の原則　171
噴流推進機関　157
平均貨幣費用　93
平均実効税率　211
平均賃金率　46, 204
平均費用曲線　35
複式予算制度　6
ベーム・バヴェルク　191
ベックマン　210-11, 218-19, 236, 240
別の最適化　136
便益　5, 15, 66, 173, 205
便益の算定　121
便益の測定値　144
貿易財　27, 43, 238, 241
冒険の事業　15
法人所得税　iii, 17, 30, 209, **236**-37, 239-42, 244
法人所得税の帰着　209, 236
法人税　209, **236**-42
法人税負担　238
法定税率　216
保護　49, 53, 234, 244
保護部門　49-54
補償された交差弾力性　188
補償された需要曲線　184
補償された弾力性　185, 188-89

補償されていない交差弾力性　189
補償されていない弾力性　185, 188–89
補償需要曲線　185–86
補助金　16, 24, 80, 82, 85–86, 181, 223, 235, 244–45
ポンプ灌漑　117–18

マ 行

マーグリン　197
マーシャル　77, 200
摩擦的失業　55
マスグレイブ　79
3つの公準　65–66
民間部門　7
無差別曲線　71, 80, 186
無差別性　65
名目賃金　177
メガワット時　148–55
メディケア　218
メディケイド　218
モード　94
目的変数　228
最も適した容量　163
モンテカルロ法　193, 195

ヤ 行

歪み　46, 72, 182
輸出　19, 21–22, 25–28, 39
輸出可能財　27
輸送事業　88
輸入　16, 19–28, 39, 43, 186, 234
輸入可能財　27, 186
揚水式水力発電　169
要素報酬　222
容量キロワット時当たり年基準　157
予算通過　30
余剰　52, 59, 75, 76, 77–78, 109–10, 179, 182, 186, 201
予測交通量　89
予備容量　171
喜んで支払いたい額　66
喜んで提供したい額　18, 66, 76

4部門経済　238

ラ 行

ラダッツ　214, 220
リーマン・ショック　61, 200
リスク分析　→「危険性の分析」をみよ
リスコ　92, 94
流体のエネルギーによる回転式原動機　129
留保賃金　201–02
料金　92, 95, 104, 122, 127, 144, 164, 183
臨界交通量　99–100
臨界時間数　158
ループ　92–93
類似の賃金　46
レント　110
労働経済学　108, 200
労働市場　16, 38–39, 44, 46–47, 49, 51–52, 54–56, 60–61, 110, 203–04
労働者災害補償　218
労働増加の地理的供給源　47
労働の期待需要価格　201
労働の経済的機会費用　40, 42–44, 47, 48, 51–54, 59, 62–63, 82, 204–05
労働の経済的費用　42
労働の源泉　43, 48–49, 54, 204–05
労働の真の経済的費用　108–09
労働の追加需要　40
労働不安　53
労働力人口　56
ローパー　203
ロール　228–29
ローレンツ　214
ローレンツ曲線　214
ロサンゼルス　100

ワ 行

割引率　8–9, 11–13, 32, 107, 114, 117, 121, 128, 130, 138, 142, 149, 152–53, 177–78, 190, 194–99
割増金　42, 48, 184, 205
ワルラス　8

索引　273

[著者]
アーノルド・C. ハーバーガー（Arnold Carl Harberger）
　大正13（1924）年　米国ニュージャージー州ニューアーク市生まれ
　昭和18（1943）年　ジョンズ・ホプキンズ大学卒業
　昭和22（1947）年　シカゴ大学大学院修士課程修了
　昭和24（1949）年　ジョンズ・ホプキンズ大学政治経済学部助教授
　昭和25（1950）年　シカゴ大学大学院博士後期課程修了
　昭和28（1953）年　シカゴ大学経済学部准教授
　昭和34（1959）年　シカゴ大学経済学部教授（在職中に経済学部長等を歴任）
　昭和52（1977）年　シカゴ大学経済学部グスタフ F. & アン M. スウィフト講座特別待遇教授
　昭和59（1984）年　カリフォルニア大学ロサンゼルス校（UCLA）教授
　平成10（1998）年　カリフォルニア大学ロサンゼルス校（UCLA）特別待遇教授
　現　　在　　シカゴ大学名誉教授，UCLA 名誉教授
主要著書
　本文250頁〜256頁を参照

[訳者]
関口　浩（せきぐち ひろし）
　昭和39年　埼玉県深谷市生まれ
　昭和62年　琉球大学法文学部経済学科卒業
　平成元年　早稲田大学大学院経済学研究科修士課程修了
　平成 5 年　早稲田大学大学院商学研究科博士後期課程を経て，早稲田大学商学部助手
　平成11年　金沢経済大学経済学部助教授
　平成17年　法政大学大学院政策科学研究科・社会学部社会政策科学科教授
　平成20年　カリフォルニア大学ロサンゼルス校（UCLA）客員研究員
　平成21年　南カリフォルニア大学（USC）客員研究員
　現　　在　法政大学大学院公共政策研究科長（教授），日本女子大学講師，早稲田大学大学院講師
主要著書
　『財政学入門』（佐藤進と共著，同文舘，平成10年；平成31年再改訂予定）
　『昭和財政史（昭和49〜63年度）2　予算』（財務省編，東洋経済新報社，平成16年）
　『環日本海地域の協力・共存・持続的発展』（山村勝郎編，橋本確文堂，平成24年）
　『財政学』（池宮城秀正編，ミネルヴァ書房，平成31年刊行予定）

費用便益分析入門
ハーバーガー経済学・財政学の神髄

2018 年 9 月 20 日　初版第 1 刷発行

著　者　アーノルド・C. ハーバーガー
訳　者　関口　浩
発行所　一般財団法人　法政大学出版局

〒102-0071 東京都千代田区富士見 2-17-1
電話 03 (5214) 5540　振替 00160-6-95814
組版・印刷：三和印刷　製本：積信堂

© 2018
Printed in Japan

ISBN978-4-588-64546-4